세계 건축의 심장, 뉴욕에 가다

건축으로 본 뉴욕 이야기

세계 건축의 심장, 뉴욕에 가다

건축으로 본 뉴욕 이야기

1판 1쇄 발행 2014년 12월 15일
1판 4쇄 발행 2021년 3월 12일

지은이   이중원
펴낸이   신동렬
펴낸곳   성균관대학교 출판부
책임편집   구남희
편집   현상철 · 신철호
외주디자인   장주원
마케팅   박정수, 김지현
등록   1975년 5월 21일 제1975-9호
주소   110-745 서울특별시 종로구 성균관로 25-2
전화   02)760-1252~4
팩스   02)760-7452
홈페이지   press.skku.edu

ⓒ 2014, 이중원

ISBN 979-11-5550-091-0(03610)

세계 건축의 심장, 뉴욕에 가다

건축으로 본
뉴욕 이야기

이중원 지음

사람의무늬

CONTENTS

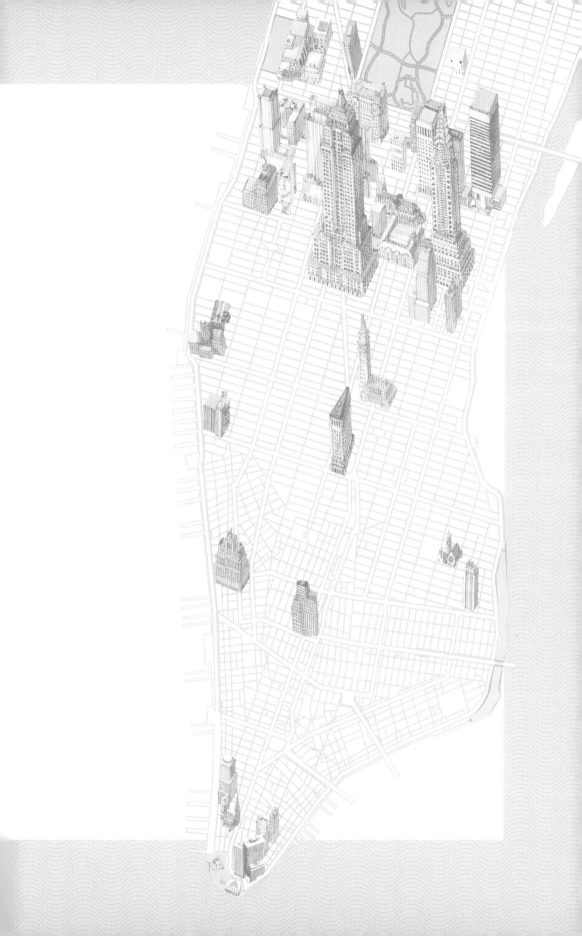

들어가는 말

나는 보스턴 MIT로 유학을 간 지 6개월 만인 1999년 맨해튼을 처음 방문했다. 방대한 과제로 죽다 겨우 살아난 첫 학기를 막 마치고 겨울방학을 맞아 떠나는 홀가분한 여행이었다. 성균관대 학부 시절, 졸업 설계를 같이 했던 박영재 형과 형수님이 여행 동반자로 우리 부부와 함께였다.

보스턴에서 맨해튼까지 형과 내가 교대로 운전했다. 짧지 않은 4시간 반 거리였다. 집사람과 형수님은 차 뒤에서 미국 생활에 대한 이야기꽃을 피웠고, 질세라 형과 나도 앞자리에서 재잘거렸다. 비록 수도는 워싱턴 D. C.지만, 가장 미국적인 도시, 가장 자본주의적인 도시로 불리는 맨해튼에 가까워질수록 형과 나는 점점 말수가 적어졌고, 두 여인은 차 뒷자리에서 곤히 잠들었다.

95번 고속도로가 워싱턴 브리지를 만날 때즈음 우리는 고속도로를 벗어나 맨해튼 강변 고속도로에 올라탔다. 그리고는 곧장 맨해튼 미드타운에 들어갔다. 마천루 협곡에 들어서자 형과 나는 마천루 꼭대기를 보려고 창문을 열고 고개를 내밀었지만, 건물 꼭대기는 너무나 높아서 아찔할 뿐 보이지 않았다.

뒤에서 노란 택시들이 빵빵거리며 우리를 재촉했다. 거리는 전광판들로 번쩍거렸다. 형과 나는 연거푸 "우와"를 연발했고, 흥분한 형은 "이중원 학형, 우리가 드디어 제국의 심장에 왔구나!"라고 말했다. 우리는 소리 내어 웃었다.

맨해튼과의 첫 만남은 그랬다. 들떴고, 높았고, 휘황찬란했다. 그 후로 나는 보스턴에 11년간 살면서 수도 없이 맨해튼을 방문했지만 길게 묵지는 못했다. 맨해튼의 비싼 숙박료와 음식 값, 입장료가 부담스러웠기 때문이다.

2005년에 마침 처제가 맨해튼에 직장 일로 체류하러 왔다. 처제가 월세로 묵은 원룸은 타임스 스퀘어 바로 옆으로 맨해튼 한복판이었다. 덕분에 우리 부부에게도 맨해튼에서 숙박비 부담 없이 장기간 체류할 수 있는 길이 열렸다. 좀더 오래 머물면서 보기 시작하자, 맨해튼은 여행객으로 봤을 때와는 다르게 다가왔다. 월스트리트의 마천루와 미드타운 맨해튼의 화려함 말고도 맨해튼의 매력은 참 많았다.

특히, 처제의 소개로 알게 된 소호, 바워리, 첼시 등의 지역이 새롭게 다가왔다. 관광객이었다면 굳이 찾아가지 않았을 동네들이 특별히 다가왔다. 맨해튼에 사는 사람이 소개하는 맨해튼은 또 달랐다.

처제 덕에 나는 '맨해튼도 어쩔 수 없이 사람 사는 동네구나'라고 느꼈다. 한번 마음이 열리자, 맨해튼을 찾는 발걸음이 잦아졌다. 빈도수가 높아질수록 체험의 깊이는 깊어갔다.

처제가 귀국한 후에도 당시 컬럼비아 대학에 재학 중이었던 김지엽 교수 집에서 신세를 졌고, 점차 맨해튼은 친근해졌다. 그래서 『건축으로 본 보스턴 이야기』를 쓴 다음에 가장 먼저 맨해튼 건축에 대한 책을 쓰고 싶었다.

책을 쓰면서 가장 고민된 점은 바로 도시의 이름이었다. 책은 뉴욕을 다루고 있지만, 특히 내가 관심을 가진 곳은 뉴욕 중에서도 맨해튼 섬에 집중되었다. 그래서 이 책에서는 가급적 뉴욕이라는 이름 대신 맨해튼이라는 이름을 썼지만, 제목에서는 『건축으로 본 뉴욕 이야기』로 보다 넓은 의미의 지명을 사용했다.

다음으로 책 목차에 대해 고민했다. 맨해튼 이야기를 펼칠 지도를 어떻게 그려야 할지 좀처럼 쉽게 감이 잡히질 않았다. 다행히 책이 다 써질 즈음에 내가 그려야 할 맨해튼 이야기 지도가 잡혔다.

나는 책을 통해 우리 도시가 맨해튼을 통해 들어야 할 일곱 가지 소리를 담고자 했다. 맨해튼은 첫째 길의 도시였고, 둘째 이야기의 도시였고, 셋째 광장의 도시였고, 넷째 공공의 도시였고, 다섯째 디테일의 도시였고, 여섯째 예술의 도시였고, 일곱째 지속의 도시였다. 나는 이 일곱 가지 테마를 줄기로 삼아 퍼즐 조각 맞추듯 책에서 그 내용을 펼칠 것이다.

책의 구성은 3단계 구성이다. 책의 첫 번째 단계인 워밍업 단계에서는 개괄적으로 맨해튼의 물리적 특성을 이야기할 것이다. 짧게 다루고 있지만, 아주 중요한 맨해튼의 바탕이다. 맨해튼은 '길의 도시'이다. 삼면이 물인 맨해튼은 처음에는 뱃길로 도시를 열었고, 나중에는 철길로 도시를 열었다. 물류 길을 열자, 돈 길이 열렸고, 정보 길이 열렸다.

길이 도시가 되었고, 다시 도시가 길이 되었다. 길과 도시가 하나가 되자, 맨해튼은 무역 중심지가 되었다. 맨해튼으로 돈이 모였고, 사람이 모였다. 워밍업 단계는 맨해튼의 시작인 로어맨해튼 이야기로 마무리 지었다.

책의 두 번째 단계는 줌인(zoom in) 단계이다. 여기서는 맨해튼의 중심이라 할 수 있는 미드 맨해튼을 중심으로 이야기를 펼쳐 나간다. 이야기는 미드 맨해튼의 위대한 길들을 중심으로 펼쳐진다. 뮤지엄 마일을 시작으로 5번 애비뉴 이야기, 그리고 42번 스트리트 이야기, 6번 애비뉴 이야기, 8~9번 애비뉴 이야기로 길 중심의 이야기는 일단락을 맺는다.

책의 세 번째 단계는 줌아웃(zoom out) 단계이다. 줌아웃 단계에서는 맨해튼의 주변을 훑었다. 주로 도심 재생 사례를 중심으로 다루었다. 폐철로를 공원화한 하이라인이 있는 첼시 지역을 다루었고, 버려진 공장 지역을 활성화하여 명물이 된 소호 지역을 다루었다. 그리고 스타 건축가들의 개별적 건축물들을 다루었다.

건축을 전공한 사람들이 아닌 모든 사람들이 쉽게 읽을 수 있도록 가급적 전문 용어는 뺐고, 쉽게 읽히기 위해 애썼다. 책장이 쉽게 넘어갈 수 있도록 이야기를 엮다 보니 전문가들에게는 이미 다 아는 이야기 혹은 너무 얄팍한 내용으로 비칠 수 있다. 나는 사람들이 스마트폰을 즐기듯이, 건축을 가볍게 접하고 즐겁게 읽었으면 좋겠단 마음으로 책을 썼다.

이야기의 중심은 '건축'이지만, 결국은 '사람' 이야기이다. 주로 건축주와 건축가 사이에 벌어지는 이야기지만, 누구에게나 적용 가능한 이야기를 담고자 했다. 나는 사람들의 야망과 갈등, 찬성과 반론, 도전과 응전, 삶과 죽음을 담아 보고자 했다.

책에 나오는 사진들은 2007년, 2008년, 2013년에 필자가 직접 찍은 사진들이 가장 많다. 보스턴에 살면서 간헐적으로 체험한 맨해튼을 서울에 와서 기억에 의존하여 글을 썼는데, 내 글이 현장에서 온당한 것인지 재차 확인하기 위해 2013년 봄에 2주간 맨해튼을 다시 방문했다. 4년 만에 다시 찾은 맨해튼이라 반가웠지만 책에서 언급하고 있는 곳을 모두 카메라에 담고 오겠다는 벅찬 야심 때문에 힘도 많이 들었다.

건축은 신비롭다. 귀를 열고 온 힘을 다해 듣고자 하면, 평소에 들리지 않던 도시 이야기들을 들려준다. 2013년 맨해튼 방문에서 필자가 얻은 가장 큰 수확은 길 중심으로 맨해튼 이야기를 풀겠다고 마음먹은 것이었다. 짧은 시간 동안에 많은 것을 봐야 했기 때문에 맨해튼을 거시적으로 바라볼 수 있었다.

대한민국의 도시에 살고 있는 나는 늘 궁금하다. 도대체 어떤 생각으로 앞으로 우리 도시들을 빚어 나가야 할 것인지. 18세기 세계의 수도는 런던이었고, 19세기는 파리였다. 20세기 세계의 수도는 맨해튼이었다. 21세기 세계의 수도가 중국 상하이가 될지, 일본 도쿄가 될지, 대한민국 서울이 될 것인지 아직 아무도 모른다.

그렇다면 우리는 어떤 관점을 가지고 우리 도시의 청사진을 그려야 할까? 맨해튼은 어떤 가정과 조건으로 일어섰으며, 어떤 실험과 주장으로 진화했는가? 이런 질문을 던지며 책을 읽는다면, 책은 한층 능동적으로 다가올 것이다. 그 질문이 이 책의 시작점이자 지향점이다.

『건축으로 본 보스턴 이야기』는 이 책의 동생과 같은 책이다. 유명 건축가의 이름이나 건축사적 배경 지식을 더 얻고 싶다면, 일독할 것을 추천한다. 물론『건축으로 본 보스턴 이야기』를 읽지 않고 이 책을 먼저 읽어도 무방하다. 이 책의 쌍둥이 같은 책은 조만간 출간될 맨해튼 마천루에 관한 책이다. 맨해튼 이야기를 하면서 마천루 이야기가 없다면, 이는 앙꼬 없는 팥빵과 같다. 하지만 마천루까지 이 책에 모두 담기에는 분량의 문제가 있어서 별도의 책으로 묶었다. 이 책을 먼저 읽고, 맨해튼에 대한 흥미가 더 생겼다면 마천루에 대한 책의 일독도 권한다.

(Acknowledgement: This book is partially funded by NRF-2012R1A1A1019741.)

Man
h
a
ttan

_____

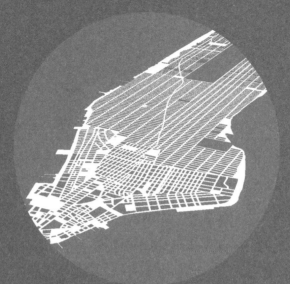

1

맨해튼 소개하기

맨해튼 들어가기

오늘날 맨해튼은 세계적으로 가장 매력적인 도시 중 하나다. 초고층 건축이 넘쳐나고, 문화 예술이 범람하고, 거리는 생기가 넘치고, 광장은 사람으로 북적인다. 세련된 뉴요커와 사시사철 넘치는 관광객들이 어우러져 도시는 끊임없이 다른 색깔을 빚어낸다. 여름에는 시원한 강바람이 도시 곳곳을 스치고, 겨울에는 따스한 해풍이 마천루를 지난다. 강바람이 거리를 쓸고, 바닷바람이 마천루를 닦으니, 맨해튼에서는 어디에서 카메라 셔터를 눌러도 멋진 장면이 담긴다.

맨해튼은 서측의 허드슨 강과 동측의 이스트 강이 경계를 이룬다. 남측으로는 대서양을 마주하고 있어 사방이 온통 물인 동네다. 맨해튼은 섬이기 때문에 다리를 건너야 들어갈 수 있다. 다리들은 넓은 강폭 때문인지 우아하게 매달린 현수교(포물선을 그리는 철에 하프와 같이 수직으로 철들이 내려와 다리 상판을 잡는 유형의 다리)가 많다. 현수교의 인장 케이블들이 강바람에 살랑살랑 흔들린다.

100년 전에 지어진 마천루의 생산자들(건축주, 건축가, 시공자)은 이제 모두 저세상 사람들이 되었지만, 그들이 뿌리고 간 삶의 흔적과 삶의 애착은 오늘날 맨해튼에 마천루를 짓고자 하는 사람들에게 건축이 이룩할 수 있는 가능성의 씨앗이 되었다. 언젠가는 한 줌의 흙으로 돌아갈 것을 알면서도 마천루의 탄생을 이어간다. 마천루를 바라보면 겸손보다는 오만이 보이는 듯하고, 자기 의심보다는 자기 확신이 보이는 듯하고, 아끼고자 하는 마음보다는 쓰고자 하는 마음이 보이는 듯하여 이 모습이 과연 인류가 지향해야 하는 도시의 참모습인지 의문을 가지게 한다. 그러나 그 사실을 잘 알면서도, 곳곳에 위태위태한 자본주의의 모순과 부조리가 읽히면서도, 브루클린 다리를 스쳐가는 바람마냥 사람의 마음 또한 흔들린다. 맨해튼의 가능성을 믿는 사람들에게나, 맨해튼의 가능성을 믿지 않는 사람들에게나 맨해튼 마천루의 향연은 미미한 내적 흔들림을 일으킨다.

건축계의 노벨상이라 불리는 프리츠커 상을 수상한 건축가 렌조 피아노는 맨해튼을 이렇게 읊조린다.

"일몰에 맨해튼은 온통 붉다. 비가 내리면 파랗고 때론 춥고 때론 덥다. 맨해튼은 날씨에 따라 재미가 쏟아지는 도시다. 맨해튼은 바람이 많아서 하늘은 높고 빛은 늘 놀랍다. 비가 지나가면 도시는 은색으로 변하고, 구름은 낮아지고, 마천루는 태양과 함께 사라진다. 맨해튼에서, 특히 높고 긴 애비뉴에서, 그대는 여태껏 보지 못한 협곡과 같은 시야를 느낄 터인데, 그것은 맨해튼만이 제공하는 위대한 투시도이다."

좌측 상단 사진은 상공에서 맨해튼 섬을 바라본 사진이다. 왼쪽(서쪽) 강이 허드슨 강이고, 오른쪽(동쪽) 강이 이스트 강이다. 초록색 녹지 공원이 센트럴파크이다. 섬 남쪽 끝 지역(로어맨해튼)을 보면, 마천루가 밀집해 있고, 섬 중앙은 평평하다가 다시 센트럴파크 남단 지역(미드 맨해튼)에서 마천루가 밀집해서 솟아오른다. 우측 상단 사진은 로어맨해튼 지역의 마천루를 항공에서 찍은 사진이다. 아래 사진은 로어맨해튼 지역의 야경이다. 사진에 보이는 다리가 브루클린 다리이다. ⓒ Ryan D, Budhu

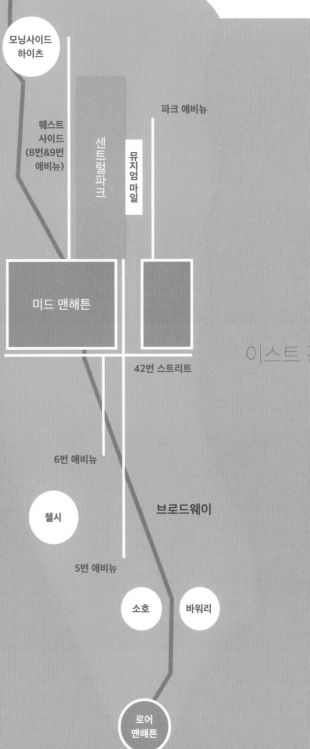

Manhattan

모닝사이드
하이츠

파크 애비뉴

웨스트
사이드
(8번&9번
애비뉴)

센트럴파크

뮤지엄마일

미드 맨해튼

이스트 강

42번 스트리트

6번 애비뉴

허드슨 강

첼시

브로드웨이

5번 애비뉴

소호

바워리

로어
맨해튼

책에서 다루는 맨해튼

옆의 지도를 보면, 앞으로 이 책에서 다룰 맨해튼의 주요 지역과 거리가 표시되어 있다.

먼저 맨해튼의 시작점인 '로어맨해튼'을 다루고, 다음에 북으로 이동해 '뮤지엄 마일'을 다룰 것이다. 맨해튼의 지리적 시작이 브로드웨이의 볼링 그린 박물관이듯이, 책의 본격적인 시작을 박물관 거리로 시작하는 것도 나쁘지 않을 것 같다.

다음에 책은 맨해튼 복부에 해당하는 미드 맨해튼 지역을 다루고자 한다. 미드 맨해튼은 몇 개의 주요 도로들로 바라봤다. 첫째는 '5번 애비뉴'이다. 우리식으로 치자면, 강남대로에 해당하는 5번 애비뉴는 맨해튼에서 가장 뜨겁고 늘 사람이 모여 있다. 둘째는 '42번 스트리트'이다. 맨해튼에서 가장 뜨거운 애비뉴가 5번 애비뉴라면, 가장 뜨거운 스트리트는 42번 스트리트이다. 타임스 스퀘어, 브라이언트 공원, 그랜드 센트럴 스테이션(그랜드 센트럴 터미널)이 포진해 있다. 셋째는 맨해튼 최고 명물인 록펠러 센터와 타임스 스퀘어의 연결고리인 '6번 애비뉴'이다. 넷째는 '파크 애비뉴'이다. 로어맨해튼에 월스트리트가 있다면, 미드 맨해튼에는 파크 애비뉴가 있다고 할 정도로 파크 애비뉴는 미드 맨해튼의 금융 중심 거리다.

파크 애비뉴를 끝으로 책은 센트럴파크 서측으로 이동한다. 센트럴파크 동쪽에 뮤지엄 마일이 있다면, 서쪽은 '웨스트사이드'라고 하는데 뉴욕 자연사 박물관과 링컨센터가 포진해 있다. 이 지역을 책에서는 8번 애비뉴와 9번 애비뉴를 중심으로 다루었다. 다음으로 웨스트사이드 북측에 자리 잡고 있는 '모닝사이드하이츠'를 다룬다. 이곳은 한때 '맨해튼의 아크로폴리스'라 불렸다.

끝으로 소호, 바워리, 첼시를 다룬다. 소호에서 시작한 예술 동네가 왜 첼시로 이동했는지 다루면서, 프리츠커 상을 수상한 건축가의 작품들을 중심으로 각 마을의 이야기를 전개한다. 도시에서 예술과 재생 건축의 역할을 이야기하고자 한다.

이 책은 필자가 바라보는 맨해튼이라는 도시의 길과 이야기에 대한 것이다. 맨해튼은 위대한 길의 도시이자 위대한 이야기의 도시이다. 필자의 이야기는 브로드웨이에서 시작하여 하이 라인(공원)에서 끝난다. 그리고 그 사이에 맨해튼의 뜨거운 길들을 이야기할 것이다.

뉴욕, '세계 교차로'가 되다

맨해튼의 마천루는 맨해튼 섬의 남쪽과 중앙에 밀집해 있다. 이는 맨해튼 암반 분포를 반영한 결과이다. 땅속 암반이 높게 솟은 지역에만 마천루가 솟아 있다. 로어맨해튼과 미드 맨해튼에 마천루가 많은 이유이다. 암반이 낮은 지역은 지반이 약해 마천루가 솟지 못한다. 땅 위의 기복(起伏)은 땅 아래 기복의 반영이다.

양옆으로 물이 흐르는 맨해튼은 천혜의 무역 요지이다. 특히 수로가 무역의 핵심 교통수단인 시기에는 더욱 그랬다. 맨해튼으로 재화와 정보가 모인다. 허드슨 강을 따라 들어가면 미국 내륙 깊숙이 들어갈 수 있고, 허드슨 강을 따라 나아가면 대서양을 건너 유럽과 아프리카에 닿을 수 있다.

맨해튼은 삼각무역(미국, 유럽, 아프리카)의 가장 중요한 거점지였다. 미국 특산품이 맨해튼을 통해 나가고, 해외에서 수입한 물건들은 맨해튼을 통해 들어온다. 상품들과 함께 세계 각지의 최신 뉴스와 정보가 맨해튼에 들어오고, 또 맨해튼을 통해 나간다.

미국의 경제적 패권이 맨해튼에 집중한 이유는 남북전쟁의 승리도 있지만, 무엇보다 운하와 철도 건설에 원인이 있다. 이리 운하(Erie Canal)의 개통과 철로 개통은 맨해튼과 시카고를 미국 최고의 허브 도시로 만들었다. 중부의 특산품이 시카고를 거쳐 모두 맨해튼으로 들어오고, 여기서부터 다시 미국 전 지역과 세계로 뻗어 나갔다. 시카고는 미 대륙의 중간 거점 도시로 커 갔고, 맨해튼은 미 대륙의 관문으로 커 갔다.

맨해튼에서 닿지 않는 곳이 없어지자, 맨해튼은 모든 판로가 모이는 집결지가 되었고, 맨해튼은 점차 거대한 시장(市場)이 되어 갔다. 맨해튼은 세계의 교차로가 되었고, 동시에 세계의 장마당이 되었다. 각국의 언어와 정보, 물류가 맨해튼에 집결했고, 이민자 유입 또한 폭발적으로 늘어갔다.

로어맨해튼 지역에 국한되었던 맨해튼은 북으로 뻗어 나갈 수밖에 없었다. 1811년 맨해튼은 바둑판 모양의 새로운 그리드 가로망을 짰다. 맨해튼은 폭발적인 성장으로 인류 문명이 여태껏 경험해 보지 못한 규모의 도전을 받았다. 그것은 한마디로 밀집 문화의 도전이었다. 섬은 꽉 찼고, 양옆이 물인 맨해튼은 더 확장할 다른 방도가 없었다. 결국 맨해튼은 북으로 북으로 계속 확장했다.

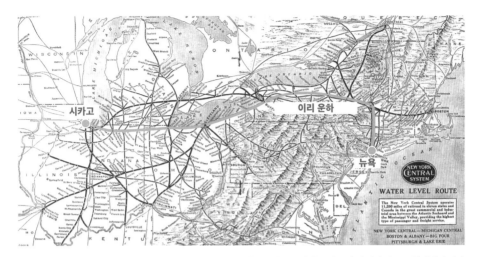

1825년 뉴욕과 시카고를 연결하는 이리 운하가 개통됐다. 맨해튼은 비로소 시카고 서쪽에 위치한 미국 곡창지대와 시카고 남쪽으로 약 4,000킬로미터 아래에 있는 루이지애나까지 미시시피 강을 따라 연결됐다. 수로의 개통과 함께 뉴욕 센트럴 철로가 운하와 평행하게 개통됐다. 이로써 뉴욕과 시카고는 수로와 철로로 하나가 되었고, 두 도시는 경제적으로 미국을 대표하는 도시로 성장하는 발판을 마련하게 되었다. 지도에 검은 선들이 철로이다.

1866년에 그려진 뉴욕 그림에 보면 수로로 무역을 하며 팽창하고 있는 맨해튼의 모습을 볼 수 있다. 브로드웨이가 보이고, 볼링 그린과 시청 공원이 보인다. 우측 하단에 맨해튼과 브루클린을 연결하는 다리는 아직 보이지 않는다. 마천루가 들어서기 전에는 교회 첨탑이 가장 높은 구조물들이었다.

바둑판 모양의 그리드와 브로드웨이

맨해튼이 제안한 도로는 중세 시대의 꼬불꼬불한 유기적인 도로도, 바로크 시대의 방사형으로 뻗어 나가는 귀족적인 도로도 아니었다. 맨해튼은 실용적이고, 민주적인, 그리하여 다분히 미국적인 길을 세웠다.

바둑판 형식으로 세워진 그리드 가로망은 효율적이고 중성적이다. 한편 그리드 반대론자들은 '너무 획일적인 것 아니야?'라는 경직성에 대한 우려와 '과연 이 동네와 저 동네를 구분할 수는 있을까?' 하는 정체성에 대한 걱정으로 공격하곤 한다. 역사는 이들의 걱정이 기우였음을 보여준다. 반대론자들이 미처 생각하지 못한 것이 있었다. 첫째는 땅 밑의 암반 해발고도가 지역마다 다르다. 암반 해발고도가 높은 지역(로어맨해튼과 미드 맨해튼)이 마천루 고밀지역이 된다.

둘째는 사선으로 뻗어 나가는 브로드웨이다. 브로드웨이는 바둑판 규격에 가해진 파격이다. 맨해튼 그리드가 브로드웨이와 만나자 그리드는 깨지기 시작했다. 맨해튼에 이전 도시가 보지 못한 X자형 광장이 생겼다. 이렇게 해서 그 유명한 타임스

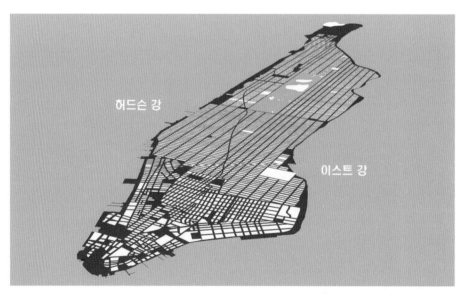

맨해튼은 남북으로 긴 섬이다. 서쪽으로 허드슨 강이 있고, 동쪽으로 이스트 강이 있다. 중앙에 보이는 녹색 지역이 맨해튼의 허파 역할을 하는 센트럴파크이다. 위쪽에 있는 바둑판 모양의 가로 체계가 아래쪽에 와서는 유기적으로 되어 있다. 바둑판 모양의 그리드 가로망 체계는 1811년에 세워졌다. 남북 방향의 길을 애비뉴라고 불렀고 , 동서 방향의 길을 스트리트라고 부른다. 바둑판 모양의 가로망을 대각선으로 관통하는 도로가 브로드웨이다.

스퀘어와 매디슨 스퀘어가 탄생했다.

중성적인 바둑판 그리드를 브로드웨이가 관통하자, 교차하는 곳마다 허브가 된다. 그래서 맨해튼에서 길을 잃어도 브로드웨이만 찾으면 된다는 말이 생겨났다. 브로드웨이는 맨해튼의 거대한 나침반이 되었다.

브로드웨이는 맨해튼의 역사서이기도 하다. 브로드웨이를 따라 남쪽으로 내려가면, '매나하타(언덕이 많은 지역이란 뜻으로 인디언들이 맨해튼을 부르던 말)'까지 시간을 거슬러 올라갈 수 있다. 인디언 다음으로 맨해튼에 살았던 네덜란드와 영국 사람들을 브로드웨이에서 만날 수 있다.

그리드와 브로드웨이의 만남은 각별하다. 그리드가 없었다면 브로드웨이는 한낱 의미 없는 비뚤어진 길일 것이고, 브로드웨이가 없다면 그리드는 어느 길이나 똑같은 종잡을 수 없는 바둑판 길일 수밖에 없다.

그리드는 브로드웨이와 완전한 짝이 되어 불완전한 하나가 보여줄 수 없는 세상을 열어준다. 이는 "길이 먼저냐, 광장이 먼저냐?"라고 갑론을박하는 건축가들의 고전적인 도시론 다툼에서 길이 먼저임을 보여준다.

사진의 왼쪽이 북쪽이다. 센트럴파크는 13년의 공사기간을 거쳐 1873년 완공됐다. 이 공원은 총 3개의 인공 호수를 가지고 있고, 숲과 잔디와 정원과 산책길로 되어 있다. 또한, 동쪽으로 5번 애비뉴, 서쪽으로는 8번 애비뉴, 남쪽으로 59번 스트리트, 북쪽으로는 110번 스트리트를 마주하고 있다. 이중 현재 5번 애비뉴와 59번 스트리트는 맨해튼에서 아주 중요한 거리가 되었다.

센트럴파크

맨해튼 중앙에는 직사각형의 큰 정원이 있다. 바로 근대 조경의 아버지라 불리는 프레드릭 로 옴스테드(Frederick Law Olmsted)가 설계한 그 유명한 센트럴파크이다. 브로드웨이가 선(線)으로 그리드를 열어 준다면, 센트럴파크는 면(面)으로 그리드를 열어 준다.

브로드웨이가 X자형 교차로로 그리드에 역사적 시간과 이야기를 넣어 준다면, 센트럴파크는 자연적 시간과 이야기를 넣어 준다. 센트럴파크는 도시의 숲이자 오아시스다.

옴스테드는 나무를 건물보다 중요하게 생각했다. 그는 도심에서 멀리 떨어진 국립공원보다 가까운 도심공원을 더 중요시했다. 그는 회색으로 치닫는 도시 안에서 녹색을 회복해야 한다고 주장하며, 미국 대도시 곳곳에 위대한 도심 속 공원을 만들었다.

150년 전 옴스테드의 노력 덕분에 오늘날 미국 대도시는 대부분 도심 한가운데 공원이 있다. 이 공원에서 직장인들은 점심시간마다 산책을 하거나 운동을 할 수 있고, 샌드위치를 먹으며 쉴 수 있게 되었다.

지금이야 센트럴파크 지역이 맨해튼 내 최고 부촌에 해당하지만, 19세기 당시만 해도 이곳은 상습적인 침수 지역이었다. 날마다 해충이 득실거렸고, 비라도 오면 주변에 악취가 진동했다. 옴스테드는 이런 버림받은 땅 위에 미래의 희망을 심었다.

옴스테드는 절망의 땅에서 희망을 보았고, 상한 갈대를 치유할 수 있는 능력을 가진 공원을 보았다. 옴스테드는 도심 내 나무의 필요성을 설파했고, 직접 몸으로 실천했다. 그는 위대한 도심 숲의 모습을 그렸고, 직접 지었다. 그가 심은 묘목들은 오늘날 거대한 숲이 되었다.

동서 800미터, 남북 4킬로미터 크기의 센트럴파크는 영국식 회화식 정원(Picturesque Garden)에 해당된다. 공원 밖 인공의 직선이 공원 안 자연의 곡선과 대비를 이룬다. 봄의 노란색과 가을의 붉은색은 짝을 이루고, 여름의 연두색과 겨울의 흰색이 짝을 이룬다. 보이지 않는 시간이 센트럴파크에서는 색으로 보인다. 어느 계절, 어느 시간에 공원에 들어가도 몸이 풀리고 마음이 펴진다.

대표적인 거리와 광장

바둑판 모양의 맨해튼 그리드의 남북 방향 길은 애비뉴(Avenue, 세로길)라 하고, 동서 방향의 길은 스트리트(Street, 가로길)라고 한다. 애비뉴는 12개밖에 없지만, 스트리트는 100개가 넘는다. 그리드에 의해 생성된 땅을 블록(건물을 지을 수 있는 필지들의 묶음)이라고 한다. 맨해튼 블록은 남북 방향으로는 짧고, 동서 방향으로는 길다. 이에 반해 필지들은 보편적으로 남북 방향이 길고, 동서 방향이 짧다.

블록들의 크기는 (애비뉴와 애비뉴 사이가 얼마나 촘촘한지에 따라 다르지만) 필자의 걸음으로는 남북 방향은 일괄적으로 100걸음이고, 동서 방향은 200걸음과 400걸음이 혼용되어 있다. 400걸음 블록에서는 걷는 게 다소 지루해진다. 이는 맨해튼에서 애비뉴가 스트리트보다 훨씬 흥미로운 이유이자 사람들로 북적이는 이유가 된다.

애비뉴의 으뜸은 5번 애비뉴이다. 맨해튼의 명소와 랜드마크가 5번 애비뉴를 따라 늘어서 있다. 브라이언트 공원, 매디슨 스퀘어가 있다. 5번 애비뉴의 시작점은 센트럴파크이고 끝은 뉴욕 대학교가 있는 워싱턴 스퀘어이다.

그리드의 애비뉴들과 브로드웨이 교차점들이 그 유명한 X자형 광장을 만들었다. 그리고 맨해튼을 대표하는 스트리트들이 X자형 광장을 관통했다. 이들 스트리트들은 기차 역세권이 되었고, 페리 터미널권이 되었다. 대표 스트리트는 14, 23, 34, 42, 59번 스트리트다.

그중에서도 가장 유명한 스트리트는 42번 스트리트다. 42번 스트리트는 타임스 스퀘어와 브라이언트 공원으로, 맨해튼에서 가장 유명한 스트리트가 되었다.

맨해튼의 구조를 단순화하여 각인시키고 싶다면 다음과 같이 정리하면 좋다. 맨해튼 섬 중앙에 센트럴파크를 위치시키고, 그 위에 그리드를 포갠 다음, 브로드웨이를 대각선으로 관통시키고, 그리드와 브로드웨이 교차점에서 만들어지는 광장의 이름을 기억하고, 5번 애비뉴와 5개의 대표 스트리트만 기억하면 된다. 특히나 42번 스트리트는 반드시 기억하기로 하고, 이제 본격적인 맨해튼 이야기를 시작해 보자.

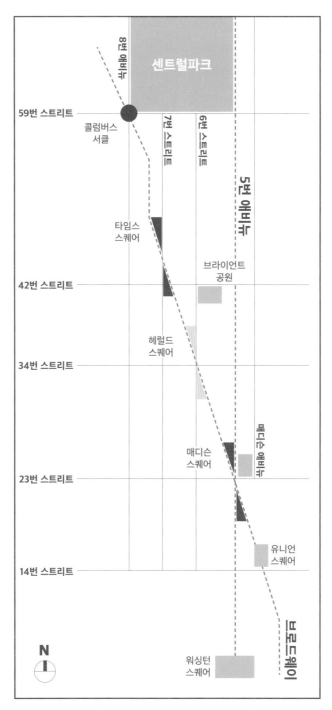

·센트럴파크 동쪽에서 서쪽 경계와 만나는 애비뉴와 브로드웨이가 교차하며 만드는 X자형 광장이 맨해튼 공공 공간의 중심이다. 매디슨 스퀘어, 헤럴드 스퀘어, 타임스 스퀘어, 콜럼버스 서클이 이에 해당한다. 이들은 건물이 중심인 건축 광장에 해당한다. 맨해튼에는 그밖에도 브라이언트 공원, 유니언 스퀘어, 워싱턴 스퀘어와 같이 나무가 중심인 녹지 광장도 있다. 4개의 건축 광장이 맨해튼의 심장 역할을 하고, 3개의 녹지 광장이 맨해튼의 허파 역할을 한다. ⓒ이중원

Lower Manhattan

2

로어맨해튼

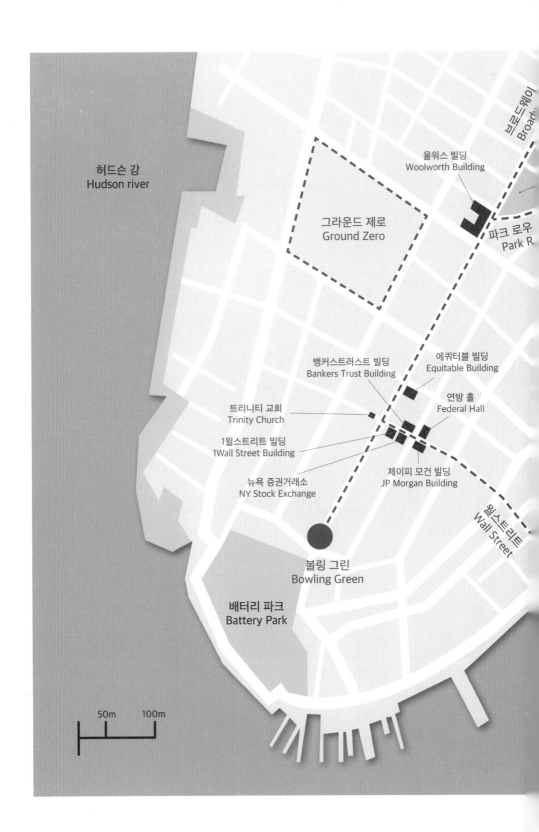

허드슨 강
Hudson river

그라운드 제로
Ground Zero

울워스 빌딩
Woolworth Building

파크 로우
Park R

Broadw

뱅커스트러스트 빌딩
Bankers Trust Building

에퀴터블 빌딩
Equitable Building

트리니티 교회
Trinity Church

연방 홀
Federal Hall

1월스트리트 빌딩
1Wall Street Building

뉴욕 증권거래소
NY Stock Exchange

제이피 모건 빌딩
JP Morgan Building

월스트리트
Wall Street

볼링 그린
Bowling Green

배터리 파크
Battery Park

50m   100m

배터리 파크
Battery Park

브루클린 다리
Brooklyn Bridge

브루클린 다리 파크
Brooklyn Bridge Pake

로어맨해튼 들어가기

맨해튼의 시작은 역시 로어맨해튼이다. 역사적으로나 지리적으로나 맨해튼의 시작점이다. 맨해튼의 역사를 훑기 위해서나 지리를 이해하기 위해서는 로어맨해튼에서 시작하는 것이 좋다.

로어맨해튼 지역은 계통을 잡기가 만만치 않다. 맨해튼의 다른 지역이 바둑판 모양으로 비교적 찾기도 쉽고 이해하기도 쉬운 데 비해 로어맨해튼 지역은 가로가 복잡하다. 유기적인 가로 형상은 뉴암스테르담 시절(1625~1664)까지 거슬러 올라간다.

로어맨해튼을 파악하려면 우선 브로드웨이를 찾아야 한다. 이는 맨해튼 어느 지역에서나 적용 가능한 원칙이다. 브로드웨이는 로어맨해튼의 척추 도로이면서, 동시에 맨해튼 전체의 척추 도로이다. 브로드웨이는 인디언들이 살고 있던 시절부터 있었고, 뉴암스테르담 시절에도 넓은 도로였다.

오늘날 로어맨해튼의 구조를 잡기 위해서는 남북과 동서 축을 설정해야 한다. 남북 축은 시청 광장과 볼링 그린(공원)을 잇는 브로드웨이 축이고, 동서 축은 트리니티 교회와 연방 홀을 잇는 월스트리트 축이다. 남북 축과 동서 축은 로어맨해튼의 지리적인 축이면서 맨해튼 초기 역사를 고스란히 간직하고 있는 시간적인 축이다.

영국이 네덜란드로부터 맨해튼을 뺏고자 한 데는 이유가 있었다. 천혜의 무역 거점 도시인 맨해튼은 미국의 다른 지역 항로와 육로가 모이는 길목이었다. 맨해튼은 미국 전 지역 물품이 모였다 흩어지는 도시였다. 맨해튼은 돈을 거머쥐고 싶다면 놓쳐서는 안 될 요지였다. 따라서 세력 있는 자들끼리 맨해튼을 두고 자리 다툼이 치열했다.

로어맨해튼은 미드 맨해튼과 함께 초고층 마천루 밀집 지역이다. 시간적으로는 로어맨해튼이 먼저였다. 맨해튼의 돈이 이곳에 먼저 집중되었다. 각종 증권거래소, 은행, 대기업 본사가 들어서며 인기는 올라갔고, 땅값은 천정부지로 솟았다. 건물은 위로 솟을 방법밖에 없었다. 미드 맨해튼의 인기가 커지며 한때 로어맨해튼이 주춤하기도 했는데, 최근 9 · 11 테러로 그라운드 제로가 마천루 복원 지역으로 부상하며 다시 로어맨해튼은 관심 지역이 되었다.

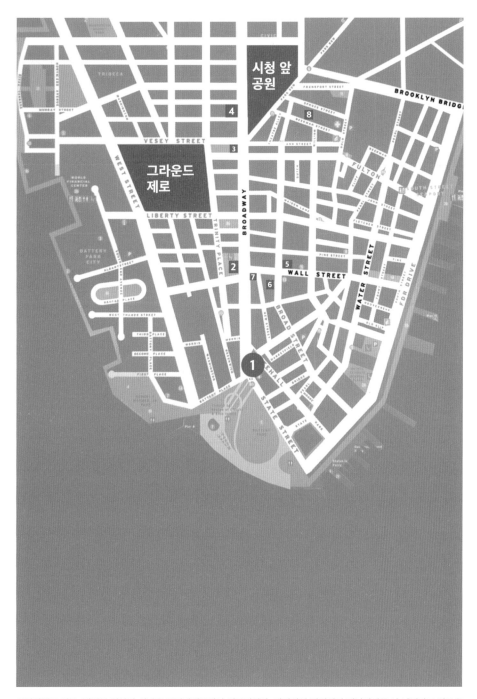

로어맨해튼 지도. 맨해튼 역사의 시작은 로어맨해튼에서 비롯되었다. 인디언의 땅이었던 매나하타를 산 네덜란드 인들은 북으로 성벽을 세우고(오늘날 월스트리트), 수로를 파고, 포대(포대를 의미하는 'Battery'가 오늘날 배터리 파크가 됐다)를 설치했다. 영국 요크 공작이 접수한 후, 이름을 뉴암스테르담에서 뉴욕으로 개명했다. 위 지도에서 빨간 색으로 표시된 지역의 명칭은 다음과 같다. ❶ 볼링 그린 ❷ 트리니티 교회 ❸ 성 바울 교회 ❹ 울워스 빌딩 ❺ 연방 홀 ❻ 뉴욕 증권거래소 ❼ 1월스트리트 빌딩 ❽ 8 스프루스 스트리트 ⓒ이중원

볼링 그린

로어맨해튼의 시작은 맨해튼의 시작이기도 하다. 로어맨해튼의 시작점은 볼링 그린이다. 봄에 볼링 그린을 찾으면 온통 붉은 꽃 천지다. 둥근 광장에 목이 긴 꽃이 바람에 날려 좌우로 흔들리는 모습이 아름답다. 짧게 폈다가 시들 꽃이지만 살아 있는 동안만큼은 치열하게 붉다.

도시의 시작이 꽃밭인 도시는 편안하고, 멋지다. 꽃밭 주변으로 나무 벤치가 있고, 유모차를 끌고 있는 사람들과 햇볕을 쬐느라 쉬는 사람들이 있다. 꽃밭은 점심에는 주변 금융가 직장인들이 사랑하는 휴식처다. 아름답고 편안한 광장으로 시작하는 도시는 여유를 즐길 줄 안다.

볼링 그린은 '눈물' 모양의 광장이다. 광장의 형태는 20세기 초 맨해튼을 호령했던 회사들이 완만한 곡선을 그리며 브로드웨이를 넓혀주면서 발생했다. 아직도 주변 석조 건물 입구 현판에 쟁쟁했던 회사들의 상호가 새겨져 있다.

볼링 그린의 남쪽 끝은 박물관이다. 꽃밭으로 도시를 시작하는 것만큼 박물관으로 도시를 시작하는 것도 멋지다. 힘 있는 자, 돈 있는 자의 건축으로 도시를 시작하는 것이 아니라 힘없고 돈 없는 사람들까지 환영하는 공공 박물관으로 도시를 시작하는 것은 멋지다.

박물관은 한때 무역 도시 맨해튼의 관세청이었다. 돌에 새긴 입구 현판은 아직도 '미국 관세청(U.S. Custom House)'이라 적혀 있다. 건물의 공식 명칭은 '알렉산더 해밀턴 미국 관세청'이었다. 해밀턴은 주도면밀한 정치인이었다. 그는 연방파로 반연방파인 토머스 제퍼슨의 정적이었지만, 제퍼슨조차 그를 존경했다고 한다. 해밀턴은 미화 10달러에도 남아 있다.

맨해튼의 척추 도로인 브로드웨이의 시작은 맨해튼의 시작이기도 하다. 그 시작점에 시청이 있지 않고, 관세청이 있다는 점은 맨해튼의 시작이 무역에 있었음을 반증한다. 브로드웨이로 상품이 흘렀고, 정보가 흘렀고, 재능 있는 사람들이 흘렀고, 돈이 흘렀다.

위 사진은 볼링 그린의 꽃밭, 아래 사진은 볼링 그린 앞에 있는 박물관이다. 4월 볼링 그린의 튤립이 활짝 피었다. 박물관은 건축가 캐스 길버트가 디자인했다. 과거 관세청 건물이었던 박물관 건물 앞에는 사대륙을 상징하는 4개의 인물 조각상이 있다. 조각가는 다니엘 프렌치이다. 그는 워싱턴 D.C.의 링컨기념관의 링컨 동상 조각으로 이름을 날렸다. 1950년 이후, 대부분의 수출입 선박 회사들이 뉴저지로 자리를 옮기면서 관세청으로서 건물 기능은 끝이 났다. ©이중원

연방 홀

영국과의 독립전쟁에서 승리한 후 미합중국이 출범했다. 1789년 4월 30일 월스트리트 연방 홀에서 조지 워싱턴은 초대 대통령으로 취임 선서를 낭독했다. 1791년 연방홀에서 미국 헌법의 기초가 되는 권리장전을 발효시켰다. 미국 의회는 연방 홀에서 초대 행정부인 국무부, 국방부, 재정부를 세웠다.

오늘날에야 미 행정부가 전 세계를 쥐락펴락하지만, 당시만 해도 공무원 월급도 제대로 줄 수 없을 만큼 재정이 미미한 중앙 정부였다. 13개 주의 주 정부 또한 독립전쟁 빚으로 허덕이고 있었다. 연방과 정치인들은 돈 문제로 와해되려는 연방을 붙들기 위해 두 팔을 걷어붙였다.

오늘날 볼 수 있는 연방 홀 외부는 그리스 파르테논 신전 같은 모습이며, 내부는 로마 판테온을 떠올린다. 그리스 민주주의 정신과 로마의 경제적 풍요로움을 건물 내외에 표현한 셈이다. 자유와 평등은 종교적 억압을 피해 배를 타고 건너온 사람들에게 반드시 지켜야 할 이념이었다. 경제적 번영은 이들이 세워야 할 체제의 모습이었다.

연방 홀의 돌들은 검박하고 단단하다. 권리장전의 문구만큼이나 질박하다. '하나됨'이라는 의미의 연방은 미사여구가 아닌 질박함이다. 연방 홀 앞에는 조지 워싱턴의 동상이 있다.

임기를 마친 워싱턴은 장기 집권을 할 수 있는 길이 얼마든지 열려 있었지만 훌훌 털고 내려왔다. 독립전쟁으로 하나가 된 13개 주의 연방은 워싱턴의 솔선수범 리더십으로 하나를 유지할 수 있었다. 미합중국 연방 정부의 첫걸음이었다.

연방 홀 전면에 있는 워싱턴의 동상 뒤에 서면 뉴욕 증권거래소가 보인다. 검박한 연방 홀에 비해 증권거래소는 화려하다. 연방 홀의 도리스식 기둥이 증권거래소에는 코린트식 기둥이고, 지붕을 형상화한 삼각형 모양의 페디먼트도 연방 홀은 조각이 없는 데 반해 증권거래소는 가득 있다. 1910년대를 기점으로 유럽의 훌륭한 석공들이 미국으로 대거 건너왔다. 맨해튼에서 1910년 이후 지어진 건물에는 조각이 화려한데, 두 건물의 비교는 이를 잘 보여준다.

위 사진은 연방 홀이다. 전면에 워싱턴 동상이 보인다. 1789년 이곳에서 워싱턴은 대통령 선서를 했다. 아래 사진은 워싱턴 동상 뒤에 서서 월스트리트 대각선 모퉁이에 있는 증권거래소를 보며 찍은 사진이다. 연방 홀은 월스트리트와 브로드웨이가 교차하는 북동쪽 모퉁이에 있고, 증권거래소는 남서쪽 모퉁이에 있다.

월스트리트와 뉴욕 증권거래소

네덜란드로부터 맨해튼을 빼앗은 영국인들은 이곳의 이름부터 바꾸었다. 영국 왕이 요크 공작에게 뉴욕 경영권을 인가하자 뉴암스테르담이라는 지명 대신 자신의 이름을 넣어 '뉴요크'라고 불렀다.

오늘날 맨해튼이란 지명은 인디언들이 부르던 매나하타에서 유래했다. 매나하타의 의미는 '언덕이 많은 지역'이었다. 오늘날에는 수많은 마천루들로 지형이 보이지 않아 도대체 어디가 언덕인지 알 수 없지만, 가로를 걷다 보면 땅이 들쑥날쑥하다는 걸 느낄 수 있다.

뉴암스테르담은 인구가 적고, 규모도 지금 로어맨해튼의 일부로 아주 작은 마을이었다. 네덜란드 인들은 본토처럼 뉴암스테르담에도 수로를 파고, 요새를 쌓고, 포대를 배치하고, 방어벽을 쳤다. 특히 적의 침입을 막기 위해 세운 최북단의 벽(Wall)은 영국에게 식민지 경영권이 넘어간 후에 철거했다. 하지만 한때 존재했던 벽은 거리의 이름으로 남아 "월스트리트"가 되었다.

남북전쟁이 북부의 승리로 끝나자, 맨해튼은 미국 산업혁명의 거점 도시가 됐다. 미국의 경제적 번영과 함께 증권거래는 과거와 비교할 수 없을 만큼 성장했다. 미국은 서부로 확장했고, 산업은 팽창했다. 당시 신기술이었던 전보, 전화, 철도는 공간과 시간을 단축하며 미 대륙을 빠르게 재편성했다. 맨해튼은 전쟁과 산업혁명의 최대 수혜 도시였다.

미국의 주요 철도와 운하가 맨해튼에서 시작하여 미 대륙을 물리적으로 연결하였고, 맨해튼은 육로와 수로가 모두 통하는 도시가 됐다. 뿐만 아니라, 전화와 신문으로 맨해튼은 미국 정보 거점 도시가 되었다. 정보를 생산했고, 정보를 날랐다. 맨해튼으로 돈이 몰렸고, 이전과는 다른 차원으로 커졌다. 그 중심에 맨해튼 증권거래소가 있었다.

1903년 월스트리트의 상징물인 건축가 조지 포스트의 새 증권거래소 건물이 섰다. 미국 증권시장은 1896~1901년 동안 무려 6배 증가했기 때문에 이전 건물로는 거래의 규모를 감당할 수 없어 1902년 철거되었다.

불어나는 부는 새로운 사회를 파생시켰고, 새로운 사회는 새로운 건물과 그 콘

위 사진 오른쪽 상단을 보면, 뉴암스테르담 최
북방 방어벽인 '월(Wall)'은 오늘날 월스트리
트가 되었다(항공 사진의 붉은 점선으로 표기
한 부분). 다이아몬드 모양의 포대는 배터리
파크로 남았다. 점선 위의 빨간색 사각형이 있
는 곳이 그라운드 제로이다. 아래 사진은 삼각
무역 항로로, 네덜란드 인과 영국인이 맨해튼
을 차지하고 싶어 한 이유였다.

텐츠를 요구했다. 건축이 변하는 속도보다 사회가 변하는 속도가 더 빨랐다. 포스트
는 신흥 기업의 요청과 새로운 상업 건축의 필요를 아는 건축가였다.

　증권거래소는 20세기 초반 건축계에 내재한 문제를 보여줬다. 건물의 현대적인
내부 프로그램과 전통적인 외부가 대립하는 모습을 보여줬다. 건물의 외부는 여전
히 고전주의 양식을 따랐지만, 내부는 이전 시대에는 없었던 새 시대의 프로그램을
담았다.

　증권거래소의 얼굴은 로마 신전을 닮았지만, 내부는 당시로는 최첨단인 유리벽
이 섰다. 밖의 고전적 조형성과 안의 현대적 투명성이 만났다. 돌조각이 주는 외부의
고전적 웅장함과 유리의 투명성이 주는 내부의 현대적 증권시장은 당시 미국 건축
의 현주소였다. 미국은 문화적으로는 여전히 유럽 의존적이었지만, 경제적으로는 시
장 선도적이었다.

　뉴욕 증권거래소를 디자인한 건축가 조지 포스트는 맨해튼 토박이였다. 뉴욕대

뉴욕 증권거래소의 전신은 1792년까지 올라간다. 무화과나무 아래서 증권거래꾼들과 투기꾼들은 마구잡이로 증권을 사고팔다가 1792년 5월 17일 버튼우드 합의서에 24인이 사인한 것이 거래소의 시초였다. 처음에는 방을 빌려서 증권거래를 했는데, 1835년 맨해튼 대화재로 소실되었다. 그 후, 왼쪽 그림 속 증권거래소 건물은 1865~1901년까지 있었다. 우측 그림은 1903년 건축가 조지 포스트가 지은 증권거래소다. 사진 왼쪽 코너에 제이피 모건 본사는 그때도 있었다.

건축가 조지 포스트의 에퀴터블 생명보험 빌딩은 1870년 완공되었다(좌측 사진은 1906년경). 1912년 1월 9일 화재로 소진되었는데 당일 기록 사진을 보면, 날씨가 너무 추워 불을 끌 수가 없었고, 소방관들이 뿌린 물은 바로 얼어 버렸다.

를 나와 프랑스 유학파 건축가 1호인 리처드 모리스 헌트 밑에서 실무를 익혔다. 포스트는 건축 신기술에 열려 있었다. 1870년 그가 디자인한 8층 높이의 에퀴터블 생명보험 빌딩(Equitable Life Building)은 맨해튼에서 엘리베이터를 처음으로 사용했다. 엘리베이터 사용 이전 시대 사람들에게 5층은 임대할 수 있는 최고층이었다.

사람들은 6층 이상은 임대가 나가지 않을 것이니 8층을 짓지 말라고 했다. 포스트는 엘리베이터의 가능성을 믿었고, 결국 고층 건축의 선구자가 되었다. 증권거래소와 마찬가지로 이번에도 고전적 외관과 현대적 기술의 접목이었다.

에퀴터블 빌딩은(이 에퀴터블 빌딩은 조닝법을 만들게 한 에퀴터블 빌딩과는 다른 빌딩이다) 맨해튼 최초의 마천루로 높이는 39미터였다. 교회 첨탑을 제외하고 교회가 아닌 건축물로는 가장 높았다. 1884년까지 맨해튼에서 가장 높은 상업 마천루였으나 1912년 화재로 소진되었다. 새로운 마천루가 그 빈자리에 섰다. 맨해튼에서 마천루가 세워지고 무너지는 일은 이때부터 시작되었다.

포스트는 1872년 뉴욕 시청 옆에 10층짜리 유니언 텔레그래프 빌딩(Western Union Telegraph Building)도 지었다. 이 초기 마천루도 한때 맨해튼에서 가장 높은 건축물이었다. 포스트는 앞으로 맨해튼에 불어닥칠 마천루 바람을 예견한 맨해튼 최초의 마천루 건축가였다. 더 이상 포스트의 에퀴터블 생명보험 빌딩도 유니언 텔레그래프 빌딩도 볼 수 없지만, 포스트가 뿌려 놓은 마천루를 향한 도전 정신과 실험 정신은 남았다.

로어맨해튼의 브로드웨이

맨해튼 척추에 해당하는 것이 바로 24킬로미터에 달하는 브로드웨이다. 이 책에서 다루는 브로드웨이의 범위는 남으로는 로어맨해튼의 볼링 그린이고, 북으로는 콜럼 버스 서클이다.

브로드웨이를 따라가면, 맨해튼의 주요 명소를 차례로 만날 수 있다. 브로드웨 이를 따라가면, 맨해튼의 시간과 광장은 물론 마천루가 열린다. 맨해튼에서 길을 잃 어버리면, 무조건 브로드웨이를 찾으면 된다. 이 법칙은 로어맨해튼에서도 적용이 가능하다.

로어맨해튼 브로드웨이를 따라가면, 역사적인 주요 광장과 만난다. 시청 광장, 트리니티 교회 공공 묘지가 있고, 더 내려가면 볼링 그린이 나온다. 최근에는 그라운 드 제로(기념비 녹지 광장)마저 브로드웨이와 만난다.

로어맨해튼의 남북 축인 브로드웨이의 시작과 끝이 시청 광장과 볼링 그린인 점, 시작과 끝 건축물이 시청과 박물관인 점, 그 사이는 빼곡히 들어찬 마천루라는 점은 앞으로 전개될 맨해튼 유전자이다. 맨해튼은 길로 시작한 도시로 길의 시작과 끝은 시민이 모일 수 있는 광장과 공원이고, 광장과 공원에는 시민이 접근할 수 있 는 공공 건축이 있고, 시작과 끝 사이에는 시민의 꿈을 담아내는 마천루가 있다. 맨 해튼은 길을 먼저 세우고 건물을 세웠지, 건물을 세우고 남은 부분이 길이 된 도시 가 아니다. 매해튼에서는 재화, 정보가 흐르는 길이 건물보다 우선이다. 마찬가지로 광장과 녹지와 공공 건축이 개인 소유의 건물보다 우선이다.

맨해튼의 첫 길인 브로드웨이는 로어맨해튼에서 시작했고, 그렇게 자라 나갔 다. 이후 맨해튼이 세운 숱한 길들은 브로드웨이의 구성 법칙을 좇았다. 길과 광장과 녹지와 공공 건축을 먼저 세우고, 마천루를 세웠다.

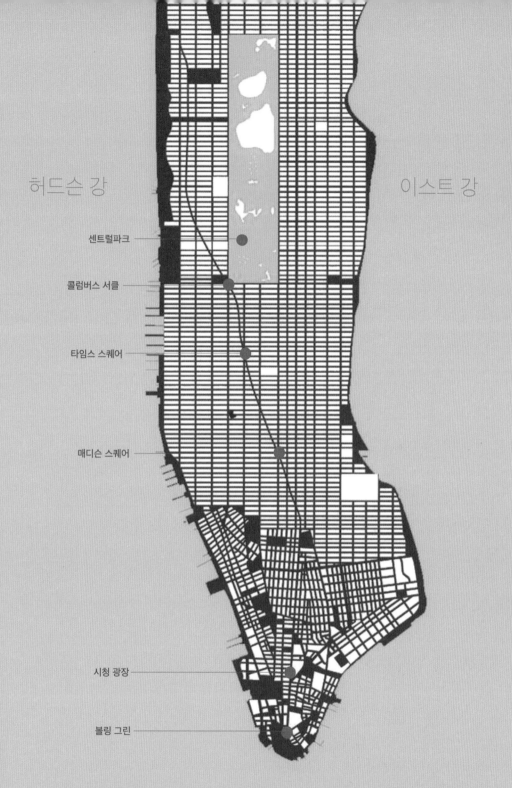

허드슨 강

이스트 강

센트럴파크

콜럼버스 서클

타임스 스퀘어

매디슨 스퀘어

시청 광장

볼링 그린

맨해튼은 남북으로 긴 섬이다. 서측으로 허드슨 강이 흐르고, 동측으로 이스트 강이 흐른다. 섬 중앙에 센트럴파크가 있다.
그리드 남쪽 지역을 로어맨해튼 지역이라고 한다. 브로드웨이는 밑에서는 직선으로 가다가, 위로 갈수록 대각선으로 뻗어
나가는 맨해튼 중앙 도로이다.

그라운드 제로

로어맨해튼은 서울로 치자면 서울 사대문 안이다. 가장 오래된 지역이면서 동시에 가장 역동적인 지역이다. 역사와 혁신이 있고, 맨해튼의 개성을 잘 보여주는 곳이다. 하지만 불과 몇 년 전만 하더라도 로어맨해튼은 미드 맨해튼의 부상으로 침체기에 빠져 있었다.

2001년 9·11 테러가 터졌다. 쌍둥이 빌딩은 무너져 내렸고, 수많은 사람들이 죽었다. 뉴욕 시민들은 참사를 당한 6만 제곱미터의 땅을 '그라운드 제로'라 불렀다. 넘어진 쌍둥이 빌딩에는 다양한 분야의 인재들도 많았지만, 위대한 용기와 헌신을 보여준 소방관들도 있었다. 파괴가 큰 만큼 아픔도 컸다. 그 아픔을 딛고, 오늘날 로어맨해튼은 다시 맨해튼에서 가장 역동적인 미래를 준비하고 있다.

2001년 9월 11일 비행기 한 대가 쌍둥이 빌딩 한 동에 충돌했다. 뉴스는 빠르게 인터넷을 타고 퍼졌다. 내가 다니던 보스턴의 회사에서도 사람들은 일을 못하고 텔레비전 앞에 모여 있었다. 너무나 놀라운 뉴스에 그저 화면만 바라보고 있었다. 생방송이 15분쯤 상영되었을까, 두 번째 비행기가 세계무역센터 2동과 충돌하자 사람들의 안색이 변했다. 단순 비행기 사고라 여기던 사람들도 두 번째 비행기가 충돌하자, 테러임을 직감했다.

오전 8시 46분에 테러리스트가 공중피납한 비행기는 세계무역센터 1동과 충돌했고, 약 15분 뒤인 9시 2분에는 2동과 충돌했다. 1동은 102분 뒤에 무너져 내렸고, 2동은 56분 뒤에 무너져 내렸다. 당시 그라운드 제로 옆 건축사사무소에서 일하고 계셨던 명지대 건축학과 남수현 교수님의 증언에 따르면, 그때 눈을 뜰 수 없을 만큼 분진 광풍이 일었고, 타는 냄새로 숨을 쉴 수도 없었고, 여기저기 인체 일부가 나뒹굴고 있었다고 한다. 공포감은 지독했고, 정신적 충격은 가늠하기 어려웠다고 한다.

당시 뉴욕 시장이었던 루돌프 줄리아니는 즉시 현장으로 뛰쳐나왔고, 조지 부시 대통령은 긴급 성명을 발표했다. 놀람과 슬픔, 그리고 다시 일어섬에 누구보다 앞장선 사람들은 시민들이었다. 소방관들의 헌신적인 죽음에 애도의 물결이 일었다. 유족들은 앞장서서 슬픔을 딛고 일어나 재건 운동에 앞장섰다. 정부는 긴급 자금 3백만 달러를 지원하여 앞으로 무엇을 할 수 있을지 조사했고, 2002년 7월 자비츠 컨

벤션 센터에 모여 그 결과를 발표했다. 맨해튼 건축계는 심하게 요동쳤다. 결코 잊을 수 없는 이 자리에 잊을 수 있는 건축을 세울 수는 없다고 결론이 났다.

《뉴욕타임스》건축비평가 허버트 머스햄(Herbert Muschamp)과 건축자문위원들은 맨해튼 이름에 걸맞는 국제공모전을 해야 한다는 쪽으로 공론을 몰고 갔다. 결과적으로 7팀이 최종 후보자 명단에 올랐다. 7팀은 노먼 포스터, 스티븐 피터슨, 다니엘 리베스킨트, 라파엘 비뇰리, SOM, 뉴욕 건축가 그룹(피터 아이젠만, 찰스 과스메이, 리처드 마이어, 스티븐 홀), 그레그 린이었다.

2002년 12월 8일 7팀의 발표는 공개적으로 윈터가든에서 열렸다. 건축 공모전이 이처럼 모든 언론의 집중적인 관심을 받으며 전국에 퍼진 일은 전대미문의 일이었다. 최고의 실력을 자랑하는 건축가들은 온 힘을 쏟아 공모전에 임했다. 포스터와 리베스킨트의 안은 시작부터 세간의 관심을 받았다.

최종 당선안을 낸 리베스킨트는 무자비한 테러로 무너져 내린 쌍둥이 빌딩의 현장에 갔다. 잿더미 속에 기초벽만 남아 있었다. 그는 내려갔다. 그는 여전히 건재한 기초벽을 보고 짙은 감동을 받았다. 마천루는 쓰러졌지만, 그 기초벽은 여전한 모습에 리베스킨트는 다음과 같이 말했다. "비록 테러리스트들이 민주주의에 테러를 가했지만, 민주주의의 뿌리는 이곳 기초벽과 같이 건재하다."

리베스킨트의 발표는 많은 유족들을 울렸다. 그는 다시 시작하자고 제안했다. 자유와 평등으로 일어선 미국 민주주의를 기초부터 다시 시작하자고 했다. 리베스킨트가 제안한 5동의 마천루들은 자유의 여신상의 횃불 모양으로 점증적으로 높아졌고, 가장 높은 프리덤 타워의 높이는 영국으로부터 독립한 해인 1776년을 상징하는 1,776피트여야 한다고 주장했다. 리베스킨트는 수많은 사람들을 살려낸 소방관들의 희생정신도 영원히 그라운드 제로 배치도에 기록하고자 했다. 그들이 사람들을 살리려 들어간 동선이 단지의 길이 되어야 한다고 했다.

그는 또한 '빛의 쐐기(wedge of light)'라는 개념을 고안했다. 매해 9월 11일이 되면, 빛이 그라운드 제로에 쐐기처럼 오전 8시와 10시 사이에 마천루 사이를 비집고 들어오게 했다. 리베스킨트는 절망의 시간을 빛의 쐐기라는 소망의 시간으로 바꾸고자 했다.

리베스킨트가 그리고자 한 것은 맨해튼의 탄력성이었고, 맨해튼의 자기 소성적

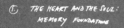

① THE HEART AND THE SOUL:
MEMORY FOUNDATION

MEMORIAL SITE EXPOSES
GROUND ZERO
ALL THE WAY DOWN TO THE
BEDROCK FOUNDATIONS.

REVEALING THE HEROIC FOUNDATIONS
OF DEMOCRACY FOR ALL TO SEE.

③ WEDGE OF LIGHT / PARK OF HEROES

SUNLIGHT ON SEPTEMBER 11
MARKING THE PRECISE
TIME OF THE EVENT.

② SEPTEMBER 11 MATRIX

HEROES LINES
TO GROUND ZERO

④ CULTURE AT HEART :
PROTECTIVE FILTER AND OPEN
ACCESS TO HALLOWED GROUND

· MUSEUM
· CULTURE
· PROMENADE

다니엘 리베스킨트의 개념 스케치 네 장. 첫 번째 스케치는 두 개의 사각형 기초벽밖에 남아 있지 않은 현장을 그린 것이다. 리베스킨트는 이 기초벽을 있는 그대로 남겨 두자고 제안했다. 두 번째 스케치는 헌신적인 소방관들이 사람들을 구하러 밟고 지나간 자리를 형상화한 그림이다. 세 번째 스케치는 '빛의 쐐기' 스케치로 매해 9월 11일 오전 8시에서 10시 사이에 그라운드 제로에 빛의 쐐기를 개념화한 스케치이다. 테러를 당한 땅은 성역화하여 문화 시설만 허용하고 그 외의 마천루들은 주변을 둘러싸게 제안했다.

인 힘이었다. 그는 무너진 기초벽에서 다시 치솟는 프리덤 타워를 꿈꿨으며, 쓰러진 뉴요커들을 다시 일으켜 세우고자 했다. 리베스킨트의 마스터플랜은 폭음의 소리가 아니라 물의 소리였으며, 어둠의 소리가 아니라 빛의 소리였다. 2003년 2월 27일 심사위원단은 리베스킨트 안을 당선작으로 최종 선정했다. 리베스킨트는 하루아침에 건축계 스타가 됐다.

그라운드 제로 주변

그라운드 제로 인근은 미국 최초의 마천루 동네였다. 골목길 사이사이에 역사적인 마천루들이 만드는 인공의 협곡을 대면한다. 거리 폭에 비해 너무 높은 마천루들로 하늘은 토막 나 있다. 그라운드 제로는 오늘날 신축 마천루 시공으로 역동적인 모습이다. 비록 쌍둥이 빌딩을 잃었지만, 7개의 새로운 마천루를 얻을 것이다. 가장 역사적인 마천루 동네에 가장 혁신적인 마천루들이 세워져 미드 맨해튼에 빼앗긴 최고의 마천루 동네라는 타이틀을 다시 찾으려고 한다.

그라운드 제로 주변은 스카이라인도 멋있고, 거리 풍경 또한 근사하다. 마천루 입구마다 돌과 철의 공예적인 만남은 가로를 품위 있게 하고, 보행을 생기 있게 한다. 하늘에 펼쳐진 예술이 땅에서도 펼쳐진다. 하늘을 살리는 행위가 땅을 살리는 행위로 이어진다.

원 리버티 플라자 빌딩에는 9 · 11 테러의 잔재가 여전히 남아 있다. 도시와 건축에도 태어남과 죽음이 있다. 시작과 끝 사이를 채우는 것이 우리의 삶이다. 9 · 11 테러로 모든 것이 죽은 것 같지만, 실은 또 다른 삶이 태어난다. 그라운드 제로와 프리덤 타워는 이를 변증한다.

앞으로 그라운드 제로에는 과거와 미래가 있을 것이고, 스카이라인과 거리 풍경이 있을 것이고, 민주주의 삶을 약속하는 도전과 응전이 있을 것이다. 미국을 지울 수 있으리라 믿었던 사람들에게 미국은 지워지지 않았음을 알리는 현장이 될 것이다.

왼쪽 상단은 메이든 레인(Maiden Lane)의 전경이다. 메이든 레인은 맨해튼 그리드 이전의 유기적인 가로체계에서 보여지는 유선형의 마천루 협곡을 보여준다. 우측 상단은 그라운드 제로 전경이다. 좌측 아래 사진은 브로드웨이 100번지 건물 입구이다. 우측 아래 사진은 13 트리니티 플레이스 마천루이다. 9·11 테러로 처참해진 모습이다. ⓒ이중원

두 개의 채워지지 않는 풀

9·11이 10주년이 되었을 때, 그라운드 제로는 10주년 행사를 준비하고 있었다. 이날의 주인공은 건축가 마이클 아라드(Michael Arad)였다. 그는 2003년 그라운드 제로 조경 디자인공모전에 참여했다. 그는 세계 각지에서 모인 5,200개 공모안 중에서 당당히 당선됐고, 하루아침에 스타가 됐다.

그라운드 제로의 면적은 약 6만 제곱미터이다. 아라드는 그중 절반에는 새로운 마천루를 짓고, 세계무역센터가 있던 나머지 땅에는 영원히 아무것도 짓지 말자고 제안했다. 아라드의 안은 단순하지만 힘이 있었다. 그는 쌍둥이 빌딩이 서 있었던 자리에 한편의 시를 짓고자 했다. 시의 소재는 물, 주제는 생명이다. 각각 4천 제곱미터의 면적에 해당하는 정사각형은 세계무역센터가 있던 자리다. 정사각형의 바닥은 반사하는 풀(Pool)이고, 풀 가장자리에서 9미터 높이의 폭포수가 쏟아진다. 폭포 소리가 어찌나 큰지 도시 소리가 물소리로 바뀐다.

정사각형 중앙에는 작은 정사각형 구덩이를 팠다. 폭포수가 아무리 사방에서 많이 쏟아져도, 모든 물은 중앙의 정사각형 구덩이로 사라진다. 물이 정사각형의 빈 보이드를 채울 수 없게 디자인했다. 아무리 쏟아져도 채워지지 않는 물은 남은 사람의 슬픔이 아무리 클지라도 소멸할 것이라는 메시지를 던졌다.

아라드에게 쏟아지는 물은 흘러가는 시간과 같다. 가족을 잃은 개인적인 슬픔, 시민을 잃은 공동체적인 슬픔을 기억하는 자리이며, 동시에 그 슬픔을 치유하는 자리다. 생명은 지워지는 것이 아니라, 물과 시간처럼 끊임없이 흐르는 것임을 말한다. 빈자리를 명상하는 자리에서 시민들은 하나가 된다.

풀 경계에는 동판에 9·11로 사망한 3,000명의 희생자 이름을 모두 아로새겼다. 사람들의 이름은 알파벳순도 아니고, 그렇다고 줄이 맞춰져 있는 것도 아니다. 3,000명의 유가족을 일일이 찾아가 죽은 가족과 친했던 사람들의 이름을 찾아내어 '관계의 망'을 구성하여 이름을 새겼다. 오바마 대통령도 유족들과 함께 10주기 행사에 참여했다. 아라드의 디자인은 단순하지만 많은 사람들의 심금을 울렸다.

상부 사진의 나무 조경과 두 개의 정사각형 풀이 마이클 아라드가 디자인한 것이다. 풀과 풀 사이에 있는 건물은 스노헤타가 디자인한 박물관이다. 아래 사진은 북쪽 풀에서 남쪽을 바라보며 찍은 것으로 폭포수는 구덩이에 쌓이지 않고 완전히 소멸하도록 디자인했다.

그라운드 제로의 새 기차역

건축가에게는 지어지지 않아서 안타까운 프로젝트가 있다. 대개 공모전에서 안타깝게 2등을 해서 그림 속에만 존재하고 현실에는 없는 경우다. 건축가 노먼 포스터가 그라운드 제로 공모전에서 낸 '3번(바닥, 몸통, 머리) 키스하는', 2동의 마천루는 내게 안타까운 작품 일순위로 남아 있다. 아슬아슬하게 넘어질 듯 서 있는 2동의 마천루는 미래를 노래하며 마천루의 새로운 미학과 최첨단 혁신을 소개했다.

그런가 하면, 소실되어서 안타까운 프로젝트도 있다. 지난 20세기 맨해튼에서 소실된 공공 건축물 중에서, 소실되어 가장 안타까운 프로젝트는 건축가 찰스 맥킴 (Charles Mckim)의 펜 스테이션이다. 보자르 양식(고전주의)으로 지어진 이 건물은 로마의 영광을 돌로 담은 웅장한 로비가 있었는가 하면, 19세기 첨단 건축의 위용을 철로 담은 장엄한 콩코스가 있었다. 규모에 버금가는 감동이 있는 역사 건축이었던 펜 스테이션은 1963년 철거되었다.

2004년 1월 22일 산티아고 칼라트라바의 그라운드 제로 기차역사 계획안이 베일을 벗자 뉴요커들은 열광했다. 잃었던 펜 스테이션의 옛 영광을 비로소 되찾는 기분이었다. 백색의 구조물이 푸른 하늘을 여는 모습은 19세기 흑색의 구조물이 투명한 하늘을 여는 모습이었다. 칼라트라바의 역사는 마치 하늘을 날고자 하는 새 같았다. 막 어린아이의 손을 떠난 비둘기였다. 눈부신 빛이 백색의 날개 사이로 쏟아졌다.

항만청은 기능적인 역과 경제적인 역세권을 건축가에게 요청했는데 칼라트라바는 한 편의 시를 지었고, 한 폭의 그림을 그렸다. 그것은 멈출 수 없는 움직임의 표상이었고, 가라앉고자 하는 중력에 대항하는 비상이었다.

칼라트라바는 운동(movement)의 시인이다. 다리와 역사 건축은 그의 대표적인 노래이다. 그라운드 제로에 세워질 칼라트라바의 새 역사는 여행객들을 한 곳에서 다른 곳으로 이어주는 것으로만 만족하지 않고, 맨해튼의 오랜 유전자인 세계의 모든 곳을 연결하고자 하는 의지를 표명하는 건축이다. 사회를 붙잡고, 세계를 붙잡는 상징이자 운동이다.

상부 사진은 소실된 찰스 맥킴의 펜 스테이션. 아래 사진은 칼라트라바가 지은 새로운 그라운드 제로의 역사이다. 100년의 시간 간격을 두지만, 두 역사는 도시의 관문인 공공 건축을 어떤 정신과 열정으로 지어야 하는지 보여준다.

Museum Mile

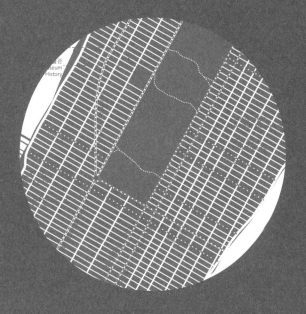

3

뮤지엄 마일

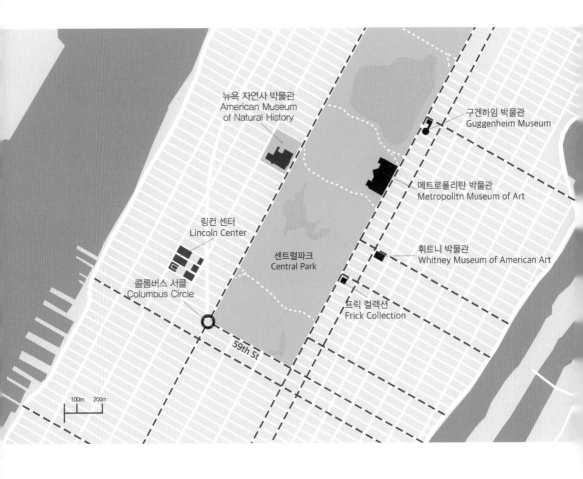

뉴욕 자연사 박물관
American Museum
of Natural History

구겐하임 박물관
Guggenheim Museum

메트로폴리탄 박물관
Metropolitn Museum of Art

링컨 센터
Lincoln Center

센트럴파크
Central Park

휘트니 박물관
Whitney Museum of American Art

콜롬버스 서클
Columbus Circle

프릭 컬렉션
Frick Collection

59th St

100m 200m

뮤지엄 마일 들어가기

맨해튼의 시작을 과거부터 훑고 싶다면 로어맨해튼에서 시작할 수 있고, 현재부터 훑고 싶다면 미드 맨해튼에서 시작할 수 있다. 역사부터 알고 싶은 사람들은 밑에서 부터 시작할 것이고, 역동적인 현재를 보고 싶은 사람들은 중간에서 시작할 것이다. 이 책의 두 번째 단계인 줌인 단계는 미드 맨해튼 뮤지엄 마일에서 시작하고자 한다.

센트럴파크 동쪽 5번 애비뉴는 '어퍼 이스트 사이드'라 불리며 19세기 초 미국 산업혁명과 도금시대(Gilded Age, 대기업 시대)를 이끈 맨해튼 대기업 총수들의 주택 가였다. 그들이 지었던 저택들 다수가 이제는 박물관이 되어 이 거리를 '뮤지엄 마일'이라고 부르지만, 당시에는 이곳을 '밀리어네어스(백만장자) 마일'이라 불렀다.

내가 보는 뮤지엄 마일은 5번 애비뉴의 71번 스트리트에서부터 92번 스트리트 까지이다(공식적인 뮤지엄 마일은 82~105번 스트리트이다). 뮤지엄 마일 시작점에 프릭 컬렉션(Frick Collection)이 있고, 끝에 유대인 박물관이 있다. 뮤지엄 마일 중앙에는 미국 최대 규모의 박물관인 메트로폴리탄 박물관(Metropolitan Museum, MET)이 있다. MET는 79번 스트리트에서 84번 스트리트까지 무려 4개의 블록에 걸쳐 있다.

미국 내 3대 박물관이라고 하면 맨해튼의 MET, 필라델피아의 MFA, 보스턴의 MFA를 손꼽는다. 관광객들이 뮤지엄 마일의 모든 박물관을 보기는 힘들기 때문에 그중에 몇 개만 고르라고 한다면, 나는 주저 없이 MET, 구겐하임, 휘트니, 프릭을 손 꼽을 것이다.

뮤지엄 마일이 있는 5번 애비뉴와 평행하게 있는 거리가 매디슨 애비뉴이다. 20세기 초에 많은 대기업 총수(록펠러, 카네기, 프릭 등)들이 이곳으로 이사오자, 이 동 네는 맨해튼을 대표하는 부자 동네가 되었다.

매디슨 애비뉴는 한국의 평창동, 한남동, 청담동과 같이 애비뉴 양옆으로 명품 매장들이 즐비하다. 로스앤젤레스 비벌리 힐스에 로데오 거리가 있다면, 맨해튼에는 매디슨 애비뉴가 있다.

뮤지엄 마일을 들어설 때는 5번 애비뉴를 따라서 박물관들을 감상하는 것이 좋 지만, 뮤지엄 마일을 나설 때는 매디슨 애비뉴를 따라 내려오는 것도 나쁘지 않은 선택이다. 볼만한 저택들이 많고, 명품 매장의 화려한 쇼윈도도 눈요깃감으로 좋다.

뮤지엄 마일이라고 하면 센트럴파크 동쪽을 따라 5번 애비뉴 선상에 있는 박물관들을 말한다.(Image Courtesy: Wikime-dia)

맨해튼에 처음 온 사람들은 5번 애비뉴가 맨해튼을 대표하는 쇼핑 거리라 생각하지만, 맨해튼에 오래 산 사람들은 종종 5번 애비뉴보다 매디슨 애비뉴를 더 선호한다. 관광객이 적고, 보석같이 숨어 있는 매장들이 다수 있기 때문이다. 따라서 멋쟁이라면 맨해튼 토박이들이 찾는 매디슨 애비뉴에 가볼 것을 권한다.

뮤지엄 마일의 이야기 시작은 MET에서 시작하며 구겐하임과 휘트니를 거쳐 프릭 컬렉션에서 마칠 것이다. 건축 양식사적 측면에서는 MET 다음에 프릭 컬렉션이 나와야 하나, 예술계에 미치는 영향력 차원에서는 지금의 순서가 맞다.

5번 애비뉴의 유명세로 뮤지엄 마일에서 쉽게 놓칠 수 있는 거리가 매디슨 애비뉴인데, 이 거리는 꼭 걸어봐야 하는 거리 중 하나이다. 박물관을 방문할 때는, 센트럴파크에 접해 있는 5번 애비뉴를 따라가고, 다 보고 나올 때는 매디슨 애비뉴를 따라 걷는 것이 좋다. ⓒ이중원

MET 들어가기

사람은 누구나 자신이 태어난 지역의 사회와 문화의 범주를 쉽게 넘지 못한다. 언어 공동체인 한 나라의 사회는 자기를 형성하는 울타리이자, 동시에 뛰어넘어야 할 벽이다. 해외 유학은 그래서 엄청난 시간과 비용이 들지만, 자기의 울타리를 객관적으로 바라보고 자기의 벽을 뛰어넘기 위해서 반드시 한 번쯤은 떠나봐야 하는 길이다.

자기가 속했던 사회와 문화를 한 발치 떨어져서 바라보려면, 자기가 속하지 않은 사회와 문화의 관점과 잣대로 바라볼 필요가 있다. 오직 그럴 때만이 자기를 형성해온 가치관과 세계관을 객관적으로 바라볼 수 있고, 돌아와서는 정체되어 있는 사회와 문화를 뒤흔들 수가 있다.

시대를 달리하며 MET의 모습을 바꾸어 나간 건축가들은 하나같이 유학파 건축가들이었다. 그들은 미국 너머의 나라에서 미국을 바라보았고, 맨해튼 너머의 도시에서 맨해튼을 바라보았다.

MET는 미 대륙 박물관들 중에서 규모 면으로는 가장 크다. 처음부터 MET가 지금의 크기를 가지고 있었던 것은 아니었다. 시작은 미미했지만, 지속적인 비전으로 끊임없이 성장했다.

MET는 1880년대부터 오늘날에 이르기까지 수많은 건축가들의 손을 거쳐 57,500평이라는 경이적인 규모로 성장했다. 현재 MET의 물리적 규모는 5번 애비뉴와 교차하는 80번 스트리트에서 84번 스트리트까지 무려 4개의 블록 크기이다. MET가 이런 세계적 규모의 박물관으로 성장하게 된 계기는 1904년 박물관장으로 제이피 모건(J.P. Morgan)이 부임하면서부터이다.

MET가 100년 넘게 증축하는 동안 MET에 손을 댄 쟁쟁한 건축가들은 크게 보면 아홉 개 그룹이다. 그중에서도 이 책에서는 1890년대 MET 초대 건축가인 리처드 모리스 헌트, 1920년대 건축가 찰스 맥킴, 1970~80년대 건축가 케빈 로쉬(Kevin Roche)를 이야기해보고자 한다.

1904년 제이피 모건이 MET 관장이 되자, 대대적인 증축에 착수했다. 모건은 리처드 모리스 헌트를 고용했다. 그는 당대 최고의 건축 교육기관인 파리 에콜 드 보자르(School of Fine Arts)에서 수학하고 막 돌아온 맨해튼 제1호 유학파다. 그는 여

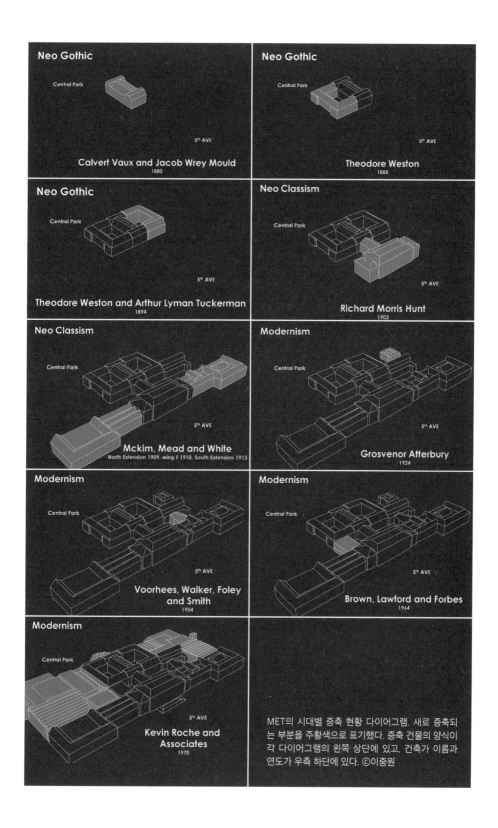

Neo Gothic
Central Park
5ᵗʰ AVE
Calvert Vaux and Jacob Wrey Mould
1880

Neo Gothic
Central Park
5ᵗʰ AVE
Theodore Weston
1888

Neo Gothic
Central Park
5ᵗʰ AVE
Theodore Weston and Arthur Lyman Tuckerman
1894

Neo Classism
Central Park
5ᵗʰ AVE
Richard Morris Hunt
1902

Neo Classism
Central Park
5ᵗʰ AVE
Mckim, Mead and White
North Extension 1909, wing F 1910, South Extension 1913

Modernism
Central Park
5ᵗʰ AVE
Grosvenor Atterbury
1924

Modernism
Central Park
5ᵗʰ AVE
Voorhees, Walker, Foley
and Smith
1954

Modernism
Central Park
5ᵗʰ AVE
Brown, Lawford and Forbes
1964

Modernism
Central Park
5ᵗʰ AVE
Kevin Roche and
Associates
1970

MET의 시대별 증축 현황 다이어그램. 새로 증축되는 부분을 주황색으로 표기했다. 증축 건물의 양식이 각 다이어그램의 왼쪽 상단에 있고, 건축가 이름과 연도가 우측 하단에 있다. ⓒ이중원

지껏 맨해튼이 보지 못한 웅장하고 장엄한 정통 유럽식 고전주의 양식 건축을 선보였다.

모건은 헌트 다음으로 찰스 맥킴을 지목했다. 맥킴은 헌트와 같은 학교 유학파 건축가였다. 모건은 절제미를 중시했고, 맥킴은 이에 적임자였다.

맥킴은 헌트동 좌우로 2개 동을 완성했다. 맥킴은 자신의 건물이 MET 중심이 아니라, 주변임을 인식하고 있었다. 맥킴은 입면을 과장하지 않고 밋밋하게 처리했다. 대신 내부는 눈에 드러나는 장식보다 눈에 드러나지 않는 빛의 미묘한 변화에 천착했다. 홀과 전시실의 빛이 달랐다. 홀에서는 위에서 넓게 쏟아졌고, 전시실에서는 옆에서 은은하게 쏟아졌다. 명암이 맥킴의 손으로 신비롭게 연출됐다.

맥킴 다음으로 MET 모습을 가장 크게 바꾼 건축가는 아일랜드 출신 건축가 케빈 로쉬였다.

로쉬는 하버드 대학과 예일 대학 건축과로부터 입학 허가를 받았지만, 근대 건축의 거장인 미스 반 데어 로에(Mies van der Rohe)가 있는 시카고 IIT에서 수학했다. 로쉬는 졸업 후 당대 최고 건축가 중에 한 명인 건축가 에로 사리넨 밑으로 들어가 10년 넘게 사사 받았다. 훗날 로쉬는 프리츠커 상을 수상했다.

항공에서 MET를 바라보는 사진이다. 로비 앞 5번 애비뉴가 있는 동쪽이다. 붉은색으로 칠해진 부분이 1904년 MET 박물관장으로 온 제이피 모건이 건축가 리처드 모리스 헌트를 고용하여 지은 부분이다. MET는 이후 점증적으로 증축하여 오늘날에 이르는 거대한 박물관이 되었다. 건축적인 측면에서 MET의 압권은 건축가 찰스 맥킴이 디자인한 그리스 로마관과 건축가 케빈 로쉬가 디자인한 이집트관과 루프가든이다.

MET의 계단 광장은 단지 박물관 방문객만을 위한 것이 아니다. MET의 계단광장은 도심의 광장
이자, 거리를 살리는 장치이다. 위 사진에 건축가 리처드 모리스 헌트가 완공한 박물관의 입구이
자 로비인 거대한 3개의 아치가 보인다. ⓒ이중원

헌트와 맥킴은 규범에 맞춰 웅장한 박물관을 지었다. MET는 작품-건축 관계적이었다. 작품-건축 관계적 전략은 대체로 내부 지향적이었다. 박물관 규모가 작았을 때, 작품-건축 관계적인 박물관은 매우 훌륭한 전시 전략이 될 수 있었지만, 박물관의 규모가 커지고 사람들이 많아지자, 작품-건축 관계적 전략만으로는 모자랐다. 방문객들은 답답함을 느꼈고, 쉽게 박물관 피로증에 빠졌다.

로쉬는 감상자들이 느끼는 박물관 피로증에 초점을 맞췄다. 로쉬는 관람객과 공원을 연결하고자 했다. 로쉬는 박물관을 유리로 열어주기 시작했다. 그러자 센트럴파크의 나무가 박물관 안으로 들어왔다. 케빈 로쉬가 완공한 1층 북쪽 끝의 이집트관은 로쉬의 건축관을 가장 잘 반영한 전시실이다. 거대한 유리 너머에 공원이 있다. 로쉬가 지향하는 건축관은 자연-사람 관계적이었다.

MET는 5번 애비뉴를 따라 있는 큰 계단 광장으로도 유명하다. 흔히들 5번 애비뉴의 웅장한 계단 광장이 리처드 모리스 헌트의 작품이라고 생각하는데, 사실 케빈 로쉬의 손길이다. 차를 타고 5번 애비뉴를 지나다가 이 광장을 놓치기는 거의 불가능하다. 크고 넓으며 늘 사람들로 붐비기 때문이다.

평일에도 수많은 사람들이 MET 계단 광장에 앉아 맨해튼을 즐긴다. 예술을 감상하고 나온 이들은 밝다. MET 계단 광장에 앉아 보면, 도시에 필요한 것이 고가도로가 아니라 앉아서 쉴 수 있는 박물관 앞 계단 광장이라는 사실을 알게 된다.

뿐만 아니라, 센트럴파크의 일부분으로 MET가 있는 점도 우리에게 시사점을 준다. 도시는 도심 공원을 필요로 하고, 도심 공원은 공공 박물관을 필요로 한다. 공원은 공공 기관과 함께 시민들의 휴식 콘텐츠를 다양화해야 한다. 공원으로 도시를 이어보겠다는 생각은, 박물관으로 도시를 이어보겠다는 생각과 별개가 아니다. 양쪽다 시민들의 안식처라는 점에서 동일하다.

맨해튼의 지형적인 비밀이 물가에 인접한 좁고 긴 섬이라면, 맨해튼의 인문적인 비밀은 도심공원에 인접한 박물관 네트워크이다. 맨해튼에는 MET가 있고, 자연사 박물관이 있고, 구겐하임이 있다. 이들은 일종의 아트-웨이(Art-way), 즉 '예술의 길'로 도시의 숲과 공존한다.

맨해튼은 박물관이 거리를 살리고 있고, 거리가 박물관을 살리고 있다. 맨해튼은 길의 도시이지만, 동시에 박물관의 도시이기도 하다. 흐르고자 하는 마음과, 감상하고자 하는 마음은 사실 동전의 양면과 같다. 길의 도시를 살려주는 것이 박물관이고, 박물관의 도시를 살려주고 있는 것이 길이다.

우리의 도시에도 박물관은 길거리와 접해야 한다. 그리하여 길에 광장을 부여하고 동시에 예술을 불어넣어야 한다. 가장 번화한 거리에 박물관이 있어야 박물관이 살고, 또 길이 살아난다. 도심의 길은 박물관의 길이 되어야 하고, 도시의 박물관은 도심 속 길이 되어야 한다.

MET 로비

MET 로비 외장은 아버지 건축가가 했고, 내장은 아들 건축가가 했다. 다시 말해, 로비 외장은 리처드 모리스 헌트의 작품이었고, 로비 내장은 그의 아들인 건축가 리처드 하울랜드 헌트(Richard Howland Hunt)의 작품이었다. 한 가문에서 맨해튼의 가장 중요한 박물관의 로비 외장과 내장을 모두 맡았다.

로비의 규모는 MET의 규모를 어림잡게 한다. 로비는 세 개의 정사각형으로 구성된 평면이다. 정사각형 바닥은 거대한 돔(dome) 천장을 지탱하기 위해 사방으로 아치를 둔다. 로비에는 3개의 돔 천장이 있다. 5번 애비뉴에서 보이는 입구의 거대한 3개의 아치는 내부의 3개의 돔 천장을 반영한 결과이다.

돔 천장 꼭대기는 천창을 위해 비웠다. 빛은 로마식 돔 천장을 타고 흘러 내려와 MET 로비를 밝힌다. 헌트의 빛은 로마 판테온의 극적인 빛이 아니다. 그렇다고 이스탄불 아야 소피아 성당의 신비스러운 빛도 아니다. 헌트의 빛은 박물관의 빛이었고, 맨해튼의 빛이었으며, 미국의 빛이었다.

헌트가 MET 로비에서 이룩한 건축적 성과는 의미가 있다. 그는 20세기 초 파리로 넘어가 선진 문물을 배우고 맨해튼에 돌아와 자기 도시를 개혁하고자 했다. 헌트는 우왕좌왕하고 있는 맨해튼 건축계에 새로운 규범을 선보였다. MET는 장엄하고 우아했다.

긴 로비에는 동서남북으로 4개의 진입구가 있다. 입구에서 정면에 보이는 진입구로 들어가 계단실을 타고 올라가면, 유럽 회화관이 나온다. 입구에서 좌측에 있는 진입구는 그리스 로마관으로, 우측에 있는 진입구는 이집트관으로 인도한다.

보자르식 박물관에서는 진입축이 주축이므로 유럽 회화관부터 다뤄야 하나 책에서는 맥킴이 디자인한 그리스 로마관, 그다음에는 로쉬가 디자인한 이집트관, 그리고 끝으로 유럽 회화관의 인상파관을 다루고 마치고자 한다. 맥킴관에서는 빛이 주제이고, 로쉬관에서는 공원이 주제이고, 인상파관에서는 모네가 주제이다.

MET의 로비 공간. 세 개의 돔 천장으로 직사각형 로비 바닥을 만들었다. 아버지 헌트는 5번 애비뉴에 거대한 3개의 입구를 디자인했고, 아들 헌트는 박물관 로비에 3개의 돔 천장을 디자인했다. MET의 로비는 사람을 놀라게 한다. 첫째 지어질 당시에 오늘날의 규모로 성장할 것이라는 비전의 규모에 놀라고, 둘째는 보자르 양식 박물관의 입구 형식이다. 모든 전시실로 막힘없이 흐르는 이 곳은 보자르 건축 양식의 정수를 보여준다. ⓒ이중원

MET 그리스 로마 조각 전시관

보통 박물관에서 2시간 이상 예술품을 감상하면, 누구든 박물관 피로증을 경험한다. 집중해서 오랜 시간 작품을 감상하는 일은 웬만한 미술 애호가가 아니고서는 쉬운 일이 아니다. MET의 어느 방들은 피로를 누적시키고, 어느 방들은 피로를 날려준다. 피로를 날려주는 방들이 건축적으로 좋은 장소들이다.

건축가 찰스 맥킴이 디자인한 그리스 로마 조각 전시관은 피로를 날려주는 대표적인 전시실이다. 맥킴의 전시실은 로마 시대 유적지인 폼페이의 어느 한 아트리움을 닮고자 했다.

직사각형 천창을 지닌 방과 정사각형 천창을 지닌 방은 중간에 짙은 매개 공간을 두었다. 세 개의 방은 순차적으로 밝고, 어둡다 다시 밝아진다.

맥킴은 긴 방에서 볼트 천장(아치를 X축으로 확장하여 터널처럼 만든 천장)을 만들었다. 꽃문양 볼트 천장은 3개의 깊숙한 천창으로 밝아졌다. 벽면은 라임스톤으로 처리했다. 바닥과 벽은 예술품을 방해하지 않으려고 최대한 장식을 자제했고, 벽에서 천장으로 전이하는 지점부터 장식은 도드라진다.

전시실의 크기는 폭 7.1미터, 길이 45미터, 높이는 18.6미터로 폭 대비 길이가 길고, 높이도 높다. 조각들은 이 안에서 키가 작아 보이고, 빛은 드라마틱하게 쏟아진다. 맥킴이 이 방에서 보여준 건축술은 다차원적이다. 대칭적으로 펼쳐지는 공간 방식은 2차원적이고, 변화하는 비례와 스케일은 3차원적이고, 미묘하게 변하는 재료의 결과 빛의 굴절은 4차원적이다.

MET 조각관은 다른 회화관들보다 자연광 유입이 훨씬 적극적이다. 자외선으로 색이 날아갈 걱정이 회화처럼 없어서인지 아니면 조각의 볼륨감이 빛 아래서 드라마틱해져서인지 자연광 유입을 위해 하늘을 향해 지붕이 열려 있다. 그래서 그런지 협소했던 공간감이 확장된다. 조각관에는 회화관에 없는 분수도 두고, 한끝에선 식물도 키운다. 사람들은 조각관에서 박물관 피로증을 쉽게 날릴 수 있기에 항상 관람객들로 북적인다.

그리스 로마 조각 전시관은 MET가 소장한 전시실 중 건축 공간적 측면에서 가장 우수하다. 황금률을 치닿는 비례와 빛의 미묘한 질감이 전시관을 비범하게 한다. 박물관 로비에서 남쪽으로 들어오면 바로 만나게 되는 방이다. 매리 앤드 마이클 자하리스 갤러리(Mary and Michael Jaharis Gallery)라고 불리는 이방은 찰스 맥킴이 디자인했고, 1999년 케빈 로쉬가 복원했다. ⓒ이중원

MET 이집트 덴두어 신전관

MET는 20세기 초 이집트 예술품을 수집하는 데 적극적이었다. 특히, 공식 경매를 통해 비싸게 사는 회화보다 유적지의 유물을 직접 발굴하는 것을 선호했다. 당시 MET는 직접 발굴하는 것이 진품에 가깝고, 예술성이 높다고 판단했다. MET는 별도의 고고학 발굴팀을 둘 정도로 적극적이었다. 그 결과 MET의 이집트 컬렉션은 방대해졌다.

1978년 케빈 로쉬가 디자인한 MET 1층 이집트관은 그래서 끝이 없다. 초입부터 당시 생활상을 보여주는 소품 전시가 한도 없이 펼쳐진다. 언뜻 보기에는 20세기 모사품 같은데, 모두 4,000년 전의 진짜 유물들이다.

사람마다 전시를 보는 순서가 다르겠지만, 나는 현재와 가장 가까운 시대부터 보기 시작하여 가장 먼 시대로 진행한다. 그래서 문명의 초창기 전시관에 당도할 즈음에는 늘 파김치가 되어 있다.

어두운 전시실을 발바닥이 아플 정도로 계속 걸으니 눈은 아프고, 가슴은 답답하다. 입구로 되돌아가려니, 지금까지 걸어온 게 아깝고 얼마 남지 않았을 것 같은 기대감에 발길을 이어간다. 그러다가 기적같이 덴두어 신전관(Temple of Dendur)이 나온다. 건축가 케빈 로쉬의 건축술이 이 방에서 한껏 뽐낸다.

거대한 방 중앙에 농구장 만한 크기의 풀이 있다. 방의 전면은 유리로 처리가되어 센트럴파크의 자태가 막힘없이 들어오고, 짙푸른 하늘은 풀 위에 색을 잃지 않은 채 반사한다. 신전은 섬이 되어 풀 위에 떠 있다. 공원과 하나된 전시관이 답답한 가슴을 순식간에 날려주고, 하늘을 반사하는 풀이 무거운 머리를 날려준다. 풀이 만들어내는 적당한 습도로 숨도 쾌적해진다.

이 방에 들어 와서 보면, 로맨틱 코미디 영화 《해리가 샐리를 만났을 때》(1989)에서, 맥 라이언(샐리 역)과 빌리 크리스탈(해리 역)이 왜 여기서 말장난 게임을 하다가 사랑이 싹텄는지 알 수 있다. 해리는 이 웅장한 방이 펼치는 센트럴파크의 힘을 이용하여 샐리를 꼬셨다.

덴두어 신전관의 모습. 앞에 보이는 수면이 방 중앙에 있는 풀이고, 유리창 너머에 보이는 공원이 센트럴파크다. 인간이 만든 예술품은 뒤로 빠지고, 자연이 만들어가는 생명력이 앞으로 나오는 방이다. 이 방에서는 무거워지는 발도, 답답해지는 가슴도 모두 풀린다.

MET 인상파 회화관

보자르 양식 박물관의 공간 구성 체계를 이해하기는 아주 쉽다. 축을 잡고, 좌우 대칭으로 뻗어 나가는 방들을 파악하면 된다. MET 로비 중심에는 입구와 마주하여 2층으로 올라가는 긴 계단이 나온다. MET의 중심축이자 척추이다.

이 계단을 따라 2층으로 올라가면, 19세기~20세기 유럽관과 아시아관이 있다. 아시아관의 대부분은 중국관이지만, 한국관도 한자리 차지하고 있다. 삼성 이건희 회장의 기부금으로 마련된 전시실이다.

MET 전시구조는 건물 공간구조를 따랐다. 중심축 상에 있는 전시실은 크고, 주변은 작다. 방의 스케일이 작품의 크기를 규정했다. 큰 방에는 거대한 작품이 있고, 작은 방에는 작은 작품이 있다.

미술사에서 인상파는 참 많은 팬을 남겼는데, 인상파 회화관은 이 사실을 보여준다. 어느 박물관이나 인상파 회화관은 늘 인파로 북적인다. 인상파는 시대적으로 추상파보다 멀리 있으면서도 감성을 자극하는 붓놀림으로 다른 시대의 작품들에 비해 대중의 인기가 높다.

자기 안의 소리를 찾고자 했던 점에서 인상파 그림은 나이에 비해 젊다. 우리 모두가 어린 시절 이후 잃어버린 순수성과 천진난만함을 화폭에 아직 간직하고 있다. 이들 작품과의 만남은 잊혀진 나의 어린 모습의 재발견이자 버려졌던 나의 순수한 생각의 되찾음이다. 그래서 오래전 에머슨은 "천재들 작품 속에서 우리는 우리 자신의 버려진 생각들을 본다"라고 말했다.

2013년 봄, 나는 MET 기획전시 '인상파와 패션, 그리고 근대성(Impressionism, Fashion, and Modernity)'을 보았다. MET는 복식 박물관과 협업하여 화폭에 있는 그림과 당대 실제 옷을 매치해서 전시했다. '파라솔을 든 여인' 앞에서 나는 오랫동안 바람과 빛을 붙잡고자 한 모네의 모습을 바라보았다.

나는 모네의 그림을 한 번도 짜임새 있게 배운 적도 없고, 체계적으로 공부해 본 적도 없다. 내가 가진 모네에 관한 지식은 MIT 건축학과 교수이자 내 스승이셨던 건축가 젠 웸플러(Jan Wampler) 교수님이 들려주신 개인적인 이야기가 전부였다.

웸플러 교수님은 모네의 열렬한 팬이었다. 그는 스튜디오 과제에 지쳐 있는 우리

모네의 '파라솔을 든 여인'은 바람과 빛에 젖어 있었다. 유독 이 작품 앞에 오래 서 있게 된 이유는 여인이 입고 있는 수수한 옷이 다른 작품 속의 화려한 옷과 달랐기 때문이다. 여인의 옷을 장식하는 것은 바람과 빛뿐이었다. 바람에 치마와 스카프가 날렸고, 빛(석양)은 옷과 우산을 색으로 물들였다. 무엇보다 나의 눈을 고정시킨 것은 초록 우산이었다.

MIT 건축학과 젠 웸플러 교수님. MIT 공식 주소인 매사추세츠 애비뉴 77번지 건물 앞에서 찍은 사진이다. ©Greg Miller

들에게 늘 모네 그림을 빗대어 설명했다. 1890년대에 모네가 루앙 대성당(Rouen Ca-thedral) 앞에서 몇 달 동안 반복해서 동일한 모습을 그린 점을 기억하라고 했다.

후에 나는 모네의 루앙 대성당 그림들을 조사했다. 모네는 총 39점을 그렸는데, 돌을 그린 것이 아니라 빛을 그렸다. 그 과정에서 모네는 실사의 장인이 아니라 빛의 장인이 되었다. 모네는 흘러가는 빛을 잡기 위해 가장 부동적인 돌을 잡았다. 모네는 순간적인 현상을 잡기 위해 영원히 변하는 빛을 택했다.

한번은 웸플러 교수님을 우리 집 저녁식사에 초대했는데, 교수님은 연꽃을 들고 오셨다. 집사람은 정성껏 음식을 준비했으나, 교수님은 한 숟가락을 억지로 드시고 수저를 내려놓으셨다. 무슨 일이냐고 여쭈니 췌장암 수술로 지방이 많은 음식은 못 드시는데, 하필 그날 우리가 준비한 저녁 음식이 기름기가 많았다.

웸플러 교수님은 늘 연꽃 이미지가 있는 슬라이드로 도시와 건축을 설명했다. 연꽃의 개별성과 집합성, 평범함과 비범함은 교수님 디자인 원리의 핵심이었다. 수저를 놓으신 교수님께 나는 "왜 연꽃이죠?"라고 물었다.

웸플러 교수님은 암으로 시한부 인생을 선고받았을 때 모네의 그림을 보러 다녔다. 그중에는 개인이 소장한 작품도 포함됐다. 한번은 소문을 듣고 개인 소장자의 집을 찾아가 자기의 사정을 말씀드리고 2시간가량 거대한 모네 연꽃을 감상할 수 있는 기회가 있었다. 자상하게도 집 주인은 편안한 의자와 차 한 잔까지 대접해 주었다. 그때부터 연꽃은 교수님이 가장 좋아하는 꽃이 되었다. 교수님의 췌장암은 기적적으로 완치되었고, 모네의 연꽃은 교수님 삶의 일부가 되었다.

수업 시간에 웸플러 교수님은 하나의 건물은 물 위에 떠 있는 하나의 연꽃이어야 하고, 하나의 도시는 연못 위를 뒤덮은 연꽃 군락이어야 한다고 했다. 하나의 연꽃은 평범한 독립체이지만, 하나의 연꽃 군락은 비범한 집합체라고 했다.

MET에서 모네의 딸 그림을 본 나는 웸플러 교수님과의 과거를 떠올리고 있었다. 나는 모네의 다른 그림들을 찾아 MET 인상파 상설관으로 갔다. 교수님을 기억하며 나는 두 점의 그림 앞에 섰다. 하나는 루앙 대성당 그림이었고, 다른 하나는 런던 국회의사당이었다. 전자는 밝은 대낮에 살아나는 백색의 돌의 모습이었고, 후자는 석양에 소멸해가는 돌의 모습이었다. 돌의 생멸이 빛에 의함을 볼 수 있었다.

빛에 의해 생멸하는 돌들의 모습 속에서 나는 한 사람을 떠올렸다. 빛은 인간을 그리고, 빛은 인간을 지운다. 빛은 돌과 인간을 가시 세계로 끌어들이고, 시간이 다한 후에는 가시 세계 밖으로 밀어낸다.

그때 나는 집에서 투병 중인 한 분을 떠올렸다. 젊어서는 공군 조종사로서 건강하고 탄력적인 몸을 유지하셨던 분이 늙어서는 파킨슨병으로 스러져가는 몸을 겨우

왼쪽 사진은 모네의 루앙 대성당이고, 오른쪽 사진은 모네의 영국 국회의사당이다. 모네는 1892년에서 1893년 사이에 루앙 대성당 앞에서 30점이 넘는 그림을 그렸다. 거친 붓질로 모네가 그림에 붙잡아 두려고 했던 것은 루앙 대성당 입면의 과도한 장식이 아니었다. 그보다는 돌 위에서 야단스럽게 튀어 오르는 불빛을 만질 수 있는 대상으로 잡고자 했다. 성당의 모습을 30점이나 그린 데에는 성당의 완벽한 묘사가 아니었다. 그보다 잡고자 한 것은 잡을 수 없는 시간에 따라 변하는 빛의 현상이었고, 그에 따라 반응하는 자신의 내면이었다. 1899년에서 1901년까지 모네는 런던 템즈 강가에서 수백 점의 그림을 그린다. 1900년 2월 그는 성 도마 병원 테라스에 앉아 국회의사당을 그린다. 이날은 안개가 가득 찼다. 사물은 안개에 젖었고, 빛에 젖었다. 경계는 스러졌고, 사물은 뿌옇게 되어 대기와 하나가 됐다. ⓒ이중원

다스리고 계시는 한 분이 떠올랐다.

나는 인간 몸의 젊음과 늙음, 강함과 약함, 생성과 소멸을 모네의 두 그림을 번갈아 바라보며 느꼈다. 루앙 대성당 그림은 뚜렷한 백색이었고, 영국 국회의사당 그림은 스러져가는 흑색이었다. 루앙은 대낮이었고, 국회의사당은 석양이었다. 젊음은 대낮이었고, 늙음은 석양이었다.

구겐하임 박물관

프랭크 로이드 라이트(Frank Lloyd Wright)는 평생 1,000개가 넘는 디자인을 했고, 500개가 넘는 건축물을 지었다. 라이트는 독학으로 일어섰다. 세상이 고전 건축에 매달려 있을 때, 라이트는 새로운 건축을 선보였다. 세상이 돌과 벽돌의 규범을 답습했을 때, 라이트는 콘크리트와 철의 가능성을 실험했다. 라이트는 세상을 역행했고, 그래서 곤고했고, 하지만 그 대가로 새 세상을 열었다.

라이트는 인생 말년에 기염을 토하며 명작들을 쏟아냈다. 존슨 왁스사가 지어졌고, 불멸의 명작 낙수장을 지었다. 라이트는 한때 반짝하고 사라지는 건축가와 달리 말년에 낙수장으로 화려하게 복귀했다. 1956년 맨해튼은 라이트를 찾았다.

5번 애비뉴가 88번 스트리트와 교차하는 자리에 라이트의 구겐하임 박물관이 있다. 구겐하임은 맨해튼에 있는 라이트의 유일한 작품이면서, 라이트의 최고 작품이다. 피라미드는 오를수록 한 점으로 모이는데, 구겐하임은 역으로 오를수록 무한으로 퍼진다. 피라미드는 사선과 뾰족함이 지배하는 데 비해 구겐하임은 곡선과 부드러움이 지배한다.

구겐하임은 단순하다. 너무나 단순해 하나의 선으로 구성한다. 그 하나의 선은 둥글둥글 올라가는 경사로다. 위로 올라갈수록 원의 반지름이 증가한다. 밖에서 보면 여지없이 소라 형태다. 내부 천장에는 원형의 천창이 있다. 경사로는 끝나지 않고, 끝나지 않은 경사로는 빛의 터널을 만든다.

박물관에는 세 가지 요소가 필요하다. 전시 공간, 전시 조명, 전시 동선이다. 라이트는 이를 경사로에 집약한다. 라이트는 하나의 연속된 동선으로 전시를 시작했고 끝낸다. 동선의 벽면은 전시 공간이 되고, 동선의 천장은 전시 조명을 제공한다.

원형의 경사로는 디바이더(Divider)라 불리는 콘크리트 수직부재에 구조적으로 매달려 있다. 반복되는 원형 동선이 디바이더에서 흐름의 변화를 가진다. 지루할 수 있는 동선이 디바이더로 S자형으로 동선을 두 번 감아 돈다. 한 번은 안쪽으로 돌고, 한 번은 바깥쪽으로 돈다.

땅에 가까운 경사로일수록 반지름이 작아 조임이 크고, 하늘에 가까운 경사로일수록 반지름이 커져 트임이 크다. 그리하여 하늘에 가까워질수록 콘크리트 램프

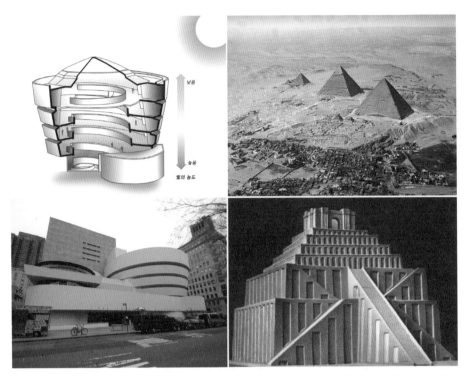

왼쪽 상단 사진은 구겐하임 박물관의 다이어그램이다. 왼쪽 하단 사진은 실물 사진으로 4월 오전 10시쯤 필자가 찍었다. 오른쪽 상단은 이집트 피라미드이다. 고대 이집트인들은 태양을 숭배했고, 파라오는 태양의 아들이었고, 피라미드는 태양을 상징했다. 우측 하단 사진은 수메르에 있는 지구라트(계단식 피라미드)의 복원 모형이다. 지구라트는 사각형 모습으로 위로 갈수록 좁아졌다. 구겐하임은 지구라트의 역발상이었다.

는 부푼다. 거기에 비례하여 나의 긴장감도 풀린다. 라이트의 건축은 몸이 반응하는 건축이다.

그의 건축은 일상에 존재하는 비일상이다. 분명 경사로를 올라가는데, 올라갈수록 피로가 풀린다. 라이트 공간은 답답하고 막힌 세상에서 열림과 트임을 보여준다. 라이트의 비범한 건축은 평범에 지배받고 있는 사람들을 흔든다.

사회적 규범조차 구겐하임 안에서는 흔들린다. 빙빙 돌며 올라가는 경사로는 우리가 밟고 있는 박물관이 예술의 세계임을 선언한다. 구겐하임은 언어나 숫자로 잡히질 않는다. 문자로 잡으려는 순간 달아나고, 잣대로 재려는 순간 도망간다.

건축적으로는 라이트는 맨해튼에 MET의 보자르 양식이나 모마의 모더니즘 양식에 반하는 박물관을 세우려고 했다. 라이트는 보자르 양식 모델이나 모더니즘 모델에 있는 전시실의 개념을 구겐하임에서 지우려고 했다. 라이트는 새롭게 공간과 형태를 통합한 박물관을 완성했다. 라이트는 이 통합체를 가리켜 '끊임없는 웨이브'라고 했다.

큐레이터들은 큰 작품을 벽에 걸 수 없다고 투덜댔고, 감상자와 작품과의 거리가 일정함을 비판했지만 라이트의 관점은 달랐다. 그는 작품과 감상자가 기존의 전시실과 같이 멀리 떨어져 있길 원하지 않았다. 그는 둘이 가깝길 원했고, 예술이 감상자를 문자 그대로 둘러싸길 원했다. 따라서 구겐하임은 마치 숲 속의 나무들처럼 예술품으로 사람을 빙빙 감싼다.

이전 박물관들이 감상자가 작품으로부터 일정 거리 떨어져 감상하길 원했다면, 구겐하임은 소용돌이 안으로 끌어당긴다. 그리고 빙빙 도는 공간은 감상자의 균형 감각을 잃게 한다. 그것은 새로운 방식으로 예술품을 대하는 태도였다.

나는 구겐하임을 총 6번 방문했는데, 그때마다 다른 전시가 열리고 있었다. 6번의 전시 중에서 내 기억에 남는 최고의 전시는 2000년 '프랭크 게리 건축 특별전'이었다. 박물관 건축에 딱 맞는 전시 콘텐츠였다.

빌바우 구겐하임 신축을 성황리에 마친 맨해튼 구겐하임의 디렉터 토머스 크렌즈(Thomas Krens)와 건축가 프랭크 게리는 또 한 번의 야심찬 꿈을 도모했다. 둘은 새로운 구겐하임 박물관을 로어맨해튼에 짓고자 했다. 크렌즈와 게리는 대대적인 사업 프로모션을 준비했다. 건축계의 간판 스타가 된 게리의 특별전을 통해 크렌즈는 맨해튼 부자들의 지갑을 열고자 했다.

게리의 흔들리는 작품들은 라이트의 흔들리는 전시공간과 하나가 되었다. 전시의 클라이막스는 게리의 로어맨해튼 박물관 모형이 있는 방이었다. 로어맨해튼의 마천루 숲을 뒤로하고, 박물관은 수면 위를 떠다니는 한 점의 은색 구름이었다.

3.6m×1.5m 크기의 모형은 맨해튼 큰손들에게 잊지 못할 인상을 남겼고 맨해튼은 이 전시로 들썩였다. 《뉴욕타임스》의 건축비평가 허버트 머스햄과 《뉴요커》의 건축비평가 폴 골드버거는 찬사를 쏟아냈다.

성공적인 전시로 당시 뉴욕 시장이었던 루돌프 줄리아니도 6천 8백만 달러를 지원하겠다고 공약했다. 하지만, 역사의 수레바퀴는 구겐하임과 함께 하지 않았다. 2001년 9·11 테러가 터지고, 여론은 그라운드 제로 재건 쪽으로 흘렀다. 돈줄은 정

구겐하임의 내부. 빙글빙글 돌아서 올라가는 구겐하임은 언어로 잘 잡히질 않는다. 언어로 구속하려는 순간, 멀리 도망가고 만다. 말로 구겐하임의 부분은 잡을 수 있어도, 전체는 잡을 수 없다. 구겐하임은 몸으로 느끼는 곳이지 글로 읽는 곳이 아니다. ⓒ이중원

치적 상황을 살피느라 굳어 갔다. 2002년 구겐하임 측은 결국 스폰서링 문제로 사업을 포기했다.

사업은 물거품이 되었지만, 게리의 전시는 성공했다. 게리의 어떠한 건물도 구겐하임의 전시만큼 파워풀하진 않았다. 전시는 변화하는 게리 건축 개념의 과정과 여정을 훌륭하게 보여주었다.

전시 장소도 한몫했다. 라이트의 곡선형 구겐하임에서 프랭크 게리의 유선형 전시가 만나 시너지를 일으켰다. 라이트가 구겐하임에 선보인 빙빙 도는 곡선에 게리가 빌바우에서 선보인 헤엄치는 곡선이 포개지자, 둘은 신나게 춤췄다.

구겐하임 디렉터 토머스 크렌즈와 건축가 프랭크 게리가 로어맨해튼에 꿈꾸는 구겐하임 박물관의 증축안이다. 2000년 4월 기부금 모금을 위해 라이트가 디자인한 구겐하임 박물관에 게리의 전시회가 열렸다. 위 사진은 전시 당시의 모형이다.

휘트니 박물관

휘트니 박물관은 매디슨 애비뉴 945번지에 위치한다. 매디슨 애비뉴는 미드 맨해튼에서 가장 유명한 두 애비뉴, 5번 애비뉴와 파크 애비뉴 사이에 있다. 매디슨 애비뉴는 세계적인 아트 갤러리가 밀집해 있는 지역으로, 이곳의 아트 갤러리는 100개가 넘는다. 바로 그 중심에 휘트니 뮤지엄이 있다.

휘트니 박물관은 미국의 철도왕이자 선박왕이었던 거부 코넬리어스 밴더빌트의 증손녀이자 조각가인 거투루드 밴더빌트 휘트니(Gertrude Vanderbilt Whitney)가 1918년에 설립했다. 그녀는 자신이 수집한 700여 점이 넘는 미국의 젊고 진보적인 작가들의 작품을 1929년 MET에 기증하려 했다. 그러나 보수적인 MET가 이를 거절하자 화가난 그녀는 1931년 직접 박물관을 개관하고 이름을 휘트니 박물관이라 지었다. 휘트니는 유럽 추상미술을 근간으로 설립된 맨해튼의 다른 미술관과 달리 미국인 작가들의 작품을 집중적으로 전시했고, 젊은 미국 작가들을 발굴하는 기관으로 시작했다.

휘트니 박물관은 그리니치 빌리지에서 시작해 1954년 미드 맨해튼으로 이사를 했으나 이마저 좁아지자, 1963년 현재의 매디슨 애비뉴 자리로 옮겼다. 매디슨 애비뉴로 이사한 후 휘트니는 박물관으로 큰 성공을 했다. 최근 하이 라인 끝단에 건축가 렌조 피아노를 고용하여 새로운 별관을 지었다.

1964년 휘트니 박물관 측은 매디슨 애비뉴에 새로운 박물관을 짓고자 했다. 휘트니는 당대 최고의 명성을 떨치고 있었던 건축가 루이스 칸(펜실베이니아 대학 건축학과 교수), 폴 루돌프(예일 대학 건축학과 교수), 그리고 샛별 건축가 I.M. 페이와 접촉했다.

자문위원들끼리는 루이스 칸을 지명하자는 암묵적인 동의가 있었는데, 루이스 칸은 자신에게만 단독으로 의뢰한 것이 아니라는 사실을 알고 설계권을 포기했다. 결국 휘트니는 그전까지 미술관 설계를 한 번도 해보지 않은 당시 하버드 대학 건축학과 교수이자 바우하우스 출신 건축가인 마르셀 브로이어(Marcel Breuer)에게 설계를 의뢰했다.

브로이어는 주변 유리 상자 건축물과 자신의 박물관이 다르길 원했다. 브로이어는 박물관이 과묵하면서 침묵하길 원했다. 브로이어는 인근에 있는 구겐하임 박물관을 의식했는데, 구겐하임의 소용돌이치는 파격과는 다른 형식의 파격을 소개하고자 했다. 브로이어는 유기적인 건축을 구사하는 라이트와 바우하우스 철학을 가진 자신은 분명한 차이가 있어야 한다고 생각했다.

당시(1960년대 중반) 건축계는 모더니즘 건축을 비판하며 본질적이고, 근원적인 스타일을 추구했다. 이름하여 '브루탈리즘' 양식 시대로, 브로이어는 새로 짓는 휘트니를 이 양식으로 지었다. 그는 건물의 덩치를 강조하고자 창을 거의 내지 않았고, 위로 갈수록 볼륨은 커지도록 했고, 외장은 어둡고 짙은 화강석을 붙였다. 대다수의 건물이 위로 갈수록 체감하는 맨해튼에 브로이어의 건물은 역발상이었다.

매디슨가 주민들은 처음에 브로이어의 건물을 싫어했다. 붉은색 브라운 스톤 (적갈색 사암) 동네에 검은색 화강석이 부담스러웠고, 앞으로 꼬꾸라질 것 같은 불안한 형태가 싫었고, 무엇보다 창이 없는 박물관의 배타적인 태도가 싫었다. 그렇지만 주민들 생각이 바뀌기까지는 그리 오랜 시간이 걸리지 않았다.

오늘날 휘트니와의 첫 만남은 선큰가든(Sunken garden)이 보이는 브리지를 통해 이뤄진다. 야외 조각을 위한 선큰가든까지 유리벽이 떨어진다. 브리지를 통과해 1층 로비에 들어가서 전시실로 올라가면, 비로소 외관 형태를 반영하는 전시실을 체험하게 된다. 휘트니는 위로 갈수록 전시실의 공간이 넓어지고 높아졌다. 작은 대지에

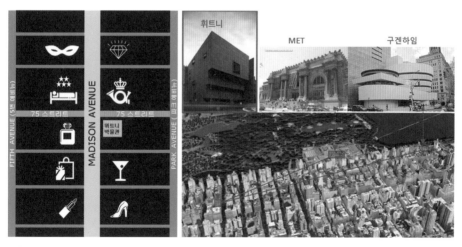

좌측 다이어그램은 매디슨 애비뉴에 대한 다이어 그램이다. 매디슨 애비뉴는 갤러리와 각종 부티크 숍이 나열해 있는 거리이다. 휘트니 박물관은 매디슨 애비뉴와 75번 스트리트 교차점에 위치한다. 오른쪽 사진은 휘트니 박물관과 인접해 있는 MET와 구겐하임(박물관)을 표현하고 있다.

유연성 높은 전시실을 만들었다. 최고층 전시실의 폭은 37.5미터이고, 높이는 5.1미터이다.

작은 대지에 유연한 전시 공간을 확보하고자 한 브로이어의 노력도 보이지만, 휘트니의 진정한 파워는 미묘한 재료의 변화에 있다. 회색의 화강석은 때론 거칠고 때론 맨질맨질했다. 화강석은 불로 구워 무광과 유광 표면이 나오도록 하여 건물 밖과 안을 감쌌다. 거친 콘크리트 마감은 골재가 드러나게 처리하였고, 색깔은 모래처럼 노랗다. 콘크리트의 마감은 송판을 대어 나무의 결이 일어나도록 하거나 망치와 정으로 쪼아 거칠게 하기도 했다. 돌들의 질감 대조와 색조 변화가 박물관 체험에 깊이를 더했다.

청동의 하드웨어는 티크 문짝과 만났고, 나무 세공을 한 바닥과 티크 패널링들이 전시실 벽면을 이루는 백색 석고 보드와 만났다. 전시실의 천장은 콘크리트 와플 그리드로 했다. 기둥들이 전시실 중간에 있는 것을 싫어하여 구조 슬라브를 천장으로 만든 점도 있지만, 블루스톤, 슬래이트, 티크 바닥과 강한 대조를 일으키는 천장이기도 했다.

브로이어는 저서 『그림자, 건축가의 철학』에서 건축을 다음과 같이 노래했다. "건축은 당신의 팔꿈치로 스치는 허공이다. 건축은 당신의 혀로 음미하는 공간이다. 건축은 치수의 향내이고, 돌로 짜낸 주스다." 브로이어에게 건축은 몸이 반응하는 공간이었고, 잣대로 조직한 비례였고, 재료의 깊이가 있는 건축이었다.

휘트니 박물관은 늘 사람이 북적인다. 성채 같은 건축과 보루의 총안 같은 7개의 창문, 해자(성 주변에 판 못) 같은 선큰가든, 새 같은 입구 브리지, 그리고 내부에 브로이어의 손길이 느껴지는 재료의 변화. 브로이어는 매디슨 애비뉴 코너 땅에 이야깃거리가 있는 박물관을 세웠다.

휘트니 박물관의 외장은 화강석이다. 매디슨 애비뉴와 마주하는 서측 입면에는 딱 하나의 돌출 창문이 있고, 75번 스트리트와 마주하는 북측 입면에는 5개의 창이 있다. 처음에 브로이어는 이런 창마저 없이, 창 없는 덩어리 건물을 원했다. 아기자기한 창들이 많이 있는 브라운 스톤 동네인 매디슨 애비뉴의 입장에서 보면, 휘트니는 거리와 불통하는 스캔들이었다.

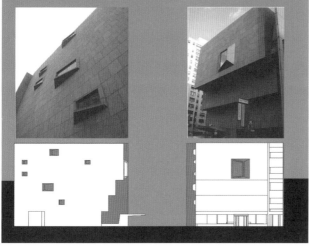

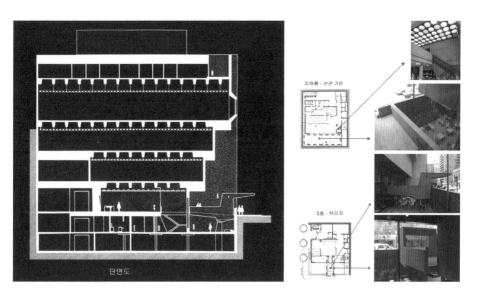

좌측은 단면도이다. 거리와 입구 사이에 선큰가든이 있다. 입구를 들어가는 다리는 새 모양으로 디자인했다. 4개 층 전시실은 위로 갈수록 넓어지고 높아졌다. 우측에 있는 사진은 지하층의 선큰가든과 일층 입구의 브리지를 표현하고 있다. 지하층에는 선큰가든 외에도 카페와 레스토랑이 있다.

프릭 컬렉션

누군가 뮤지엄 마일에서 어느 박물관을 가장 좋아하냐고 묻는다면, 사람마다 답은 다를 것이다. 대하드라마를 보듯이 전 인류의 예술사를 지리적으로 시간적으로 거대하게 감상하고 싶은 사람에게는 아마도 MET가 가장 좋을 것이다. 반면, 현대 예술을 체험하고 싶고 다이내믹한 공간감을 맛보고 싶은 사람에게는 구겐하임이 적격일 것이다.

나는 개인적으로 프릭 컬렉션을 으뜸에 둔다. 예술에 무지한 나의 무식의 소산이기도 하지만, 건축가 존 러셀 포프(John Russell Pope)에 대한 나의 남다른 관심과 치우친 사랑의 표현이기도 하다. 프릭은 작지만 알찬 박물관이다.

포프는 에콜 드 보자르에서 수학한 보자르식 건축의 마지막 세대 건축가였다. 그는 모더니즘 양식의 부상으로 점점 기울고 있는 보자르 양식의 마지막 수호자였다. 그는 '마지막 황제'처럼 외롭지만 우아하게 고전 규범을 펼쳤다. 포프는 꺼져가는 양식을 붙들고 있는 마지막 건축가였지만, 그의 건축술은 전성기 보자르 시대의 최고 건축가인 찰스 맥킴에 버금갔다.

오늘날 워싱턴 D.C.에 가서 포프의 제퍼슨 기념관이나 내셔널 갤러리 웨스트 윙을 본다면, 누구든 나와 비슷하게 포프의 팬이 될 것이다. 더 나아가 보자르 양식 건축 자체를 다시 생각하는 계기가 될 것이다.

MIT 건축학과 학생이었을 때, 나는 I.M. 페이의 졸업 논문을 읽고 신선한 충격을 받았다. 가난한 시골 중국 사람들이 정보에 막혀 있음에 착안하여 페이는 대량생산이 가능한 대나무로 주민 정보센터를 만들었다. 나는 페이의 건축보다 그의 논문을 읽고, 그의 팬이 되었다.

프랑스 미테랑 대통령이 워싱턴 D.C.에 있는 페이의 국립 박물관 이스트 윙을 보고서 페이를 루브르 박물관 건축가로 점찍었다는 사실을 책을 통해 알게 된 후, 나는 그곳에 갈 날만 손꼽아 기다렸다. 2008년 나는 페이의 이스트 윙을 봤다. 핑크 빛 도는 박물관은 예각으로 사다리꼴 대지를 날카롭게 열어 나갔다. 짙은 테네시 대리석은 천창을 향해 위로 갈수록 옅어지며 하늘을 열었다.

페이가 지은 박물관은 기존 국립 박물관의 동측 증축동이었다. 나는 발걸음을

좌측 상단 사진은 워싱턴 D.C.에 있는 내셔널 갤러리 웨스트 윙 입구에서 만나는 로톤다이다. 건축가 포프는 로마의 판테온을 따라했다. 로톤다를 중심으로, 조각전시실(우측 상단 사진)과 휴식정원(우측 하단 사진)으로 공공 공간이 박물관 끝까지 뻗어 나간다. 물소리와 꽃냄새가 박물관 안에 가득하다. 나중에 알게 된 사실이지만, 내셔널 갤러리 웨스트 윙은 미국에 내로라하는 건축가들과 비평가들이 이구동성으로 칭찬하는 보자르 양식 건축의 대표작이다. ⓒ이중원 본동(서쪽 동)으로 옮겼다. 나는 이 건물에서 보자르식 건축을 새롭게 보게 되었다. 그때까지 근대 건축의 프레임 안에서 교육받았던 나는 보자르식 건축을 철 지난 모사품 건축으로 여기고 있었다.

　포프의 박물관은 몸이 반응하는 건축이었다. 방들은 황금 비례에 닿아 질서 정연했고, 재료의 변화와 명암의 변화는 현장만이 줄 수 있는 미묘함으로 다가왔다. 포프의 박물관에는 물소리가 났고, 빛이 아늑했고, 내정에는 풀냄새가 났다. 내가 박물관에 들어온 것인지, 아니면 숲 속 웅달샘에 온 것인지 착각이 들 정도였다. 그로 인해 딱딱할 것만 같았던 고전 건축이 생각보다 말랑말랑했고, 박물관이 빛과 물과 식물의 정원이 될 수 있다는 사실로 다가왔다. 2008년 나는 포프의 팬이 되었다.

　맨해튼에는 포프가 디자인한 건축이 3개 있다. 자연사 박물관, MET, 그리고 프릭 컬렉션이다. 이 중 프릭 컬렉션이 단연 으뜸이다. 프릭 컬렉션은 원래 프릭의 저택으로 있다가, 1930년 건축가 포프가 새롭게 증축해서 1935년 일반에 공개되었다.

워싱턴 D.C.에 있는 국립 갤러리 웨스트 윙은 포프의 작품이다. 포프는 에콜 드 보자르에서 수학하기 이전에 찰스 맥킴 건축여행 장학금 공모전에 당선이 되어 이탈리아 구석구석을 누비며 고전 건축을 체험하고 그렸다. 포프는 책을 통해 건축을 익히기 전에 몸으로 고전 건축을 자기 것으로 만들었다. 이는 포프의 건물이 방문하는 사람의 마음을 움직이는 이유였고, 시간이 지나도 그의 작품이 퇴색하지 않는 이유였다. ⓒ이중원

왼쪽 하단에 있는 평면도가 프릭 컬렉션의 전체 모습이다. 평면도에서 흰색으로 되어 있는 부분이 포프가 디자인한 부분이고 나머지가 건축가 토머스 헤이스팅스가 디자인한 부분이다. 헤이스팅스가 디자인한 저택 부분은 1914년에 완공했다. 왼쪽 상단은 프릭의 중심인 가든 코트다. 분수에서는 물소리가 나고, 이중유리로 처리한 천창은 은은한 빛을 쏟아낸다. 물소리와 꽃 냄새가 우아한 빛에 박물관 전역으로 퍼져간다. 우측 상단은 헤이스팅스가 디자인한 입구와 계단실이다. 포프에 비해 장식적으로 손재주를 부렸다. 우측 하단은 이스트 갤러리의 모습이다.

증축 전의 원 주택은 뉴욕 공공 도서관을 디자인한 토머스 헤이스팅스가 했다. 헤이스팅스의 손길이 A였다면, 포프의 손길은 A+였다. 건축에서 A와 A+는 큰 차이다. A는 수작이고, A+는 걸작이다.

헤이스팅스가 디자인했을 때만 해도 프릭 컬렉션은 철강 재벌 프릭을 위한 저택이었다. 철강왕 앤드루 카네기는 프릭의 평생 경쟁자였다. 카네기와 프릭은 1905년에 심하게 다투고 헤어졌고, 프릭은 피츠버그를 떠나 맨해튼으로 왔다. 1913년에 집을 지었을 때, 프릭은 몇 블록 위에 새로 지은 카네기 저택을 이기고 싶었다. 헤이스팅스는 프릭의 소망을 반영했다.

프릭의 그림은 주로 초상화와 풍경화다. 초상화는 렘브란트 것이 많고, 풍경화는 터너의 작품이 많다. 프릭은 명암 대비가 강렬한 작품과 심신의 피로를 풀어주는 풍경화를 좋아했다.

1919년 프릭이 죽고 1931년 그의 아내가 죽자, 프릭의 유언에 따라 집은 박물관이 되어 일반인에게 공개되었다. 집에서 박물관으로 개조할 건축가로는 포프가 선임됐다.

포프는 건축가 헤이스팅스가 디자인한 집을 확장했다. 동쪽 편에 있던 외부 주차장과 드라이브웨이를 없앴고, 그곳에 입구, 오벌 룸(Oval Room), 이스트갤러리, 뮤직 룸을 만들었다. 그리고 새롭게 확장한 집의 중심에 가든 코트를 배치했다.

가든 코트에서 우리는 포프의 우아함과 직면한다. 부드러운 이오니아식 기둥은 2개가 한 조가 되어 회랑을 구성한다. 그 위로 천창이 있다. 천창은 이중 유리로 구성하여 날씨를 막는 외피와 내장을 담당한 내피로 나눴다. 우유 빛깔이 마당 전체를 부드럽게 감싼다. 회랑의 짙음으로 천창의 우유 빛깔은 한결 밝다.

가든 코트 중앙에는 분수대가 있다. 꽃봉오리 같은 분수 꼭지에서 물은 솟고, 물방울이 되어 흩어지며 퍼지고, 층층이 쌓아올린 대리석 받침대들의 경계면을 축축이 적시며 다시 모아진다. 물 받침대의 모양이 물소리와 질감을 결정한다. 이를 보면 포프가 얼마나 물에 민감한지 알게 된다. 가든 코트에서 우리는 포프의 빛과 만나고, 포프의 물과 만난다.

포프는 재료 표면에도 무척 예민한 건축가다. 이는 워싱턴 D.C.에 있는 포프의 국립박물관에서 확인한 바 있다. 그곳에 가보면, 박물관 종축을 관통하며 부드러운 빛을 내는 천창도 감동이지만, 더 감동적인 부분은 포프가 대리석 벽 표면에서 보여준 섬세함이다.

포프는 대리석 벽이 바닥에서 천창으로 갈수록 색이 점증적으로 옅어지도록, 그리하여 공간이 하늘에 가까울수록 가볍고 밝게 디자인했다. 포프는 돌 표면의 밝음 단계를 수십 가지로 나누었다. 각 돌 판에서 다음 돌 판 사이의 표면 변화는 육안으로 인식하기 힘들 정도로 작지만, 전체적으로는 땅과 하늘을 잇는 결과를 만들었다.

포프는 국립박물관에서 3개의 분수 공간을 중앙 천창 공간에 만들었다. 프릭 컬렉션과 같은 물소리와 물 질감이 있는 밝은 분수공간이다. 국립박물관에 가보면, 그래서 청명한 물소리가 가득하고, 아늑한 빛이 가득하다. 박물관 예술품들이 한층 가볍게 다가온다.

마찬가지로 포프는 프릭 컬렉션에 빛과 물을 소개했다. 가든 코트의 천창으로 침침했던 박물관은 밝아졌고, 가든 코트의 분수로 쥐죽은 듯이 조용했던 박물관에 물소리가 났다.

프릭 컬렉션은 포프의 손길로 개인의 저택에서 보석 같은 공용의 박물관으로 거듭났다. 프릭 컬렉션은 보자르식 건축의 마지막 주자인 포프의 건축술을 보여준다. 사적으로 남의 집에 초대받은 느낌으로 친밀하고, 녹음과 물소리가 나는 빛의 정원으로 몸과 마음이 열린다.

Midtown Manhattan

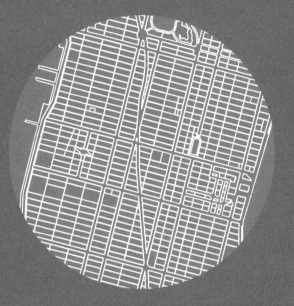

4

5번 애비뉴

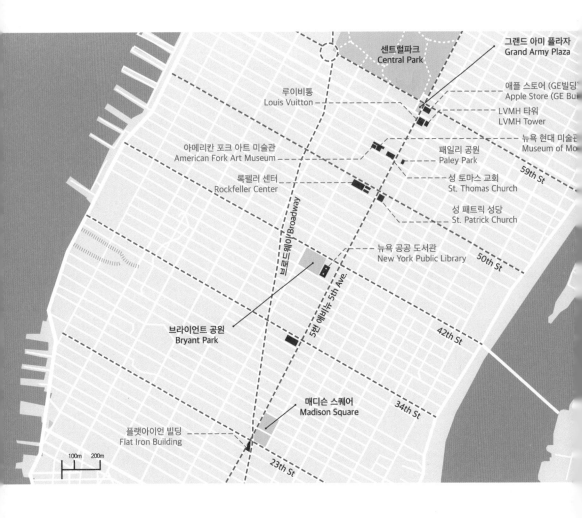

센트럴파크
Central Park

그랜드 아미 플라자
Grand Army Plaza

루이비통
Louis Vuitton

애플 스토어 (GE빌딩)
Apple Store (GE Bui

LVMH 타워
LVMH Tower

뉴욕 현대 미술관
Museum of Mo

아메리칸 포크 아트 미술관
American Fork Art Museum

패일리 공원
Paley Park

록펠러 센터
Rockfeller Center

성 토마스 교회
St. Thomas Church

성 패트릭 성당
St. Patrick Church

59th St

뉴욕 공공 도서관
New York Public Library

50th St

브라이언트 공원
Bryant Park

42th St

매디슨 스퀘어
Madison Square

34th St

플랫아이언 빌딩
Flat Iron Building

23th St

100m 200m

브로드웨이/Broadway

5번 애비뉴 5th Ave.

5번 애비뉴의 시작점: 애플 스토어 광장

거리의 시작은 호기심을 주고 거리의 끝은 기대감을 주어야 한다. 거리가 잊지 못할 광장으로 시작하고 다시 가고 싶은 광장으로 끝난다면, 이미 그 거리는 세계적인 거리가 될 좋은 위치다. 맨해튼은 유독 시작과 끝에 책장의 북엔드처럼 거리를 붙잡아 주는 랜드마크가 있는 거리가 많다. 소호 지역의 중앙통인 브로드웨이를 봐도 그렇다. 소호 지역 브로드웨이는 북쪽의 크라이슬러 빌딩과 남쪽의 울워스 빌딩이 있다. 소호 지역 브로드웨이의 시작점과 끝점은 도로이지만, 실제로 소호 지역을 걷다 보면 시작점과 끝점은 하늘에 걸려 있는 마천루의 첨탑이다. 소호의 물리적인 거리는 짧지만, 시각적인 거리는 길다. 또한 소호의 북적거림은 두 첨탑의 장식으로 더 소란스럽다.

서울의 강남구가 뉴욕에서는 미드 맨해튼 지역이고, 서울의 강남대로가 맨해튼의 5번 애비뉴이다. 5번 애비뉴의 시작 광장은 애플 스토어 광장이고, 끝 광장은 워싱턴 스퀘어 광장이다. 애플 스토어 광장에는 애플 스토어가 있고, 매디슨 스퀘어 광장에는 개선문이 있다.

5번 애비뉴의 물리적인 길이는 훨씬 길지만, 중앙통에 해당하는 5번 애비뉴는 애플 스토어 광장에서 워싱턴 스퀘어 광장까지다. 5번 애비뉴의 시작점인 애플 스토어는 미래 지향적이다. 5번 애비뉴의 끝점인 개선문은 과거 지향적이다. 시작점과 끝점 사이 5번 애비뉴는 많은 광장과 건축으로 과거와 미래 사이의 시간을 기록한다.

5번 애비뉴의 시작점인 애플 스토어는 투명한 유리 박스이다. 그랜드 아미 플라자의 일부인 이곳은 백색의 GM 본사 마천루가 들어오면서, GM 빌딩의 선큰가든이었다. 애플은 선큰가든을 매장으로 바꿨고, 매장 덮개에는 광장과 분수를 만들어 시민에게 돌려줬다. 광장 중심에 있는 투명한 유리 박스가 매장의 입구이자, 광장의 파빌리온이고, 5번 애비뉴의 시작점이 됐다.

투명 유리 박스는 짙은 돌바닥 광장과 대비를 일으킨다. 뒤에 수직성을 강조하며 서 있는 GM 마천루와 강한 대비를 이루지만, 무엇보다 앞으로 펼쳐질 5번 애비뉴가 100년 동안 쌓아 올린 묵직한 돌 마천루군과는 강한 대조를 일으키며 시작점을 알린다.

투명 유리 박스의 미래 지향성은 재료와 구조의 혁신으로 나타난다. 유리는 혼자 서 있기에는 연약한 재료이지만, 철의 도움으로 자신의 투명성을 드러내며 서 있다. 애플 스토어의 철은 미니멀하다. 철은 자기주장을 철회함으로써 유리의 투명함을 극대화했다.

철의 녹슬을 방지하고자 스테인리스 스틸을 사용했고, 알루미늄 유리 틀의 두께를 줄이고자 스테인리스 스틸의 핀과 줄도 활용했다.

철 기둥이 해야 하는 일을 유리 기둥이 대신했고, 철보가 해야 하는 일을 유리보가 대신했다. 과거 유리 집이 철의 간섭으로 미완성의 투명 유리 집이었다면, 애플이 선보인 유리 집은 완성에 도달하고자 하는 인간의 열망을 담은 유리 집이었다. 그렇게 얻은 재료의 혁신과 기술의 집약으로서의 투명함은 치열하고 팽팽하다.

철이 유리를 붙잡았을 때보다 유리가 유리를 붙잡고 있을 때, 투명도가 높아진다. 투명한 유리 박스는 하늘의 변화에 따라 보였다가 사라졌고, 밝았다가 짙어졌다. 전자 정보가 손끝에 밀릴 듯 말 듯한 상태로 스크린 위에서 서성이듯 유리면을 따라 도시의 풍경 정보가 펼쳐졌다.

유리 파빌리온으로 이전에 보지 못한 도심 풍경이 나타났고, 이전에 보지 못한 거리의 시작점이 나타났다. 도시는 새로운 재료의 조합이 만들어내는 새로운 체험의 가능성을 먹고산다. 하늘과 도시의 풍경을 새롭게 담아낼 수 있는 새로운 건축의 면은 그래서 우리가 늘 탐구하고 갈구해야 하는 대상이다.

새로운 시간을 여는 건축은 공사비의 경제성을 운운하며 세울 유형이 아니다. 혁신성은 경제성 너머에 있으며, 늙은 도시를 다시금 젊게 해준다. 진보적인 생각은 진부한 도시를 깨운다. 건축가들의 날카로운 도전이, 무뎌진 도시를 베어 나가고, 도시는 다시 젊어진다.

우리가 자본주의의 파수꾼이 되고자 하고, 대한민국이 민주주의를 견인하고자 한다면, 우리의 건축은 혁신적일 필요가 있고, 우리의 도시는 실험적일 필요가 있다. 우리의 도시는 이제 건축을 디자인함에 있어 경제성의 잣대를 치우고, 혁신의 잣대를 들이대야 한다. 잠자고 있는 답습은 깨워야 하고, 저가 공세는 뒤로해야 한다. 세심한 곳에 치열해지고, 혁신적인 것에 투자할 때이다.

위 사진은 광장 북쪽 끝에서 유리 박스 건축을 바라본
모습이다. 아래 사진은 광장 돌바닥에서
애플 스토어의 철 바닥으로 변하는 모습을 찍었다.
ⓒ이중원

애플 스토어는 연간 25억 달러의 수익을 낸다. 맨해튼 수입원에서 관광 수입은 다섯 번째에 달한다. 애플 스토어는 왜 우리가 혁신적인 건축을 세워야 하고, 왜 우리가 실험적인 도시의 얼굴을 늘 꿈꾸고 있어야 하는지를 물리적으로 보여주고 있다. 혁신에 목표와 지향점이 있으니, 도시는 미래의 한 편린을 현재에 삽입한다. 과거라는 거대한 늪에 빠져 있던 도시가 미래라는 손에 의해 앞으로 나간다. 거리가 살고, 도시가 살고, 우리를 지탱하는 바탕이 다시 산다. 애플 스토어는 새롭게 거듭난 5번 애비뉴의 시작점이다.

애플 스토어는 5번 애비뉴의 시작점에 위치한다. 거리의 시작점과 끝점은 중요하다. 거리는 랜드마크로 시작하여 랜드마크로 끝날 수도 있고, 거리는 광장으로 시작하여 광장으로 끝날 수도 있는데, 5번 애비뉴는 두 가지를 모두 충족한다. 5번 애비뉴는 애플 스토어로 시작하여 워싱턴 개선문으로 끝나고, 그랜드 아미 플라자로 시작하여 워싱턴 스퀘어로 끝난다. 애플 스토어는 유리로 미래를 노래하고, 개선문은 돌로 과거를 이야기한다. 그 시작점에 애플 스토어 광장이 있다. 돌 마천루가 가득한 5번 애비뉴에 투명한 유리 박스가 전하는 메시지는 투명과 혁신, 흐름과 소통이었다. ⓒ이중원

5번 애비뉴 거리 풍경 1

맨해튼의 매력은 하늘을 찌르는 마천루에서 시작하지만, 맨해튼 매력의 끝은 역시 걷고 싶은 거리를 만드는 디테일이다. 아래 사진은 애플 스토어 광장을 지나 5번 애비뉴를 한 블록 내려오면 만나는 5번 애비뉴 745번지 입구이다.

엠파이어스테이트 빌딩이 아르데코형 마천루로서 맨해튼의 하늘을 지배한다면, 사진에 보이는 아르데코형 입구 장식은 맨해튼의 땅을 지배한다. 맨해튼은 마천루의 첨탑으로 스카이라인을 만들고, 맨해튼은 디테일로 스트리트스케이프를 만든다. 스카이라인은 보여지는 유혹이고, 스트리트스케이프는 만져지는 유혹이다.

맨해튼은 이 시각적 매력과 촉각적 매력으로 관광객을 부른다. 마천루의 수직미와 디테일의 공예미가 원근에서 맨해튼으로 들어오라고 손짓한다.

맨해튼 안에서 차를 몰며 맨해튼을 바라보면, 마천루의 협곡들이 보는 이의 마음을 압도한다. 하지만, 차에서 내려 맨해튼을 걷기 시작하면 마천루는 만짐의 대상

5번 애비뉴 745번지의 아르데코 철 장식은 철이 도달하기 힘든 경지를 열어준다. 거리는 이런 작은 조각으로 살아난다. 금색 철은 사치스럽지 않고 은색 철은 호사스럽지 않다. 은색 철은 금색 철을 붙들어 주기 위한 바탕이 되고, 금색 철은 은색 철 위에 박혀 있어 상감 공예 기법의 정신을 살려준다. ⓒ이중원

으로 다가온다. 하늘의 높음을 알리고, 땅의 재미를 보여주는 것이 맨해튼 매력의 비밀스런 실체이다.

맨해튼 마천루는 돌로, 철로, 유리로 다가간다. 돌은 조각으로 다가오고, 철은 얇음으로 다가오고, 유리는 투명으로 다가온다. 돌은 공예를 이야기하고, 철은 기술을 이야기하며, 유리는 소통을 이야기한다.

돌을 통해 맨해튼은 조각 위로 새겨지는 그림자 세계를 그리고, 철을 통해 맨해튼은 돌이 다가가기 힘든 얇음의 세계를 그리며, 유리를 통해 맨해튼은 안과 밖을 연결하는 소통의 세계를 그린다. 맨해튼은 그림자를 그릴 때나 얇음을 그릴 때나 소통을 그릴 때나 매한가지로 열심이다. 맨해튼의 한결같은 정신이 이제 우리의 도시로 옮겨올 차례다.

5번 애비뉴 거리 풍경 2

루이비통 매장의 유리는 미래 지향적이다. 유리는 투명하기도 하고 뿌옇기도 하지만, 무엇보다 투명함에서 뿌염 사이에 있는 그러데이션이 흥미롭다. 안개 낀 호수에서나 볼 수 있는 희미한 모습을 맑은 날 도시 거리에서 볼 수 있는 사실이 놀랍다.

체험은 감각적이지만, 디자인은 분석적이다. 유리의 경계를 모호하게 하기 위해 건축가 아오키 준은 유리에 점을 찍었다. 조직적이고 체계적으로 찍었다. 점의 크기와 밀도를 조율했다. 아오키 준은 '번짐'에 천착했다.

어떤 사람들은 번짐의 효과가 수묵화에 있는 현상이라 동양적이라 하지만, 사실 번짐은 특정 지역에만 국한되는 현상이 아니다. 번짐은 동양에도 서양에도 있었다. 물과 태양이 있는 곳에는 안개와 구름이 있다. 안개와 구름을 본 사람이라면, 뿌옇게 번지며 경계를 지우는 백색 습기 덩어리에 한 번쯤은 감동했을 것이다.

투명과 뿌염은 투명도의 정도를 표현하기도 하지만, 동시에 미학적 태도이기도 하다. 투명이 직설적이면, 뿌염은 우회적이다. 투명이 명쾌함이라면, 뿌염은 모호함이다. 투명이 이성이라면, 뿌염은 감성이다.

이성적으로 세워진 유리가 왜 감성적인 효과를 내는지 궁금하지만, 바로 그 궁금증 중심에 건축의 신비함이 숨어 있다. 논리적으로 세워진 유리가 왜 감각적으로 다가오는지 물음이 생기지만, 바로 그 호기심 중심에 건축의 힘이 감추어져 있다.

하늘로 치솟는 마천루도 보통의 이론이나 상식으로는 도저히 이해할 수 없지만, 점증적으로 투명성을 잃어가는 뿌연 유리도 사람의 생각으로는 헤아릴 수 없다.

맨해튼은 초고층 마천루로 하늘을 주장하고, 맨해튼은 뿌연 유리로 거리를 주장한다. 맨해튼 하늘은 수직적인 높이로 다가가고, 맨해튼 거리는 수평적인 번짐으로 다가간다.

맨해튼은 하늘을 치솟고자 하는 상승감과 땅을 뿌옇게 하고자 하는 신비감 사이에서 진동하는 도시이다. 그것은 밖으로 돌출하고자 하는 서양적 세계관과 안으로 들어가고자 하는 동양적 세계관이 공존하는 글로벌 도시의 모습이다.

5번 애비뉴에서 아오키 준의 루이비통 건물 외장과의 만남은 투명과 반투명이 만드는 신남이다 . ⓒ이중원

성 토마스 교회와 리 로리의 조각

5번 애비뉴는 센트럴파크 남단인 59번 스트리트부터 맨해튼 내의 고가 브랜드 쇼핑 거리로 유명하다. 연속적으로 펼쳐지는 쇼윈도 안쪽으로는 눈부신 향수, 보석, 가방, 시계, 구두 등이 호객 행위를 한다. 한 건물 한 건물 지날 때마다, 진열된 상품들은 건축에서 오는 충격과 상품에서 오는 충격이 공명한다. 그 공명으로 사람들은 인산 인해를 이룬다.

제품과 건축이 화려하니 지나다니는 사람들도 뉴욕 거리에서는 모두가 멋쟁이 가 된다. 거리 포장술만큼이나 볼 만한 것이 사람들의 차림이다. 입고 있는 외투가 남다르고, 들고 있는 가방이 남다르고, 신고 있는 구두가 남다르다. 남으로 내려가는 사람과 북으로 올라가는 사람 사이에서 부딪치지 않고 앞으로 나아가랴, 놓치지 않 고 아이쇼핑하랴, 넘어지지 않으면서 다른 사람 패션 보랴, 5번 애비뉴에서 사람들 의 눈은 거리만큼이나 바쁘고 분주하다.

이런 분주한 흐름 속에서 5번 애비뉴와 53번 스트리트가 교차하는 모퉁이에 갑 자기 성 토마스 교회가 드러난다. 가히 시끄러운 속세에 박힌 교회의 침묵이다. 존 록펠러의 건축가였던 버트램 굿휴(Bertram Goodhue)의 작품이다. 굿휴는 『건축으로 본 보스턴 이야기』에서도 소개한 바 있는 건축가 랠프 크램(Ralph Cram)과 동업했다. 록펠러, 굿휴, 크램은 모두 기독교인이었다. 굿휴와 크램은 고딕식 건축에 천착했고, 맨해튼 사교계에서 고딕 리바이벌리스트로 분류되었다.

맨해튼 교회당들은 바둑판무늬 가로 체계가 빚은 땅 모양과 크기에 구속을 받 았다. 록펠러 센터 앞의 성 패트릭 성당이나 성 토마스 교회도 그랬다. 두 대지 모두 다 깊이에 비해 폭이 좁은 땅들이었다. 고딕식 교회를 지어야 하는 굿휴에게 이는 창의적인 해법을 낼 수밖에 없는 도전이었다. 굿휴는 과감하게 건물의 대칭성을 포 기했다.

뾰족한 아치의 교회당 정문은 중앙에 있지만, 양옆에 대칭으로 있어야 하는 탑 들은 크기도 모양도 다르다. 모퉁이에 있는 타워는 주변 고층 건축에 대응해야 했으 므로 크게 했고 장식을 더 했다. 대칭성에 익숙한 원리론자라면 현재의 비대칭이 부 담스럽겠지만, 현실론자라면 크램의 해법에 깜짝 놀랄 만했다.

왼쪽 상단 사진은 5번 애비뉴에서 성 토마스 교회 정면을 바라본 모습이다. 굿휴는 입구의 대칭성을 과감히 포기했다. 대문을 기준으로 왼쪽에는 탑이 있고, 오른쪽에는 탑이 없다. 오른쪽 상단 사진은 입구에 서 있는 조각상이다. 아래 사진의 계단은 분주한 5번 애비뉴에 쉼터를 제공한다. 이른 아침 시간부터 5번 애비뉴는 분주했다. ©이중원

성 토마스 교회의 백미는 내부 조각상이다. 리 로리는 2차 세계대전 이전까지 건축가들과 손을 잡고 무려 300점이 넘는 조각을 완성했다. 그는 맨해튼의 고딕 리바이벌 시대, 고전 리바이벌 시대, 아르데코 시대까지 무려 3세대를 풍미한 조각가였다. 존 록펠러 프로젝트로는 굿휴와 함께 시카고 대학 채플의 조각을 완성했고, 록펠러 센터의 조각도 담당했다. 성 토마스 교회의 조각은 그의 작품 중에 백미이다. ⓒ이중원 또한 보통 고딕 교회들이 십자형의 평면을 지니는데, 이 교회는 필지의 제한성 때문에 과감히 십자가의 양팔에 해당하는 부분인 트랜셉트(transept)를 생략했다. 그래서 내부가 직사각형 평면이 되었다. 외부가 크램의 손길이었다면, 내부는 굿휴의 손길이었다.

성 토마스 교회의 돌조각은 장인의 집념이다. 돌을 통해 성인을 빚으려는 석공의 정성은 치열하다. 가장 세속적인 거리인 5번 애비뉴에서 가장 탈속적인 조각이 거리를 간섭한다. 내부의 중앙 제단을 보면, 정문의 조각은 전조에 불과했음을 알게 된다.

성 토마스 교회의 대문을 밀고 안으로 들어가면, 동굴처럼 어두운 교회당 끝 제단 위에 하얀 벽이 눈에 띈다. 한발 한발 가까워질수록 점점 입이 크게 벌어진다. 제단의 장식벽 앞에 도달하면, 놀란 눈은 조각가가 펼쳐 놓은 돌의 세계로 하염없이 빨려 들어간다. 조각가는 리 로리(Lee Lawrie)였다.

리 로리의 작품은 멀리서 보면, 촛농이 녹아내리는 것 같다. 사물이 종유석처럼 흘러내려 무엇인지 원거리에서는 파악이 어려워 궁금증은 커진다. 전진할수록 조각은 또렷해진다. 돌은 음각과 양각으로 20미터 높이에 60명의 사람들로 빼곡하다.

조각 중앙에는 십자가 위로 예수님이 서 있고, 그 주위에 제자들이 서 있다. 제자들 너머에는 교회사의 획을 그은 성인들이 서 있다. 조각은 교회사를 빛낸 명예의 전당이다. 조각은 교회는 돌이 아니라 사람임을 말하고 있고, 교회는 개인이 아니라 공동체임을 말하고 있다. 조각은 한 시대의 교회이면서 모든 시대의 교회라고 말하고, 조각은 단수의 교회이면서 복수의 교회라고 말한다. 조각은 공시적이면서 통시적인 교회를 말하고, 조각은 개별적이면서 집합적인 교회를 말한다.

5번 애비뉴 거리 풍경 3

건축가들은 돌로 역사를 기록하는 역사가들이다. 한 시대에 지어진 건축이 있는가 하면, 다른 시대에 지어진 건축이 있다. 건축은 돌로 쌓여진 공간체이면서, 시간체이다. 건축은 당대의 생각과 기술을 담아내므로 시간 기록체이다. 한 거리에 여러 시대의 건물이 있다면, 그 거리는 통사서가 된다.

건축물에는 작가의 관점과 시대의 관점이 공존한다. 개인의 관점은 개인의 취향만큼이나 다양하지만, 시대의 관점은 공동체의 선호를 대표하는 '양식'이라는 관점으로 다양하지 않다. 공동체의 선호는 때로 천재 건축가에 의해 전진한다.

명품 도시가 되기 위해서는 스타가 꼭 필요하지만, 스타가 있는 도시가 꼭 명품 도시가 되는 것은 아니다. 5번 애비뉴에는 유명한 영화배우와 같이 돋보이는 건축이 있는가 하면, 5번 애비뉴에는 조연배우와 같이 바탕이 되는 건축이 있다.

좋은 영화가 탄탄한 조연배우 층이 두터울 때 가능하듯, 좋은 도시는 야무진 바

5번 애비뉴에 무명의 건축가들이 세운 건축물들은 맨해튼의 바탕 건축을 이룬다. 스타 건축가들이 세운 랜드마크 건축과 달리 이들은 묵묵함과 열정으로 바탕 건축을 세웠다. 이들은 시간을 투자한 건축, 시간을 담아낸 건축, 시간을 쪼개는 건축을 세웠다. 5번 애비뉴에 전 세계 사람들이 많은 이유는 랜드마크 건축 때문이 아니라 실은 바탕 건축 때문이다. 거리는 바탕 건축이 건실할 때, 비로소 걷고 싶은 거리가 된다. ⓒ이중원

탕 건축 층이 단단하고, 두터울 때 가능하다. 5번 애비뉴에는 꽤 깊고 굳센 바탕 건축이 많다. 나는 이 책을 통해 스타 건축물들을 주로 소개하지만, 사실 맨해튼의 진짜 즐거움은 바탕 건축에서 비롯한다. 우리 도시는 아직 바탕 건축이 약한 편이다. 바탕 건축을 필요와 경제성의 논리로만 지으면 도시가 망가진다. 앞으로 우리 도시들도 탄탄한 바탕 건축을 세워야 한다.

앞 사진에 보이는 5번 애비뉴의 모습은 이를 변증한다. 건축가의 이름은 다 잊혀졌지만, 거리는 살아 있다.

우리의 거리가 5번 애비뉴처럼 될 수 있다면, 각각의 건물이 바탕 건축으로 충실할 수만 있다면, 그리하여 세계 관광객들이 지속적으로 찾아오는 호소력을 가진 거리가 될 수만 있다면, 우리의 거리는 우리의 국사이면서 동시에 인류의 보편적 가치를 지닌 세계사가 될 것이다.

이제, 시간을 투자하는 건축을 하자. 시간을 담아내는 건축을 하자. 시간을 쪼개는(혁신적인) 건축을 하자. 건축물에 시간이 흐르면, 그리고 그 건축물이 시간을 쪼개면, 우리의 도시는 그만큼 세계로 나아갈 것이다.

모마 들어가기

모마는 'Museum of Modern Art(현대 예술 박물관)'의 첫 글자들을 모아 만들어진 이름이다. 모마는 1929년도에 개관한 이래 지속적으로 성장했다. 모마는 처음부터 콘텐츠로 승부를 걸었고, 이에 걸맞은 세간의 관심을 모았다. 처음에는 자기 건물이 없어 이곳저곳을 임대하며 전시했다. 1939년 건축가 에드워드 스톤(Edward Stone)에 의해 모마는 브라운 스톤 동네에 백색의 대리석 건물을 세웠다.

　　모마가 들어선 1939년만 해도 53번 스트리트는 고만고만한 크기의 브라운 스톤 건물 동네였다. 모마 백색 건물의 간섭은 따라서 주변 맥락과 차별화하고자 한 분명한 의지의 표명이었다. 뿐만 아니라, 미 대륙 전체를 두고 생각해 보면, 모마는

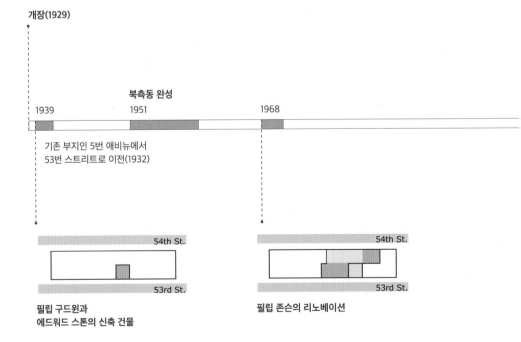

개장(1929)

북측동 완성

1939　　　　1951　　　　　　　1968

기존 부지인 5번 애비뉴에서
53번 스트리트로 이전(1932)

54th St.

53rd St.

필립 구드윈과
에드워드 스톤의 신축 건물

54th St.

53rd St.

필립 존슨의 리노베이션

보자르 양식이 패권을 장악하고 있던 시대에 새로운 시대의 도래를 선언하는 건축물이었다.

그때까지 미국에서 박물관이라면, 파리의 루브르나 런던의 대영박물관처럼 역사적인 양식을 모방했다. 맨해튼 MET, 보스턴 MFA, 필라델피아 MFA가 모두 웅장한 보자르 양식으로 지었다. 모마는 시작부터 보자르식 건축(다시 말해, 역사성)과 분명한 선을 그었다.

모마는 이전 세대에 분명한 반기를 들며 작게 시작했다. 전시도 MET의 '시대 포괄적인' 전시 방법을 뒤로하고 '시대 한정적인' 방법을 택했다. 모마는 현대라는 시간을 담고 있는 예술을 전시했고, 현대라는 시대정신을 새롭게 빚어 나가는 예술가들의 작품을 중심으로 전시했다.

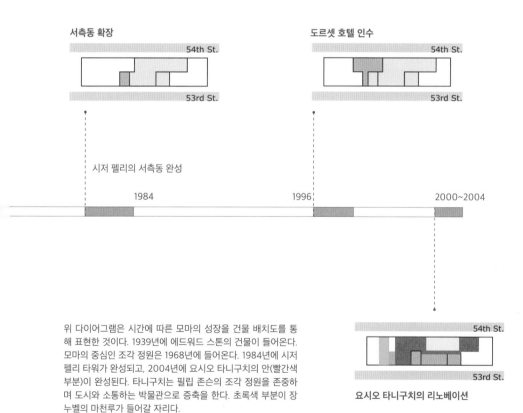

위 다이어그램은 시간에 따른 모마의 성장을 건물 배치도를 통해 표현한 것이다. 1939년에 에드워드 스톤의 건물이 들어온다. 모마의 중심인 조각 정원은 1968년에 들어온다. 1984년에 시저 펠리 타워가 완성되고, 2004년에 요시오 타니구치의 안(빨간색 부분)이 완성된다. 타니구치는 필립 존슨의 조각 정원을 존중하며 도시와 소통하는 박물관으로 증축을 한다. 초록색 부분이 장 누벨의 마천루가 들어갈 자리다.

요시오 타니구치의 리노베이션

모마는 서서히 커 갔다. 1951년에 필립 존슨의 북측동이 들어섰고, 1964년에 다시 존슨의 동측동이 들어섰다. 1968년 필립 존슨이 설계한 조각 정원이 들어섰고, 시저 펠리(César Pelli)의 52층 서측동이 1984년에 완성되며 20세기를 마감했다. 2000년 이후 요시오 타니구치의 안으로 모마는 비로소 도시 블록 하나를 전부 차지하는 거대한 박물관으로 성장했다. 미미하게 시작한 모마의 영향력은 건물 규모의 성장에 비례하며 함께 커 갔다.

모마: 요시오 타니구치

모마는 21세기를 개막하며 대대적인 국제공모전을 개최했다. 세계적으로 쟁쟁한 건축가들을 제치고, 일본의 요시오 타니구치가 당선되었다. 그는 일본에서는 인지도가 있었지만, 국제 무대에서는 무명이나 다름없었다. 그는 모마 공모전 우승으로 일약 건축계의 스타가 됐다.

일본 문화의 요체는 옷과 밥 그리고 집이다. 기모노와 벤또, 마찌야(주택)는 어찌 보면 전혀 무관한 사물인데, 인간이 삶을 영위하는 데 기본적인 의식주란 공통점이 있다. 동시에 이들은 디자인해야 한다.

건축가 요시오 타니구치는 자기의 건축을 감칠맛 나는 벤또로 만들 줄 안다. 타니구치의 모마는 틀과 콘텐츠 면에서 수공예적으로 제작하려 했고, 모마의 전시 체계는 벤또 박스의 밥처럼 건축과 상보적 관계가 되게 했다. 벤또가 야외의 햇빛 아래서 밥을 도드라지게 하듯, 타니구치의 모마는 빛 아래서 전시물이 도드라지게 했다. 타니구치가 겹으로 싼 상자들은 그 위를 스쳐가는 빛에 따라, 껍데기 안쪽에 있는 예술을 맛깔스럽게 하는 벤또 박스이다. 타니구치의 모마에 대한 이야기의 시작은 이랬다.

모마는 시저 펠리의 타워 증축을 마지막으로, 이렇다 할 확장을 하지 않았다. 그랬던 모마가 마음먹고 대대적인 탈바꿈을 기획하며 세계적으로 내로라하는 12명의 건축가들을 초빙한 때는 1997년이었다. 스위스 건축가 헤르조그&드 뫼롱, 컬럼비아 대학 건축대학장 베르나르 츄미, 하버드 건축대학교수 렘 콜하스, 그리고 국제 무대에서 무명이었던 요시오 타니구치가 1차에 통과했다.

타니구치를 제외한 나머지는 독보적인 입심으로 이미 널리 소문이 난 건축가들이었다. 이에 반해, 타니구치는 말이 어눌한 건축가였다. 타니구치의 건축은 그의 말을 닮았다. 타니구치의 공모안은 휘황찬란한 투시도도 없었고, 그렇다고 빙빙 도는 형태를 가지고 있지도 않았다.

타니구치의 반듯한 네모와 직선으로 이뤄진 공모안은 뒤틀리는 유선형의 시각적 자극으로 심사위원에게 호소하려 하지 않았다. 타니구치는 자신의 공모안을 옻을 발라 윤기를 낸 상자(벤또 박스의 메타포였다고 한다)에 도면을 넣어 최종안을 제출했다.

타니구치가 완공한 맨해튼의 모마를 보면, 그는 현존하는 일본 건축가 중 으뜸이란 생각이 든다.

최종 결정을 내리기 전에 당시 모마 디렉터인 글렌 로리(Glenn Lowry)와 모마 건축과 디렉터인 테렌스 릴리(Terrence Rilley)는 1차 통과한 4명의 건축가들 작품이 있는 현장을 직접 방문했다. 도쿄 우에노 공원에 있는 타니구치의 호류지 박물관을 실제로 보고서야 두 사람은 타니구치 건축의 진수가 도면이나 모형에는 담길 수 없음을 알게 되었다. 타니구치의 건축은 현장에 뿌리박고 있으면서, 치열하게 미니멀한 디테일과 그 사이를 오고 가는 빛과 물의 궤적에 의해 완성됨을 보게 되었다. 두 사람은 도쿄에서 타니구치를 모마 건축가로 선정하기로 마음을 굳혔다.

그들은 타니구치의 건축은 모마를 닮았다고 판단했다. 모더니즘을 계승하면서, 동시에 최상급의 모더니즘을 새롭게 열어 가고 있었다. 20세기 초에 설립된 모마가 21세기를 맞이하며 새롭게 자기 정의를 내리는 데 가장 적합한 건축가가 바로 타니구치라 생각했다.

타니구치의 안은 외장재로 모마의 유전자라 할 수 있는 대리석을 사용하였고, 주변에서 서성이고 있는 필립 존슨의 조각 정원을 중심으로 가져왔다. 타니구치 이전의 모마는 도시적으로 폐쇄적인 건물이었는데, 타니구치는 53번과 54번 스트리트를 로비에서 이어 주어 도시와 하나가 되는 박물관으로 만들었다.

타니구치는 "맨해튼은 다양한 건축이 모여 위대한 도시경관을 창출합니다. 저는 모마를 통해 그런 맨해튼의 모습을 보여주고자 했습니다. 저는 방문객들이 지금 자기들이 예술을 감상하고 있는 도시가 바로 맨해튼이라는 사실을 일깨우고 싶었습니다"라고 말했다.

도시를 향한 개방성은 조각 정원에서도 일어났다. 과거의 조각 정원이 막힌 정원이었다면, 타니구치의 정원은 내외로 열린 정원이었다. 타니구치는 벽체의 일부를 허물어 54번 스트리트와 소통하게 했다. 새로운 모마는 과거의 계승이면서 현재의 진화였고, 건축적인 승리이면서 도시적인 승리였다.

타니구치 모마의 대리석 외장재는 독특하다. 표면은 거칠지 않게 윤기나게 처리하면서, 검은색을 사용했다. 타니구치는 대리석 이음새조차 지우려고 애썼다. 짙고 평활한 대리석 위로 주변 건물이 반사했다.

53번 스트리트 주 출입구에서 문을 열고 모마에 들어오면, 천장이 낮은 로비로 시작하다가 갑자기 높아진다. 탁 트인 공간이 수직 상승한다. 6층 높이의 아트리움

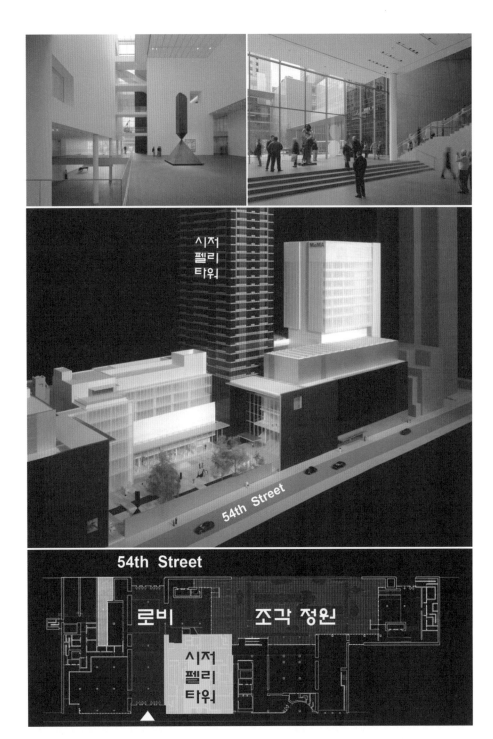

54th Street

시저
펠리
타워

54th Street

54th Street

로비   조각 정원

시저
펠리
타워

모마의 평면을 보면, 붉은색으로 칠한 로비 부분이 53번 스트리트와 54번 스트리트를 연결하고 있음을 알 수 있다. 조각 정원은 54번 스트리트와 면하고 있다. 우측 상단 사진은 로비에서 조각 정원을 바라본 모습이고, 좌측 상단 사진은 모마의 아트리움이다.

저 멀리 보이는 정문이 53번 스트리트에 있는 모마 정문이다. 정문을 열고 들어오면,
동선은 54번 스트리트 방향으로 전개된다. 낮은 천장으로 진행되던 로비 공간이 어느 순간
높아진다. 위를 올려다보면, 사진에서의 모마의 아트리움이 한눈에 들어온다.
ⓒ이중원

이 예상을 뒤엎고 펼쳐지고, 힐끗힐끗 보이는 아트리움 너머의 전시실이 호기심을 발동시킨다. 아트리움은 끊임없이 흐르고 면과 면이 구성적인 측면에서 입체적인 추상화가 된다.

박물관 중앙에 조각 정원이 있다. 미드 맨해튼과 같이 분주한 곳에 보석 같은 조각 정원이다. 증축 이전에 모마에 들어서면 바로 에스컬레이터를 타고 올라가 꽉꽉 막힌 방에 도달하는 방식과는 대비되게 타니구치는 도입공간에 신경을 많이 썼다.

타니구치의 전시실이 있기 전에 모마의 전시 동선은 연대기적이었다. 회화사를 시간순으로밖에 볼 수 없었다. 타니구치의 새로운 모마는 아트리움을 중심으로 전시실이 흩어진다. 연대기적으로 볼 수도 있고, 관람자가 원한다면 시간의 축을 가로지르며 감상할 수도 있다.

타니구치의 디테일은 번뜩인다. 흐르는 볼륨은 제로 디테일을 추구하는 그의 정신이 완성한 결과물이다. 모마의 흰색 전시실들은 허공에 떠 있다. 열린 모서리가 이를 부추기고, 이음새 없는 유리 난간들이 이를 완성한다. 흐르는 공간이 재료의 물성을 지우려는 정신과 만나며 가벼워진다.

호기심을 부추기는 공간과 기대감을 불러일으키는 전시품들은 모마의 방문을 늘 새롭게 해주는 비결이다. 모마는 여러 번 갈 때마다 새롭다. 가볍고 투명한 공간 틈새로 맨해튼이 담기고 계절의 변화가 담기기 때문이다. 물론 새롭게 기획한 전시도 한몫한다.

좋은 박물관에는 사람을 번영하게 하는 힘이 있다. 모마에는 도시와 자연과 예술이 건축 안에서 놀랍게 번영하고 있다. 자연과 예술이 번영하는 곳, 그곳에서 사람도 번영한다. 모마는 시민들을 도시 안에서 번영하게 하고, 시민들을 예술 안에서 자라게 한다. 타니구치의 건축은 모마의 비전과 역할을 잘 수행하도록 한다.

모마의 조각 정원: 필립 존슨

모마의 중심은 조각 정원이다. 모마가 시대를 달리하며 지속적으로 증축과 개축을 거듭하면서도 사람들이 사랑하는 공간은 늘 조각 정원이다. 정원의 이름은 오늘의 모마를 이렇게 성장할 수 있게 헌신한 록펠러 여사의 이름을 따서 애비 앨드리치 록펠러(Abby Aldrich Rockefeller) 조각 정원이다.

건축가 필립 존슨은 1951년과 1968년 두 번에 걸쳐 개축하며 조각 정원을 완성했다. 존슨이 처음에 조각 정원을 디자인했을 때는 버몬트 주에서 가지고 온 대리석을 큼직하게 잘라 바닥을 덮었다. 존슨의 조각 정원은 기본적으로 긴 직사각형 모양의 돌이 조합하여 만든 정원이었다.

정원의 구성은 윗단과 아랫단으로 되어 있었다. 60센티 정도 내려간 아랫단에는 두 개의 작은 수로가 있었고, 수로 주변에는 삼나무와 자작나무를 심었다. 나무들은 적당히 공간을 나누었을 뿐만 아니라, 조각품과도 잘 어울렸다. 윗단에는 서어나무 8그루가 있었다. 정원의 북쪽 벽, 다시 말해 54번 스트리트와 마주하는 벽은 벽돌 벽이었고, 담쟁이로는 아이비가 있었다.

타니구치는 2004년에 조각 정원을 개축했다. 조지아 주 대리석으로 교체하여 바닥을 전보다 더 밝게 했다. 뿐만 아니라, 북쪽의 벽돌벽을 7.2미터 높이의 알루미늄 스크린으로 교체했다. 이를 통해 거리와 소통하는 조각 정원이 되었다.

타니구치는 진입 동선도 바꾸었다. 타니구치는 남쪽에서 진입하던 조각 정원을 서쪽에서 진입하도록 했다. 또한, 조각 정원을 면한 3면에 처마를 주어 깊이 있는 경계를 부여했고, 유리들은 투명 유리와 뿌연 유리를 섞어 사용해 경계면을 부드럽게 했다. 모마 정원의 경계는 일본 정원처럼 깊어졌다.

처마의 깊이감과 유리의 부드러움이 바닥의 밝은 대리석과 외장의 짙은 검은 대리석과 어우러져 타니구치 특유의 건축 재료 향연을 펼쳤다. 조각 정원의 짙은 조각물들은 그 축제 안에서 빛났고, 밝은 대리석 바닥을 반사한 빛은 그 잔치 안에서 부풀었다.

필립 존슨이 공기, 물, 나무, 기하학적 구성을 사용하여 조각 정원의 골조를 세웠다면, 요시오 타니구치는 처마, 뿌연 유리, 알루미늄 스크린, 밝은 대리석, 미묘하게 재료 위에서 변하는 빛을 사용하여 조각 정원의 효과를 세웠다. 존슨의 조각 정원은 타니구치의 터치로 섬세해지고 부드러워졌다.

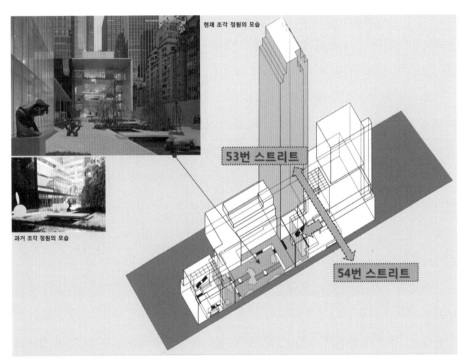

현재 조각 정원의 모습

과거 조각 정원의 모습

53번 스트리트

54번 스트리트

2004년 건축가 요시오 타니구치에 의해 모마가 새롭게 개장했을 때, 모마는 비로소 53번과 54번 스트리트를 관통하는 로비를 구축했다. 입구의 위치는 53번 스트리트였다. 입구에서 들어와서 54번 스트리트로 향하다 보면, 3분의 2 지점에서 필립 존슨의 조각 정원(색칠한 부분)이 펼쳐진다. 조각 정원은 두 개의 단으로 구성되어 있다. 아랫단에는 두 개의 평행하는 수로가 있어 조각 정원의 남과 북을 둘로 나누어 다리로 건너간다. 필립 존슨의 조각 정원에 요시오 타니구치는 경계를 만들고 빛을 담는다.

모마 건축과 개척자들

모마는 MET와 마찬가지로 무궁무진한 이야기 주머니이다. 모마에는 여러 개의 예술 분과가 있는데 그중 하나가 건축과다. 모마 건축과 초대 디렉터는 필립 존슨이었다. 그는 세계적인 건축 전시회를 몇 차례 개최했고, 훗날 맨해튼 건축계의 대부가 됐다. 이제 그 이야기를 시작해 보자.

존슨과 알프레드 바(Alfred H. Barr Jr.)와 헨리-러셀 히치콕(Henry-Russell Hitch-cock)과의 관계는 하버드 대학에서 시작했다. 존슨이 바와 친해진 계기는 웰슬리 여대에 다니고 있던 여동생 때문이었다. 졸업식장에서 존슨은 당시 여동생의 미술 교사였던 바를 소개받았다.

존슨과 히치콕이 하버드 대학에서 알게 된 계기는 히치콕이 쓴 한 편의 에세이 때문이었다. 1923년 대학에 입학한 존슨은 6년째 방황 중이었다. 철학에 심취해 보기도 했고, 휴학도 했고, 여행에 빠져 보기도 했다. 1929년 어느 나른한 오후 존슨은 여느 날과 마찬가지로 점심을 먹고, 편안한 마음으로 글을 읽었는데, 그 글을 읽을수록 가슴이 뛰었다. 눈은 미동했고, 손은 떨렸다. 그 글이 바로 히치콕의 에세이였다.

문제의 이 에세이는 한 명의 건축가(건축가 오우트, Jacobus Johannes Pieter Oud)의 작품을 설명하면서 한 시대의 새로운 관점을 소개해 주었다. 라틴어와 씨름하던 존슨에게 오우트의 모더니즘 건축은 생생하게 살아 있는 현대어였고, 고전 철학에 심취해 있었던 존슨에게 오우트의 근대주의는 보이고 만져지는 사물로서의 생각 체계였다. 존슨은 히치콕의 글로 새 사람이 되었다.

존슨은 철학을 버리고 건축학을 시작했다. 이날의 독서를 훗날 존슨은 신약 성경의 사도 바울 개종 사건에 빗대었다 "내게 그 사건은 사울이 바울로 개종하는 사건이었다." 바의 소개로 미술학 박사 과정에 들어 온 히치콕과 존슨은 결국 만났다.

모마 초대 박물관장으로 바가 선임되자 그는 존슨을 모마 건축과 디렉터로 추천했다.

존슨은 모마에서 건축사에 획을 긋는 전설적인 전시를 다수 기획했다. 존슨이 모마에서 기획한 전시 중 가장 유명한 전시는 첫 건축과 전시이기도 했던 1932년 전시였다.

당시 유럽은 전쟁으로 격동의 20세기 초를 보냈다. 유럽 건축계는 1922년부터 회화계와 마찬가지로 본격적인 근대주의 건축 양식에 관심을 쏟았다. 1930년대 미국은 여전히 유럽 보자르 양식 사대주의에 젖어 있었다. 바는 이에 문제의식을 느꼈고, 대대적인 근대 건축 전시를 존슨과 히치콕에게 지시했다.

존슨과 히치콕은 발로 뛰었다. 둘은 직접 유럽에 가서 작가와 작품을 선별했다. 선별 기준은 근대주의를 표방한 작품성 외에도, 해당 작가가 표방하는 이념이 미국 민주주의와 대치하는 사회주의적 색채 유무에 있었다. 한 가지 재미나는 사실은 히

왼쪽 상단에 있는 사람이 모마 초대 관장을 역임한 알프레드 바이다. 오른쪽 사진 상단의 남자가 헨리-러셀 히치콕이다. 하단 왼쪽 사진이 건축가 오우트이고, 오른쪽은 그의 작품집이다.

치콕은 르 코르뷔지에의 빌라 사보아에 열광했고, 존슨은 미스의 투겐트하우스에 열광한 점이다. 전시의 이론과 작업을 책임져야 한 히치콕은 르 코르뷔지에와 파리에서 많은 대화를 나누었고, 존슨은 독일에 체류하면서 미스 건축에 빠져들어 갔다. 이리하여 1932년 모마의 기념비적인 첫 전시 '국제주의 양식: 1922년 이후의 건축(International Style: Architecture Since 1922)'이 빵빠레를 울렸다.

존슨과 히치콕은 전시와 함께 소책자도 냈다. 전시는 국내외로 엄청난 반향을 일으켰고, 미국 내 13개 도시를 순회했다. 책자에서 존슨과 히치콕은 국제주의 양식 건축을 세 가지 원칙으로 천명했다. 세 가지 원칙은 철저히 고전주의 양식에 대치하는 개념들로 이미 프랑스의 르 코르뷔지에와 독일의 건축가들이 정리한 내용이었지만, 히치콕의 분석과 필력으로 한층 세련되어졌다.

첫째, 매스(Mass) 대신 볼륨(Volume)으로서의 건축을 강조했다. 벽돌과 돌로 지어진 고전주의 건축이 덩어리(solid)로서의 매스였다면, 앞으로 펼쳐질 건축은 전면 창과 얇은 콘크리트의 벽체로 구성될 판(plane)의 건축이어야 하는 입장을 밝혔다.

둘째, 대칭을 버리겠다는 원칙이었다. 고전주의 양식 건축이 대칭을 통해 균형을 추구했다면, 다가올 건축은 비대칭 다이내미즘을 추구한다는 원칙이었다. 따라서 운동성이 중요한 개념으로 대두했다.

셋째, 장식은 배제하겠다는 원칙이었다. 밋밋한 면을 추구하겠다는 생각은 돌에 더 이상 정과 망치를 대어 공예미를 추구하지 않겠다는 관점이었다. 형태미에서 공간미로 전이하겠다는 원칙이었다.

전시가 전문가들에게만 영향을 끼친 것이 아니었다. 전시는 유럽에서 발흥한 새로운 삶의 기준과 관점을 미국 대중에게 알리는 계기가 되었다. 모마는 세계 건축계에서 큰 목소리를 내게 되었고, 존슨은 유명인사가 되었다.

1932년 모마의 국제주의 양식 전시가 선풍적인 인기로 끝난 후에도 존슨은 10년간 모마에 있으면서 많은 일을 했다. 1935년 존슨은 근대 건축의 거장 르 코르뷔지에가 맨해튼에 방문할 수 있도록 도와주었고, 1937년 전 바우하우스 교장인 월터 그로피우스와 동료 마르셀 브로이어가 나치 정권을 피해 하버드 대학에 안착할 수 있도록 다리를 놓아 주었다. 존슨의 도움으로 하버드에 정착한 그로피우스와 브로이어는 바우하우스의 정신을 하버드 건축대학원에 이식했다. 그로피우스는 카리스

마 넘치는 리더였고, 학생들은 그의 교수법에 끌렸다.

존슨은 모마 건축과 디렉터만으로 만족하지 않고 건축가로서의 소명의식을 받아들이기로 했다. 1940년 존슨은 하버드 교정으로 돌아왔다. 하지만, 나이가 들어서 학교에 돌아온 존슨은 "그로피우스는 걸출한 선생이지만 걸출한 건축가인지는 모르겠다"라고 했다. 이 말이 화근이 되어 존슨은 모교에 다시 발을 들여놓지 못했고, 졸업 후에는 예일 대학을 거점으로 활동했다. 브로이어의 건축은 재료와 빛의 질감에 천착했다. 브로이어의 교수법은 주입식이 아니라 학생들의 관점을 북돋아주는 방식이었다.

1940년대 하버드 건축대학원은 1950~60년대 미국 건축계를 선도할 건축가를 다수 배출했다. 예일대 건축대학장으로 부임했던 폴 루돌프, 세계적인 건축가로 성장한 I.M. 페이, 맨해튼 건축계를 쥐락펴락하게 될 필립 존슨 등이 모두 1940년대에 하버드에 있었다. 이 시기는 청출어람하는 제자들을 다수 배출한 때로, 실로 하버드 대학교 건축학과의 르네상스였다.

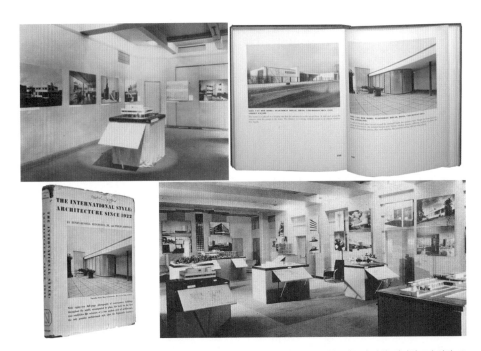

사진 왼쪽 상단은 모마에서 필립 존슨과 헨리 러셀-히치콕이 기획한 불멸의 1932년 '국제주의 양식' 전시의 모습이다. 오른쪽 상단과 왼쪽 하단의 사진은 존슨과 히치콕이 발행한 전시 도록이다. 이 책을 통해 존슨과 히치콕은 사회주의적 색채가 있는 건축가들의 생각들은 철저히 배제하며 유럽식 근대 건축과는 분명한 선을 그은 미국식 근대 건축을('국제주의식 건축'이라 부르며) 표방했다. 오른쪽 우측 하단은 미국 13개 도시 순회 전시 중 로스앤젤레스에서 전시를 하는 모습이다.

존슨은 르 코르뷔지에 건축보다는 미스 건축에 끌렸다. 존슨은 르 코르뷔지에의 콘크리트보다 미스의 유리에 끌렸다. 존슨은 은빛을 내는 미스의 크로뮴 기둥이 백색의 르 코르뷔지에의 콘크리트 기둥보다 좋았다. 존슨은 미스의 귀족성에 끌렸다.

존슨은 하버드 철학과에서 플라톤 철학에 심취했다가 나중에는 회의론에 빠졌다. 그의 철학 진화 과정은 그의 건축 진화 과정이기도 했다. 플라톤 철학에 닿아 있는 미스 건축은 존슨의 이상이었다. 플라톤의 이데아를 미스의 공간에서 보았다. 하지만, 훗날 미스 건축을 철저히 배제하면서는 소피스트 철학을 붙들었다. 존슨은 "세상에서 변하지 않는 유일한 것은 모든 것이 변한다는 사실뿐이다"라고 말하며, 근대 건축의 원칙주의를 철저히 배격하며 탈근대 건축을 천명했다.

왼쪽 상단 사진 속에 나비넥타이를 한 인물이 1940년대 하버드 건축대학의 수장인 (전 바우하우스 교장) 건축가 월터 그로피우스이다. 우측 상단의 사진은 바우하우스 출신의 건축가이자 하버드 교수였던 마르셀 브로이어이다. 그로피우스에 대한 존슨의 생각이 어떤지는 모르겠지만, 그로피우스와 브로이어는 한 시대를 풍미한 호랑이들이었다. 이들이 있었던 하버드의 1940년대는 세계적인 건축가들을 빚어내는 용광로였다. 좌측 하단에는 예일대학 건축대 학장이 되는 폴 루돌프, 아래 중앙에는 미국 건축계의 대부가 되는 필립 존슨, 그리고 재클린 케네디 여사의 총애를 받아 세계적인 건축가가 되는 동양인 건축가 I. M. 페이이다.

포크 아트 박물관

중국계 여성 건축가 빌리 첸(Billie Tsien)은 국내에는 많이 알려져 있지 않지만, 내가 좋아하는 동양계 미국인 여성 건축가 3인 중 한 명이다. 나머지 두 사람은 워싱턴 D.C.의 베트남전 기념물을 설계한 마야 린(Maya Lin)과 하버드 건축대학장을 역임한 토시코 모리(Toshiko Mori)다. 출신 국가는 다르지만 건축을 향한 이들의 열정은 매한가지이고, 특히 이들은 건축 재료의 실험적인 적용에 뛰어난 건축가들이다.

흔히 건축과 미술이 예술이라는 큰 테두리 안에서 함께 묶일 수 있는 분야라고 생각할 수 있지만 전공자들에게는 많이 다르다. 실용예술인 건축은 순수예술인 미술에 비해 '실용성'이 항상 '순수성'의 발목을 잡는 분야다. 물론 그 역도 성립된다. 그래서 간혹 미술을 전공하고 건축을 하는 사람이 있고, 반대로 건축을 전공하고 미술을 하는 사람이 있는데, 첸은 전자에 속한 건축가였다.

첸은 무슨 재료를 사용하든 재료의 생산지부터 갔다. 그녀는 각 재료의 제작 공정을 꼼꼼히 검토하여 새로운 방식의 생산이 가능한지 검토했다. 그녀는 생산 과정을 디자인하는 것을 즐기고, 재료가 펼칠 수 있는 새로운 효과를 찾았다. 따라서 그녀가 사용하는 재료는 늘 보던 익숙한 재료이지만, 매우 낯선 모습으로 다가왔다.

첸의 남편 토드 윌리엄스(Tod Williams)도 건축가다. 그는 프린스턴 대학 건축학과를 졸업하고, 로마 유학 장학금에 당선되어 로마에서 체류하며 웅장한 고전주의 건축을 체험했다.

첸과 윌리엄스는 1977년에 사무실을 열었다. 2001년 당선된 미국 포크 아트 박물관(American Folk Art Musuem)은 이들을 유명하게 해 주었다. 두 사람의 건축이 유선형의 실험적인 형태가 있는 것도 아니었고, 그렇다고 화려한 조명이 있는 것도 아니었다. 재료, 빛 질감, 디테일 등 건축의 본령이라고 할 수 있는 고전적 요소들로 건축을 선보였는데, 늘 모범생다운 꼼꼼함과 예술가다운 새로움이 공존하는 작품을 내놨다. 맨해튼 비평가들은 이 두 사람의 작품에는 섬세함(sensitivity), 영속성(time-lessness), 그리고 아름다움(beuaty)이 있다고 평했다.

뉴욕 모마 바로 옆에 붙어 있는 포크는 규모로 보면 골리앗과 다윗의 관계였다. 모마에 비해 포크는 작았지만 크기는 이들에게 별 문제가 되지 않았다. 덩치 큰 건

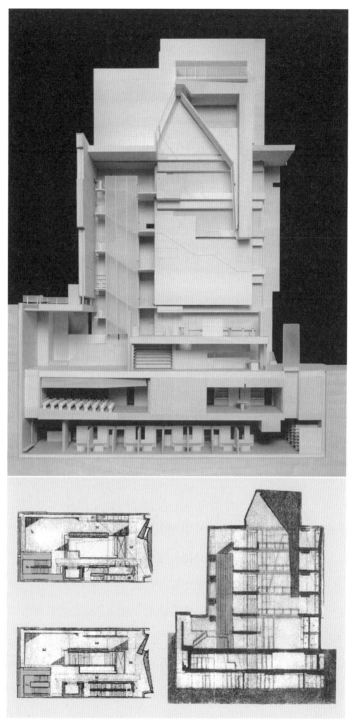

토드 윌리엄스는 미국 포크 아트 박물관 중심에 폭포수와 같이 쏟아지는 빛을 중앙 천장을 통해 아트리움(밑 스케치에 노란색 부분)에 담고자 했다. 계단실에는 유리 벽을 세워 건물을 관통했다.

물들 사이에서 이들은 소곤소곤 귓속말을 하고자 했다. 건축은 작더라도 보석과 같이 여러 빛깔을 맨해튼 구석구석에 뿜어줄 수 있다. 디자인의 힘은 크기와 무관하다.

윌리엄스는 평면적으로 좁은 땅을 입체적으로 해결하고자 했다. 그는 수직적으로 뚫린 내부 아트리움을 주었다. 중심 공간을 뚫었고, 천창을 달아 빛이 쏟아지도록 했다. 안으로 들어갈수록 그리고 위로 올라갈수록 공간이 밝아졌다. 첸은 외장에 특히 신경 썼다. 첸은 알루미늄의 보여지는 무게가 실질적인 무게보다 무거운 게 마음에 들었고, 빛을 반사하여 면의 질감을 바꾸는 것도 마음에 들었다. 문제는 외장재로 사용하기 위해 알루미늄을 주형에 넣었더니 특유의 광택과 질감이 사라졌다.

첸은 알루미늄처럼 광택을 만들면서 동판처럼 멋있게 노화하는 재료를 찾고자 했다. 첸은 구리에 아연과 알루미늄 배합비율을 조정해가며 본인이 원하는 톰바실(Tombasil)을 찾았다. 톰바실은 묵직한 기운이 돌았다. 첸은 외장으로 사용하고자 톰바실을 패널화하기 위한 주형을 모래로 만들어 쇳물을 부었다. 표면에 기포로 구멍이 숭숭 나 있고, 특유의 빛깔을 냈다. 톰바실 패널 표면은 퇴적암인 대리석과 같이 시간의 결이 읽히기 시작했고, 구리 빛보다 짙은 색으로 빛을 오묘히 반사했다.

첸은 톰바실을 통해 특별한 빛과 특이한 시간을 재료에 담고자 열심히 연구했다. 각도에 따라 빛이 톰바실 표면을 미끄러지면서, 빛이 일어났다가 스러지는 모습을 보았고, 움푹 패인 기포의 흔적에 빛이 깊었다가 얕아지는 모습에 매료되었다. 첸은 멋있게 노화할 수 있으면서 신비로운 광택을 내는 톰바실에 끌리어 포크 박물관에 사용했다. 이는 건축물에 처음 톰바실을 사용한 사례가 되었다.

톰바실 파사드는 마치 수억 년 전 용암이 분출하여 응고되어 있는 오래된 모습을 지녔다. 21세기 건축물에 태곳적 질감을 담아낸 셈이다. 이 앞을 지나가면서 걸음을 멈추고 톰바실 표면을 만지지 않기란 웬만큼 둔하지 않고서는 힘든 일이다. 파사드는 3번 접었다. 깊은 절벽을 통과하는 듯한 긴장감 도는 틈새가 접힌 파사드에 생겼다. 포크 박물관의 정문이었다. 포크는 작지만, 작지 않았다.

포크의 정문은 부부 건축가인 첸과 윌리엄스의 건축 태도를 보여준다. 이들에게 생각 체계인 개념은 매우 중요하다. 하지만, 그 개념은 재료의 물성을 실험하여 얻어지는 구체적이고 만져지는 새로운 체험으로서의 개념이다.

그 개념은 미술과 건축이 접목하여 만든 예술화한 건축 재료의 모습이고, 아주

첸이 찾아낸 톰바실은 엄청난 반응을 불러일으켰다. 톰바실은 빛 아래서 누렇게 금처럼 보이기도 하고, 때로는 붉게 타오르는 숯불처럼 보이기도 했다.

작은 디테일이 아주 큰 도시 이상으로 중요하다고 믿는 건축가들이 만들어낸 결과물로서의 개념이다.

　　포크는 거대한 유리 정면으로 가득 찬 도시에 작은 톰바실 정면으로 우리의 상상을 자극한다. 유리가 수동적 미래라면, 톰바실은 능동적 미래다.

　　맨해튼이 흥미로운 이유는 작은 놀람이 도시 구석구석에 있기 때문이다. 포크는 작은 놀람이다. 맨해튼의 그리드는 불변의 질서로 도시의 가로 체계를 붙잡고 있지만, 그 안에 박혀 있는 필지들은 작은 놀람들로 질서에 변화를 준다. 이는 우리가 계속해서 맨해튼을 찾는 이유이다.

포크 아트 박물관의 내부

성 패트릭 성당

전 세계의 금권만 유럽에서 맨해튼으로 이전한 것이 아니라, 교권 또한 맨해튼으로 옮겨왔다. 맨해튼에서 성 패트릭 성당(St. Patrick's Cathedral)의 이름값은 서울로 치자면 명동성당 정도다. 맨해튼 내에서 대표적인 성당 건축이다. 맨해튼에서도 가장 번화한 5번 애비뉴, 그중에서도 자타가 공인하는 5번 애비뉴의 중심은 록펠러 센터고, 이와 마주한 자리에 있는 성당이 성 패트릭 성당이다. 맨해튼을 대표하는 금권 건축과 교권 건축의 대명사인 록펠러 센터와 성 패트릭 성당은 맨해튼 내에서도 중심 중에 중심에 있다. 시간적으로는 성 패트릭 성당이 록펠러 센터보다 먼저 자리를 잡았다. 성 패트릭 성당은 1879년에 들어왔고, 록펠러 센터는 1940년대 말에 가서야 첫 19동이 완성되었고, 그 후에도 지속적으로 확장했다.

성 패트릭 성당의 규모는 교회로서는 작지 않은 크기로 도시 블록 하나를 꽉 채운다. 이곳을 방문하는 사람들은 파리 노트르담 사원만큼이나 많다. 방문의 목적이 종교적 이유라기보다는 관광에 있기에 순례자의 발걸음이 아니다. 돌이 빚어 나가는 웅장함과 화려함을 보기 위해 평일에 이곳은 교회라기보다는 박물관에 가깝다. 하지만, 사람들이 많이 찾는다고 해서 명동성당이 박물관이 아닌 것처럼 성 패트릭 성당도 마찬가지다.

1850년 이전에 맨해튼에서 가톨릭은 중심 종교가 아니었다. 독일인들이 몰려오고, 아일랜드에서 감자 대기근을 피한 사람들이 대거 미국으로 몰려오고서야 비로소 가톨릭은 비주류에서 주류가 되었다. 1815년 작게 시작한 성당은 갑자기 쏟아지는 성도들로 5번 애비뉴에 작은 시골집을 샀다. 당시만 해도 이곳은 외지고 별 볼일 없는 지역이었다. 그러나 점점 중심 지역으로 성장했다.

성 패트릭 성당은 아일랜드 이민자들을 위로하기 위해 뉴욕 최초의 대주교이자 아일랜드 출신 존 휴스(John Hughes) 신부가 1859년에 공사를 시작해 1879년에 완공했다. 당시 맨해튼 엘리트 계층은 휴스 대주교의 계획은 시기적으로 적절하지 않다며 폄하했다. 이 공사 기간 동안, 남부와 북부의 갈등이 심했고(1865년 남북전쟁), 공사비가 너무 비쌌으며, 자리도 외지다고 비판했다.

건축적으로 성 패트릭 성당은 고딕 양식이다. 유럽에서 고딕 리바이벌 양식이

왼쪽 사진은 성 패트릭 성당의 1905년 모습이고, 오른쪽 사진은 록펠러 센터가 한창 공사 중인 1933년 모습이다. 완공된 초고층 건축이 록펠러 센터의 30록으로, 여기 옥상 층이 훗날 전망대가 된다. 사진의 왼쪽 구석에 보면 성 패트릭 성당의 첨탑 두 개가 보인다. 록펠러 센터와 성 패트릭 성당은 5번 애비뉴를 사이에 두고 마주하고 있다.

휩쓸었고, 동시대를 살았던 맨해튼도 이를 따랐다. 하지만, 성 패트릭 성당이 유럽의 많은 고딕 성당과 명백히 차이나는 점이 있다. 유럽 성당들이 땅에 제한이 없었다면, 성 패트릭 성당은 맨해튼 도시 블록의 폭이 곧 성당의 폭이 될 수밖에 없는 제한적인 대지 조건이 있었다. 50번~51번 스트리트 사이의 길이가 성당을 지을 수 있는 평면 폭의 한계였다. 한계는 도전이었고, 결국 측면 플라잉 버트레스(Flying Buttress)의 과감한 생략과 축약이 필요했다.

고딕 성당들은 하늘을 앙망하였기에 더 높이 솟으려고 했고, 창을 크게 내려고 했다. 돌 벽에 창의 면적이 넓어지면서 동시에 성당의 높이를 높이려다 보니, 옆으로 넘어지려는 벽은 받침대가 필요했다. 이렇게 해서 생긴 고딕 건축의 사이드 받침대가 플라잉 버트레스다. 고딕 건축가들은 여기에 힘을 주기 시작했다. 점점 날개는 넓어져 갔고, 깃털은 갈수록 섬세해 갔다. 그러다 보니 버트레스는 고딕을 대표하는 중요한 건축 어휘가 되었고, 이것의 유무가 고딕을 판가름하는 마크가 되었다.

성 패트릭 성당은 50번 스트리트(사진의 왼쪽 길)와 51번 스트리트(사진의 오른쪽 길) 사이에 놓여야 하는 도전에 직면했다. 보통 고딕 성당에서 우아하게 펼쳐 나오는 플라잉 버트레스가 성 패트릭 성당에서는 맨해튼 그리드가 규정하는 필지의 한계 조건으로 벽과 거의 일체화되었다. 성당과 마주하며 흑백으로 처리 되지 않은 건물군이 모두 록펠러 센터다.

맨해튼 도시 블록에 세워진 성 패트릭 성당은 필지가 넓지 못해 플라잉 버트레스가 비상하는 새의 날개처럼 뻗어 나갈 자리가 없었다. 성 패트릭 성당을 담당한 건축가 제임스 렌윅 주니어(James Reniwick Jr.)는 공학적 기반이 탄탄한 건축가였다. 그의 아버지는 컬럼비아 대학 공과대 교수였고, 아버지의 머리를 물려받은 렌윅은 12살에 컬럼비아 대학에 진학할 정도로 수재였다. 렌윅은 엔지니어-건축가답게 이전에 보지 못한 해법을 선보였다. 그는 멀리 뻗어 나와야 하는 플라잉 버트레스를 과감히 축약한 버전으로 세우면서도 고딕 성당의 장엄함을 잃지 않았다.

성당 내부에 들어서면 입이 자연스럽게 벌어진다. 시각적으로는 유럽의 중세 대성당에 못 미치지만, 하늘을 향한 집단적 열정이 건축으로 표현되어 하늘을 향해 기도를 하고 있는 점에서는 중세 대성당 못지않았다.

세세한 돌기둥 줄이 모여 묶음으로 하늘로 치솟고, 묶음들이 모여 천장에서 꽃을 수놓고, 꽃들은 모여 십자가 모양의 평면을 덮어준다. 하나보다는 둘이 낫고, 둘보다는 셋이 낫다는 공동체를 지향하는 에베소서의 교회론이 건축으로 드러난다.

교회는 그리스도의 정신이라 표현하지 않고 그리스도의 몸이라 표현한 에베소서 저자의 심오한 유기체적 교회관이 글이 아닌 돌로서 패트릭 성당에서 드러나니, 에베소서의 저자인 사도 바울의 생각이 한층 더 직접적으로 다가온다.

나는 이곳에서 건물의 화려함이 아니라 사람들의 열심을 보았다. 그리고 사람들을 열심으로 이끄는 목적을 보았다.

입구 양편에 있는 두 첨탑은 준공과 함께 맨해튼의 랜드마크가 되었다. 첨탑은 100미터까지 솟았다. 1888년 완공 당시 미드 맨해튼에서 가장 높은 구조물이었다. 그리고 한동안 맨해튼에서 가장 높았다. 첨탑은 유럽에 지어진 독일 퀼른 대성당의 웅장한 첨탑의 영향을 받았다. 두 첨탑 사이에는 고딕 성당의 백미인 장미창(Rose Window)이 있다. 스테인드글라스의 예술성은 첨탑의 구조성과 어깨를 나란히 했다.

성 패트릭 성당의 스테인드글라스들은 수준급이다. 저층부 창들은 대부분 19세기 프랑스 유리 거장 니콜라스 로린(Nicholas Lorin)의 솜씨고, 고층부 창들(클리어 스토리)은 20세기 보스턴 유리 거장 찰스 코닉(Charles Connick)의 솜씨다. 로린과 코닉은 각각 다른 시대, 다른 자리에 있었지만 스테인드글라스에 있어서는 탈시간적, 탈지역적으로 보편적인 아름다움에 도달했다. 따라서, 성 패트릭 성당의 유리 장식은 19세기 말 맨해튼 안에서만 최고가 아니라 과거로 거슬러 올라가 중세 유럽 대성당들과도 어깨를 나란히 할 만큼의 뛰어난 솜씨다.

성 패트릭 성당 내부는 웅장하고 장엄하다. 지어질 당시만 해도 미국에서 가장 넓은 내부를 가지고 있었고, 세계에서 11번째로 넓은 대성당이었다.

내부를 다 보고 나오면, 들어올 때는 보지 못한 장면이 사진틀이 되어 눈에 들어온다. 길 건너편의 조각 작품이다. 조각의 주인공은 어깨에 천체를 맨 희랍신화의 타이탄이다. 조각의 이름은 아틀라스(Atlas)로, 록펠러 센터 인터내셔널 빌딩 앞에 있다.

아틀라스는 거대하다. 높이는 13.5미터에 달한다. 울룩불룩한 근육질의 몸이 혼천의의 무게로 더욱 팽팽해진 상태다. 성 패트릭 성당의 문간은 아틀라스의 존재로 성속의 영역을 선명하게 나눴다. 물질주 세계관과 가톨릭시즘 세계관이 경계에서 팽팽하다. 문 안으로 들어올 수 없는 관점이 문밖에 서서 사람들이 나오기를 기다리고 있다.

성 패트릭 성당의 내부. 5번 애비뉴의 명물답게 내부도 웅장하다. ©이중원

록펠러 센터 인터내셔널 빌딩 앞에 있는 아틀라스 조각
상 뒤에서 성 패트릭 성당을 바라보며 찍은 사진이다. 록
펠러는 열성적인 기독교인으로 전지전능한 하나님을 열심
히 믿었지만, 동시대에 그는 인간의 위대한 가능성도 믿었
다.(Image Courtesy: RFC Graphics)

성 패트릭 성당이 맨해튼 5번 애
비뉴에 있으면서 우리에게 전하는 메
시지는 분명하다. 교회는 산속에서 깨
끗한 자기들만의 세상을 만들기보다
는 시장 속에 있으며 탐욕과 유혹에
넘어지는 사람들과 직접 대면해야 한
다. 성당 밖에서 아틀라스가 기다리고
있을지언정 성당은 꿋꿋이 도심 한가
운데 있으며 왜곡될 수 있고 삐뚤어
질 수 있는 성당 밖의 관점에 균형 감
각과 질서를 부여해야 한다. 세속적인
길에 성스러운 종교 건축의 간섭은 길
의 타락을 막는 처방전이다.

패일리 공원

보스턴에서 근무할 적에 빌 테큐 할아버지가 나에게 언젠가 맨해튼에서 꼭 들르라고 추천한 작은 공원이 있다. 바로 패일리 공원이다. 패일리 공원은 정확하게 표현하면 센트럴파크 같은 거대한 공원도, 브라이언트 공원 같은 블록 규모의 공원도 아니다. 그보다는 훨씬 작은 규모의 공원이다.

추운 날 주머니에 시린 손을 넣으면, 좁은 주머니 안에서 금방 편안하고 따뜻해진다. 영어로 주머니는 '포켓'인데, 도시 용어로 '포켓 파크'라는 용어가 있다. 포켓 파크는 축구나 배구 같은 야외 활동은 할 수 없지만 시민들에게 주머니처럼 안락한 휴식처가 되어 주는 도심 속 미니파크다. 패일리 공원은 맨해튼을 대표하는 포켓 파크다.

빌 할아버지는 시민 휴식을 위해 귀한 땅을 제공한 CBS 창립자 가문을 예찬했고, 동시에 이 작은 정원의 디자인이 얼마나 우수한지 침이 마르게 칭찬했다. 53번 스트리트에서 모마를 나와 분주한 5번 애비뉴를 지나면 갑자기 폭포 소리에 놀란다. 고개를 돌리면, 필지 안쪽 끝에서 5.4미터 높이의 폭포수가 쏟아지는 모습이 한눈에 들어온다. 많은 수량을 위에서부터 빠르게 쏟아내니 벽을 따라 흰색 물거품이 길가에서부터 보인다.

호기심에 계단을 올라가면 12보폭 너비의 입구가 나오고, 정원의 천장 역할을 하는 12그루의 나무가 눈에 들어온다. 나무의 몸통 부분을 폭포수보다 높게 올라가게 하여 길가에서 봤을 때 폭포수가 나무 잎사귀에 가리지 않게 했다. 폭포수의 시각적 유혹도 세지만, 청각적 유혹은 한수 위다.

폭포수와 나무 잎사귀의 부드러운 질감은 벽돌벽과 돌바닥의 단단한 질감과 좋은 대조를 이룬다. 정원의 좌우 벽은 벽돌벽이고, 정원의 바닥은 크기와 질감이 변하고 있는 돌이다. 벽돌벽 앞에는 담쟁이넝쿨을 두어 폭포수처럼 나무의 잎사귀가 벽을 타고 내려와 정원을 녹음으로 적시는 착시를 일으킨다.

분홍 빛깔이 나는 큼직큼직한 사암이 정원의 가장자리를 구성하고, 중앙은 로마에서 흔히 보는 반 뼘만한 정사각형의 돌들이 모자이크를 이룬다. 돌 모자이크 바닥 위로는 몇 개의 화분을 두어 담쟁이넝쿨이 녹음의 폭포수이듯, 화분들이 녹음의

53번 스트리트에서 본 패일리 공원의 모습. 여름에 이곳은 폭포수의 증발 냉각 효과로 시원하다. 물 떨어지는 소리와 잎사귀 사이로 쏟아지는 연두색의 빛이 폭염을 잊게 한다. 우측 코너에 카페가 있어 간단한 커피와 스낵을 먹을 수도 있다. ©이중원

분수가 되게 했다.

폭포수 뒷면의 돌 벽면은 빗살무늬토기와 같이 긁어서 팠는지 거친 마감으로 거품을 많이 냈다. 물은 5.4미터에서 거친 마감의 벽을 타고 내려오다 턱을 만나 극적인 거품과 소리가 났다. 실제 폭포수 높이에 비해 더 높아 보이도록 물보라를 조정한 건축가의 솜씨가 돋보였고 실제 폭포수 규모에 비해 더 크게 들리도록 수량을 조절한 건축가의 솜씨가 돋보였다.

한 여름에 패일리 공원에 오면, 도심 한가운데서 폭포를 만난 것 같은 기분이 든다. 폭포의 극적인 소리는 양옆 담쟁이 벽으로 실제보다 크게 들린다. 정원 안에 찬 폭포수가 일으킨 차고 촉촉한 공기는 나무가 만드는 응달로 한기를 유지한다.

여름의 열기와 맨해튼의 재미로 덥고 긴장했던 몸이 이곳에서 시원하게 이완된다.

포켓 파크에서 생명은 디자인이다. 디자인을 잘못하여 포켓 파크가 폐쇄적인 공간 구성이 되면, 그곳은 일탈과 범죄의 온상이 될 수 있다. 패일리 공원은 열린 포켓 파크의 전형을 보여주고, 잘 디자인된 포켓 파크의 모범을 보여준다.

패일리 공원의 폭포수는 가까운 자리에서 유심히 볼 필요가 있다. 쏟아지는 물결 뒤의 돌은 표면을 거칠게 처리하여
거품을 거칠게 일으키고, 낙수 직전에 단을 하나 주어 멀리서 보면 수직적으로 떨어지는 물에 수평선을 하나 만들었다.
폭포수 조명을 살짝 가리기 위해 담장의 끝을 부드럽게 돌린 점도 눈에 띈다. ⓒ이중원 우리 도시에도 이런 포켓 파크가 많아졌으면 좋겠다. 기왕이면 기부를 통한 형성이라면 더욱 좋겠다. 기부 문화가 아직 널리 퍼지지 못한 우리의 경우, 빨리 사회적으로 기부를 권장하고 제도적으로 인센티브를 주어 지금보다 기부 문화를 더 활성화할 필요가 있다. 언론도 기부자의 선행을 높여주면 좋겠다. 기부자의 이름은 공원의 이름이 되게 하면 좋겠다. 서울에도 기부단체나 기부자의 이름을 딴 일명 '철수 공원'과 '영희 공원' 등이 동네마다 많이 생기면 좋겠다.

기부 문화로 일어선 길은 쉽게 지워지지 않을 길로서 우리 도시의 길들을 나눔의 길로 기억되게 할 것이다.

매디슨 스퀘어

매디슨 스퀘어는 브로드웨이와 5번 애비뉴가 교차하며 생성된 첫 X자형 광장이다. 매디슨 스퀘어에서 브로드웨이를 따라 남쪽으로 내려가면 유니언 스퀘어가 나오고, 5번 애비뉴를 따라 남쪽으로 내려가면 워싱턴 스퀘어가 나온다. 세 개의 광장은 삼각형을 이루면서 미드 맨해튼과 로어맨해튼의 삼각대 역할을 한다.

타임스 스퀘어 남쪽 삼각형 필지에 타임스 빌딩이 있듯이, 매디슨 스퀘어 남쪽 삼각형 필지에 플랫아이언 빌딩이 있다. 다리미 모양으로 생겼다고 해서 본래의 이름인 '풀러(Fuller)'에서 '다리미'라는 의미의 '플랫아이언(Flatiron)'으로 바뀌었다.

플랫아이언 빌딩은 맨해튼의 X자형의 광장을 가장 극적으로 보여주는 대표적인 건물로, 금세 뉴욕의 랜드마크가 되었다. 눈에 띄는 건물의 모양과 한번 보면 잊을 수 없는 삼각형 건물 특유의 식별성으로 사람들은 건물 주변 지역마저 플랫아이언 지역이라 불렀다.

5번 애비뉴에 있는 엠파이어스테이트 빌딩 앞에서 오전 10시에 커피를 마시며 느릿느릿 남쪽으로 걸어 내려오면, 오전 태양을 받는 플랫아이언 빌딩이 자신의 삼각형 마천루다움을 가장 잘 드러낸다. 동측은 태양을 받아 밝고, 서측은 그림자로 어두워 모서리의 예리함이 도드라진다. 매디슨 스퀘어의 나무들은 빛과 바람으로 살랑거리며 땅을 부드럽게 한다. 주말에는 브로드웨이의 자동차 통행을 막아 보행자 위주의 광장이 된다.

플랫아이언 빌딩은 1902년에 매디슨 스퀘어에 세워졌고, 바로 뒤를 이어 1909년에 매디슨 스퀘어에 또 다른 랜드마크인 메트 라이프 타워가 세워졌다. 메트 라이프 타워에는 대형 시계가 있고, 거대한 피라미드형 모자가 있어 매디슨 스퀘어의 동쪽 랜드마크가 되었다. 메트 라이프 타워 꼭대기에 있는 피라미드 모자를 보면, 초창기 마천루 건축가들이 마천루의 첨탑을 어떻게 디자인할 것인가를 두고 고민한 흔적이 역력히 보인다. 건축가들은 역사적인 로마네스크 첨탑, 고딕의 첨탑 등 과거에 높게 지어진 구조물에서 새로 생긴 마천루의 첨탑 모티브를 차용하려 했다.

메트 라이프 타워의 경우는 피라미드를 차용하여 첨탑을 완성한 경우였다. 메트 라이프와 동시대에 지어진 건물이 로어맨해튼의 뱅커스트러스트 빌딩(1912)이었

위 사진은 매디슨 스퀘어 광장이다. 삼각형 모양의 건물이 플랫아이언 빌딩이다. 피라미드 모자를 쓰고 있는 타워가 메트 라이프 타워이다. ⓒ이중원

위 사진은 매디슨 스퀘어 가든 극장 건물 꼭대기에 있었던 다이애나 조각상이다. 아래 사진은 필라델피아 MFA 로비로 옮겨져 있는 다이애나 조각상이다.

는데, 이 건물의 경우도 첨탑으로 피라미드를 차용했다. 두 건물에 직접적인 영향을 준 타워는 베니스 산 마르코 광장에 있는 캄페나일 타워였다.

메트 라이프 타워는 사방으로 시계를 달았는데, 그 모습은 중세 도시에서 교회 시계탑과 같은 역할을 해주었다. 맨해튼의 중성적인 그리드에 고만고만한 높이의 건물들 사이에서 메트 라이프 시계탑은 솟았다. 그것은 수평적 도시에 세운 수직성이었고, 공간에 솟아오른 시간이었다. 맨해튼 초기 마천루들은 중세 교회의 탑과 같이 도시에 수직성을 부여했고, 시간성을 부여했다.

매디슨 스퀘어 광장에는 1890~1925년까지 매디슨 스퀘어 가든 극장 건물이 있었다. 맨해튼 상류 사회 사람들이 이곳 옥상정원에서 야간 공연을 즐겼다. 이 극장 건물은 당대 맨해튼 최고 건축사사무소인 맥킴 미드, 화이트의 건축가 스탠포드 화이트가 디자인했다. 극장은 매디슨 스퀘어의 명물이었다.

매디슨 스퀘어 가든 극장 건물 꼭대기에는 다이애나 조각상이 있었다. 현재 이 조각상은 필라델피아 MFA 로비에 옮겨져 있다. 이 조각상을 디자인한 조각가는 화이트의 오랜 친구이자 협업자인 세인트 고든스(Augustus Saint-Gaudens)였다.

5번 애비뉴의 끝점: 워싱턴 스퀘어

그랜드 아미 플라자로 시작한 5번 애비뉴는 워싱턴 스퀘어로 끝난다. 광장에서 시작하여 광장으로 끝나는 길은 좋은 길이다. 또한 랜드마크로 시작하여 랜드마크로 끝나는 길 역시 좋은 길이다. 5번 애비뉴는 센트럴 파크 남단에 위치하는 59번 스트리트에서 시작하여 록펠러 센터의 광장을 지나고 브라이언트 공원 광장을 지나고, 매디슨 스퀘어 광장을 지나 도착하는 워싱턴 스퀘어에서 끝이 난다.

워싱턴 스퀘어 입구에는 개선문이 있다. 이 개선문은 건축가 스탠포드 화이트가 디자인했다. 개선문을 들어갈 때는 개선문 아치 아래로 로어맨해튼 그라운드 제로의 프리덤 타워가 보인다. 반대로 개선문을 나올 때는 개선문 아치 아래로 엠파이어스테이트 빌딩이 보인다.

이는 어찌 보면 우연의 일치이고, 어찌 보면 뛰어난 도시 건축적 의도이다. 도시에는 도대체 어떠한 기준선을 놓고 어떠한 마천루를 세워야, 뛰어난 의도로서 훌륭한 도시가 세워지는 것일까? 그리고 기억에 남을 찰나의 이미지를 만들까? 그것은 위대한 길과 문과 마천루가 있는 도시를 만들 때 가능하다고 맨해튼은 우리에게 속삭여 준다.

엠파이어스테이트 빌딩은 최초로 100층이 넘는 초고층 마천루의 출생 기념비이고, 프리덤 타워는 최초로 100층이 넘는 초고층 마천루의 사망(WTC) 기념비이다. 엠파이어스테이트 빌딩은 태어난 소식을 알리는 기념비이고, 프리덤 타워는 부활의 소식을 알리는 기념비이다. 두 마천루는 워싱턴 스퀘어 개선문 아치 아래서 맨해튼 마천루의 생사 이미지를 순간적으로 보여주고 사라진다.

5번 애비뉴의 물리적인 끝점은 개선문이지만, 개선문의 시각적인 끝점은 멀리 보이는 마천루이다. 한 거리의 물리적인 끝점에서, 새롭게 시각적인 끝점을 형성해주는 맨해튼은 깊이 있는 도시이다.

맨해튼의 거리는 즐비한 마천루가 만든 마천루 협곡이면서, 때로는 거리의 양극점을 두 개의 마천루가 붙잡고 있는 마천루 현수교이기도 하다. 후자의 경우는 마천루가 거리를 탱탱하게 잡아주고, 마천루가 거리의 가시거리를 늘려준다. 결국 맨해튼의 길들은 수많은 마천루에 의해 깊은 투시도를 형성한다.

워싱턴 스퀘어의 역사를 뉴욕대학과 그리니치 빌리지와 연동하여 안다면, 개선문의 역사적·사회적 의미가 증가하겠지만, 지금은 개선문 앞뒤로 들어오는 두 개의 마천루를 보는 것으로 족하다.

워싱턴 스퀘어의 개선문. 위 사진을 보면 아치 아래로 멀리 프리덤 타워가 보인다. 아래 사진을 보면, 아치 아래로 엠파이어 스테이트 빌딩이 보인다. ⓒ이중원

Midtown Manhattan

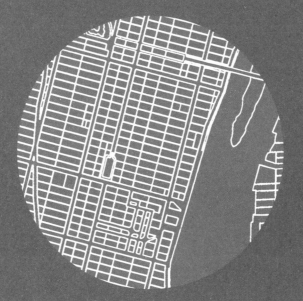

4

42번 스트리트

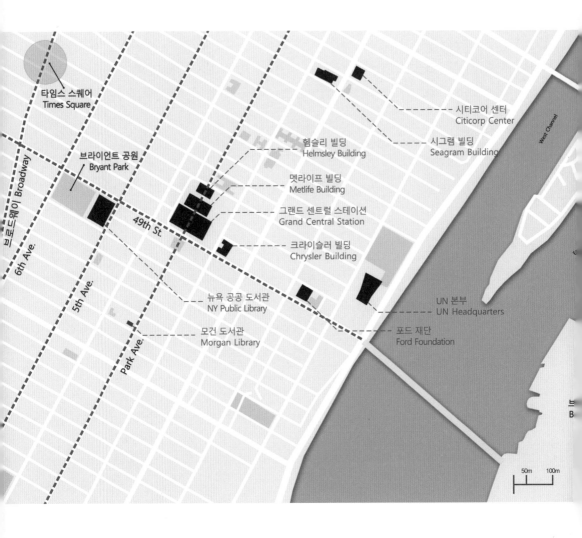

타임스 스퀘어
Times Square

브라이언트 공원
Bryant Park

헴슬리 빌딩
Helmsley Building

멧라이프 빌딩
Metlife Building

그랜드 센트럴 스테이션
Grand Central Station

크라이슬러 빌딩
Chrysler Building

뉴욕 공공 도서관
NY Public Library

모건 도서관
Morgan Library

시티코어 센터
Citicorp Center

시그램 빌딩
Seagram Building

UN 본부
UN Headquarters

포드 재단
Ford Foundation

West Channel

브
B

6th Ave.

5th Ave.

Park Ave.

49th St.

브로드웨이 Broadway

50m 100m

타임스 스퀘어

맨해튼 타임스 스퀘어는 7번 애비뉴와 브로드웨이가 교차하며 만드는 X자형 광장이다. 맨해튼에 있는 3개의 X자형 광장 중에서 타임스 스퀘어야말로 자타가 공인하는 최고 명물이다.

두 개의 가로가 X자형으로 교차하는 곳은 전 세계에 숱하게 많지만, 미드 맨해튼에서 교차하자 두 개의 마천루 협곡이 교차하는 모습을 드러냈다. 일종의 '마천루 그랜드캐니언'이 생기게 됐다.

뉴욕 사람들은 타임스 스퀘어를 '세계의 교차로(Crossroads of the World)'라고 불렀다. 무역을 의미했고, 정보의 흐름을 의미했고, 돈의 교환도 의미했다. 이 별칭은 광장의 별명에서 맨해튼의 별명으로 확대되었다.

타임스 스퀘어에 전 세계 사람들이 몰리자, 뉴욕시는 주말에는 브로드웨이로 진입하는 차량을 통제했고, 7번 애비뉴만 북에서 남으로 일방통행하도록 했다. 이제 타임스 스퀘어는 45번 스트리트를 기준으로 두 개의 긴 삼각형 모양의 광장을 가지게 됐다. 매디슨 스퀘어에서도 이 원칙은 동일하게 적용되었다.

X자형 광장은 늘 꼭짓점이 마주하는 두 개의 삼각형 필지를 만들었다. 매디슨 스퀘어 남쪽 삼각형 필지에는 플랫아이언 빌딩이 들어섰고, 타임스 스퀘어 남쪽 삼각형 필지에는 타임스 빌딩이 들어섰다.

유명한 맨해튼 광장에는 유명한 랜드마크 건물이 있다. 특히 광장의 이름이 랜드마크에서 유래한 경우도 종종 있다. 헤럴드 스퀘어의 '헤럴드'는 신문사인 《뉴욕 헤럴드》 본사 빌딩에서 유래했고, 타임스 스퀘어의 '타임스'도 《뉴욕타임스》 본사 빌딩 때문에 생긴 이름이다.

플랫아이언 빌딩과 타임스 빌딩은 현존하는 초기 마천루들로 맨해튼 X자형 광장을 물리적으로 설명하는 건물들이기 때문에 이제는 철거할 수 없는 랜드마크가 되었다. 이 둘은 맨해튼 그리드와 브로드웨이가 교차하며 생성한 삼각형 필지를 입체화한 건물이었다. 교차점 대지도 특이한 입지로 많은 말을 만들었지만, 건물의 얇은 꼭짓점도 한몫했다.

원래 뉴욕에서는 X형 광장의 남쪽 삼각형 필지를 롱에이커 스퀘어(Longacre

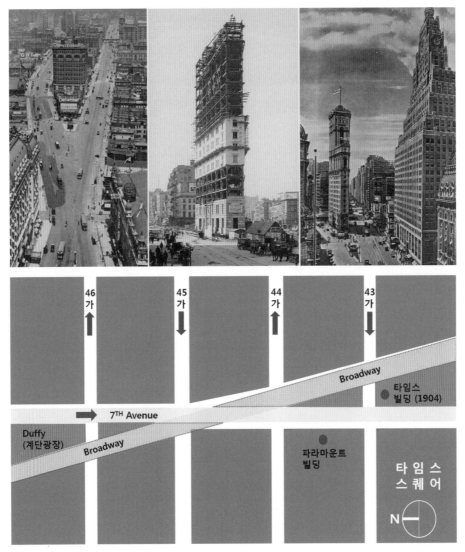

왼쪽 상단 사진은 타임스 스퀘어의 1900년 초 모습이다. 직선 도로가 7번 애비뉴, 곡선 도로가 브로드웨이다. X자형 광장의 북쪽을 바라보고 있는 사진이다. 가운데 사진은 1904년에 들어선 타임스 빌딩의 시공 모습이다. 우측 상단 사진은 타임스 스퀘어 빌딩의 1927년 모습이다. 사진 우측에 있는 거대한 건물이 파라마운트 빌딩이다. 아래는 X자형 타임스 스퀘어의 모습이다. 타임스 빌딩 삼각형 필지와 더피 계단 광장 삼각형 필지(붉은색 부분)는 서로 마주 본다. 최근에는 주말에 브로드웨이의 일정 부분(주황색 부분) 차량 통행을 통제하고 있다. 붉은색 화살표는 차량 통행 방향이다.

Square)라 부르고, 북쪽 삼각형 필지를 더피 스퀘어(Duffy Square)라 불렀다. 1904년 남쪽 스퀘어에《뉴욕타임스》본사 건물이 세워지자 광장의 유명세는 더해 갔고, 사람들은 두 스퀘어를 합쳐 '타임스 스퀘어'라 부르기 시작했다.

엄밀히 말하면 타임스 스퀘어는 X자형의 광장이지만, 광장 안에 서서 보면 X자형이 삼차원적으로 인식되기보다는 기다란 네모 광장 중앙에 두 개의 삼각형 쐐기가 남북으로 박힌 것 같은 인식이 강하다. 그래서 쐐기의 꼭짓점이 광장에서 가장 눈에 띄는 광고 자리가 된다. 특히 북쪽 쐐기 점은 광고 자리로는 타임스 스퀘어 안에서도 최고 명당이다.

숱한 사람들이 이곳을 직접 보러 가기도 하지만, 영화나 뉴스의 배경으로 워낙 자주 등장해 대부분의 사람들에게도 낯익은 자리다. 나는 처음 이곳에 방문했을 때 우리나라 기업 광고판이 붙어 있어서 자랑스러웠다.

유럽 대부분의 광장은 사각형 또는 원 모양이다. 정치적인 모임을 가져야 했던 광장은 기능적으로 혼돈보다는 질서가 필요했다. 트위터나 뉴스가 없던 시절에 광

타임스 스퀘어에서 남쪽 끝을 바라보며 찍은 사진. 중앙에 보이는 건물이 타임스 본사 건물이었던 구조물이고, 그 우측으로 파라마운트 빌딩도 보인다. 1927년만 해도 가장 높았던 건물이었지만 현재는 다른 초고층 마천루 빌딩에 밀려 눈에 띄지 않는 건물이 되었다. ⓒ이중원

장은 매우 중요한 정치적 여론의 진원지였다. 교권과 왕권은 광장 모양이 선동적이길 원하지 않았다. 따라서 요즘 사람들에게 광장의 형태 이미지는 대부분 정형화된 원과 사각형이다.

미국은 유럽의 많은 것을 따랐다. 유럽은 미국에게 참조해야 할 백과사전 같았다. 도시와 건축에서도 미국은 유럽의 사조와 광장을 따랐다. 그런데 유럽 사람들이 미국에 오면 당황한다. 이름은 분명 광장(스퀘어)인데, 사용 방식은 자기들이 알고 있는 광장이 아니다.

나는 빌 테큐 할아버지에게 광장에 대해 물어본 적이 있다. "왜 미국 광장은 유럽처럼 사람들이 모여 있지 않지요?" 할아버지는 무뚝뚝하게 대꾸했다. "미국인들이 모여서 노닥거릴 만큼 한가한지 알아? 미국에서 광장은 가로질러 가야 하는 빈 공터일 뿐이야."

교차하는 X자형 가로를 보고, 광장이라고 하는 것은 유럽인 입장에서 보면 생소한 일이다. 맨해튼 X자형 광장은 형태적인 의미에서나 기능적인 측면에서 유럽 광장의 모습이 아니었다. 그것은 길이 삐딱하게 교차하며 만든 예리한 형태의 광장이었다. 질서보다는 혼돈이었고, 순종보다는 잡종이었다.

오늘날에 타임스 스퀘어 하면, 번쩍이는 전광판과 브로드웨이 극장가가 생각난다. 1899년 오스카 헤머슈타인은 타임스 스퀘어에 최초의 극장을 세웠고, 비로소 브로드웨이 극장 문화의 시작을 알렸다.

타임스 스퀘어에 극장가의 도래는 화려한 조명의 시작이었다. 하얀 전기 조명의 거리를 빗대어 사람들은 '위대한 하얀 거리(Great White Way)'라 불렀다. 1920년대에 들어서자, 색이 첨가된 네온사인이 발명되면서 이곳은 무지개색 거리가 되었다. 밤의 광장, 전기의 광장, 스펙터클한 색깔의 광장으로 점점 유명해졌다.

매디슨 스퀘어나 유니언 스퀘어와 같은 녹지 광장은 예전에도 있었다. 록펠러 센터 광장과 같은 돌 광장도 있었다. 하지만, 타임스 스퀘어 같은 전광판 광장은 21세기의 산물이었다.

타임스 스퀘어의 전광판은 초를 달리하며 변화한다. 방금 전 보았던 광장의 벽면이 다음 순간에는 전혀 다른 모습으로 달라져 있다. 저마다 사람들의 이목을 집중시키고자 깜빡거리고, 저마다 행인들의 시선을 끌고자 화려한 색으로 치장한다. 타

타임스 스퀘어 북쪽 끝인 더피 스퀘어를 바라본 사진이다. 여기에 세워진 전광판은 타임스 스퀘어의 그 어떤 전광판보다 눈에 띄고, 그만큼 자리 경쟁이 심하다. 사진을 찍은 날은 주말이었기 때문에 브로드웨이의 차량 통행이 차단된 상태다. ⓒ이중원

2013년 새해 카운트다운 행사의 모습. 가수 싸이가 2012년 '강남스타일'로 세계적인 가수가 되어 이곳에서 송구영신 공연을 했다. ⓒJames Edstrom

임스 스퀘어는 빠지기 위해 들어가는 곳이지, 나오기 위해 들어가는 곳은 아니다.

미디어 광장인 타임스 스퀘어는 말한다. 영원, 정지, 불변을 붙들고 사는 사람들에게 순간, 흐름, 변화도 대안일 수 있다고 말한다. 전후 세대가 붙들고 살았던 명사가 이제는 반대편에 서 있는 명사들일 수도 있다고 말한다.

전광판 광장인 타임스 스퀘어는 또한 고요하다, 차분하다, 우아하다를 지고지순한 가치로 붙들고 살았던 사람들에게 다채롭다, 찬란하다, 호화스럽다라는 형용사도 제어만 가능하다면 우리 삶을 한층 더 풍요롭게 해줄 수 있고, 해줄지도 모른다고 말한다.

다이내믹한 명사들과 컬러풀한 형용사들이 교차하며 구성하는 언어가 바로 타임스 스퀘어이고, 그 언어가 빚어내는 이야기가 길의 광장으로서의 타임스 스퀘어이고, 스크린의 광장으로서의 타임스 스퀘어이다.

타임스 스퀘어에서의 새해 카운트다운 문화는 타임스 본사가 세워지고 난 다음부터 생겼다. 오늘날에도 12월 31일이 되면, 맨해튼은 물론 세계의 이목이 이곳 공연과 카운트다운에 집중한다. 2013년 새해에는 가수 싸이가 이곳에서 공연을 했다. '강남스타일' 노래가 타임스 스퀘어에서 울려 퍼졌고, 전 세계인들이 어깨를 함께 들썩였다. 그것은 전 세계를 강타한 코리안 웨이브였다.

브라이언트 공원

맨해튼의 허파가 센트럴파크라면, 미드 맨해튼의 허파는 브라이언트 공원이다. 5번 애비뉴 뉴욕 공공 도서관의 뒷 정원이 브라이언트 공원이다. 맨해튼 관광객들도 브라이언트 공원을 사막의 샘처럼 느끼지만, 브라이언트 공원을 진정으로 즐기고 이 공원의 가치를 아는 사람들은 단연 뉴욕 시민들이다. 주변 고층 오피스에서 일하는 사람들은 점심시간에 핫도그나 샌드위치를 이곳에서 먹으며 잠시 낮잠을 청하기도 한다. 공원은 머리를 식히는 편안한 안식처이자, 마음을 달래는 일상의 휴식처이다.

브라이언트 공원이 세간에 관심을 끌게 된 사건은 1840년경에 일어났다. 이때 거대한 물탱크가 이곳에 들어섰다. 일명 크로튼 저수지(Croton Reservoir)라 불리는 인공 호수의 규모는 무려 16,000제곱미터였다. 크로튼 저수지의 물탱크는 벽 높이가 15미터, 두께는 7.5미터에 달하는 거대한 구조물로, 마치 이집트 신전 같았다. 벽체 꼭대기에는 산책로가 있었다. 15미터 벽 위에서 미드 맨해튼 모습을 보는 것은 즐거운 주말 나들이다.

인구가 폭발적으로 증가하자, 맨해튼 안으로 깨끗한 상수원을 공급하는 일은 시급했다. 맨해튼의 상수원은 뉴욕주 북부 깨끗한 산악지대였다. 65킬로미터 철관을 통해 내려온 물은 중앙 저수지인 센트럴파크에 모였다. 크로튼 저수지의 역할은 모인 물의 분배였다. 센트럴파크에 모인 물은 크로튼에서 맨해튼의 각 지역으로 전송됐다. 1842년 크로튼 저수지 및 상수원 공급 시스템의 공식적인 시공이 있었다. 이는 19세기 공학적 위업 중 하나로, 맨해튼의 자랑거리였다.

1851년 런던 엑스포에서 수정궁이 선풍적인 인기를 모으자, 맨해튼은 서둘러 크로튼 저수지 공원에 '맨해튼 수정궁'을 지었다. 맨해튼도 런던 못지않은 현대적인 건축 기술을 보유하고 있음을 세상에 선포하고자 했다. 맨해튼 수정궁은 건축가 조지 카튼센이 맡았다. 십자가 모양으로 평면 교차점에 30미터가 넘는 돔이 씌워졌다. 맨해튼 수정궁 옆에는 타워가 하나 있었는데, 전망대 높이는 95미터였다. 지어질 당시 맨해튼에서 가장 높은 구조물이었다. 전망대 꼭대기에 올라서서 남쪽을 보면, 로어맨해튼 너머 스태튼 섬까지 보였다고 한다. 오늘날은 마천루에 가려 절대로 체험할 수 없는 조망이었다.

왼쪽 상단 사진은 19세기 중반, 뉴욕 공공 도서관이 세워지기 전 브라이언트 공원 지역의 모습이다. 사진에서 A는 5번 애비뉴, B는 크로톤 저수지(오늘날 뉴욕 공공 도서관), C는 당시 저수지 공원(오늘날 브라이언트 공원), D는 브로드웨이다. 우측 상단 사진은 크로톤 저수지를 헐고 도서관 공사에 착수하려는 모습이다. 좌측 하단은 도서관이 완공된 후 공원의 모습이고, 우측 하단은 오늘날의 모습이다. 브라이언트 공원의 매력은 경계를 따라 나무를 두른 점과 기단을 활용하여 도심 소음으로부터 공원을 차단한 점이다. 공원 서측(6번 애비뉴측) 끝에 원형 분수가 있다.

1853년 개장 당시 100만 명이 넘는 인파가 몰렸다. 시인 월트 휘트먼(Walt Whit-man)은 〈박람회의 노래〉에서 이렇게 노래했다.

"… 이집트의 무덤보다 웅장하고, 그리스 로마 신전보다 우아하며, 밀라노의 조각과

첨탑의 대성당보다 자랑스러우며, 라인 강의 고성보다 고풍스러운, 새로운 산업의

대성당을, 새로운 생명을 지속할 실용적 발명들을 우리는 짓고자 했다.

그곳에는 이전보다 높은, 이전 보다 나은, 이전보다 풍요한, 지구가 여태껏 보지 못한,

오늘날의 놀람으로, 역사의 일곱 가지 불가사의를 넘고자 했다. 높음과 솟아 오름이

유리와 철로 모습을 보였고, 그 위로 태양과 하늘은 웃었고, 빛깔과 색깔은 영롱했다.

청동, 라일락, 초록 달걀, 담청(강)과 진홍(하늘) 아래서, 금색 지붕은 부풀었고,

사람들은 자유를 휘날렸다."

크로톤 저수지 공원이 오늘날의 브라이언트 공원이 된 것은 맨해튼의 저명한 노예 해방가 때문이었다. 1884년 맨해튼은 시인이자 변호사인 윌리엄 브라이언트

(William Bryant)를 기리기 위해 공원의 이름을 바꾸었다. 윌리엄 브라이언트의 동상
은 오늘날에도 브라이언트 공원 안에 있다. 1911년 크로튼 저수지 자리에 건축가 토
머스 헤이스팅스의 뉴욕 공공 도서관이 들어섰다. 1912년 브라이언트 공원의 보석
인 로웰 기념 분수(Loewell Memorial Fountain)가 들어섰다.

　　브라이언트 공원이 처음부터 도심 속 청정 공원인 것은 아니었다. 1920년대는
노숙자들의 임시숙소나 공사자재 야적장으로 쓰였고, 이에 대한 반성으로 1930년대
에 보자르 양식 정원으로 새롭게 단장했지만 문제점은 여전했다. 공원의 높이를 보
도보다 1.2미터 높이고, 주변으로 키가 작은 나무를 빽빽이 세운 폐쇄적인 조성으로,
브라이언트 공원은 범죄 소굴의 온상이 되었다.

　　오늘날의 투명성과 열림은 건축가 로리 올린(Laurie Olin)의 손길이다. 그는 우선
철제 담장을 해체하고 관목들을 베었다. 출입구 수는 대폭 확장해 접근성을 높였고,
가시성을 높였다. 결국 맨해튼의 중심 공원으로 되살아났다.

　　오늘날의 브라이언트 공원은 뉴욕 공공 도서관과 짝을 이룬다. 공원이 있어 도
서관이 살고, 도서관이 있어 공원이 산다. 조경으로 건축이 살고, 건축으로 조경이
산다. 맨해튼은 도심 속 가장 중요한 자리에 모두에게 열려 있는 지식의 전당인 도
서관이 있고, 맨해튼은 도심 속 가장 중심이 되는 자리에 누구에게나 개방되어 있는
쉼터인 공원이 있다. 이것이 맨해튼이 시민을 먼저 생각하는 지혜다.

　　브라이언트 공원에는 잔디 카페트가 펼쳐진다. 카페트 가장자리에는 장미가 심
어져 있고, 그 너머에는 30미터가 넘는 나무들이 있다. 바닥에 있는 장미들의 붉음
과 허공에 있는 나뭇가지의 녹음이 가장자리의 경계를 부드럽게 한다. 광장 중앙 끝
에 있는 원형 분수는 분무기가 되어 광장의 촉촉함을 높이고, 여기저기서 무지개가
피었다 진다.

　　브라이언트 공원 중앙은 가장자리에 비해 살며시 부풀어 있다. 빗물의 자연 배
수를 위한 기능성이 공원을 더욱 편안하게 보이게 하는 부드러움이 된다. 검정색 토
양은 잔디의 연두색에 바탕이 되어 주고, 푸른색 하늘은 구름의 하얀색에 배경이 되
어 준다. 색의 대비는 감촉의 대비로 이어진다. 잔디의 생기 어린 결은 토양과 대비
되고, 구름의 흩어지는 경계의 결은 하늘과 대비된다.

　　파크는 주변 마천루와 대비 효과가 있다. 잔디의 부드러움은 돌의 단단함과 대

위쪽 사진은 5번 애비뉴에 면한 크로튼 저수지의 모습이다. 훗날 이 자리에 뉴욕 공공 도서관이 선다. 아래 사진은 1853년 크로튼 저수지 공원에 세워진 맨해튼 수정궁의 모습이다. 왼쪽의 꼬깔콘 형태의 구조물이 건축가 윌리엄 너글이 디자인한 전망대이다. 1856년 화재로 수정궁은 소실됐다.

비를 이루고, 흙의 자연성은 철의 인공성과 대비를 이룬다. 파크는 사계절에 따라 색이 바뀌고, 마천루는 시간에 따라 새로운 기술적 성취를 선보인다.

브라이언트 공원 남동쪽 코너에는 맨해튼 아르데코 마천루 양식을 열었다고 알려진 건축가 레이먼드 후드의 레이에이터 빌딩 마천루가 있고, 북동쪽 코너에는 엠파이어스테이트 빌딩을 디자인한 건축가 윌리엄 쉬리브의 5번 애비뉴 500번지 빌딩 마천루가 있고, 북서쪽 코너에는 최근에 완공한 뱅크 오브 아메리카 본사 마천루가 있다. 이처럼 브라이언트 파크는 마천루로 둘러싸인다.

브라이언트 공원에는 수많은 사람들이 일광욕을 즐기고, 담소를 나누고, 점심을 먹고, 낮잠을 자고, 사랑을 속삭이고, 독서를 한다. 잔디 바닥은 물론 얇고 짙은 초록의 메탈 테이블과 의자에서 즐긴다.

브라이언트 공원은 미드 맨해튼의 역사를 간직하고 있고, 브라이언트 공원은 맨해튼 공공 공원이 역사적으로 어떻게 변증법적 발전을 거듭했는지, 공공성을 가진 건축과 조경이 도심 속에서 치유의 예술로 어떤 기능과 역할을 할 수 있는지를 잘 보여주고 있다.

브라이언트 공원의 평일 오후 모습이다. 브라이언트 공원은 중앙에 잔디광장이 있고, 경계에는 장미와 나무가 심어져 있다. 왼쪽 하단에 멀리 보이는 원형 분수가 로웰 기념 분수이다. ©이중원

브라이언트 공원의 주말 오전 모습이다. 우측에 보이는 높은 건물이 최근에 6번 애비뉴에 지어진 뱅크 오브 아메리카 본사이다. ©이중원

157

뉴욕 공공 도서관

5번 애비뉴와 42번 스트리트는 대표적인 거리이다. 따라서 5번 애비뉴와 42번 스트리트가 만나는 교차점은 매우 중요한 코너인데, 바로 여기에 1911년에 세워진 뉴욕 공공 도서관이 있다. 건축가는 토머스 헤이스팅스였다. 그는 보자르 양식을 추종하는 20세기 초 건축가로 두 블록 크기의 도서관을 5번 애비뉴로부터 훌쩍 후퇴시켜 배치했다. MET와 마찬가지로 웅장한 계단 광장이 5번 애비뉴와 만났다.

계단을 오르면, 도서관의 정문이라 할 수 있는 3개의 기념비적 아치문이 있다. 이곳은 웅장함과 위엄이 느껴지는 도서관의 얼굴이다. 번잡한 5번 애비뉴가 보자르 양식의 도서관으로 품위가 있어진다. 즐비했던 5번 애비뉴 쇼핑 윈도의 상업적 즐거움과 대비를 이루는 고전적 고상함이다.

뉴욕 공공 도서관은 버몬트산 대리석으로 지어졌다. 버몬트산 대리석은 결이 곱고, 밝은 백색을 띠고 있다. 빛의 결에 따라 백색부터 핑크색까지 다양한 색을 띤다. 특히 이른 봄 아침에 동쪽에서 떠오른 태양이 42번 스트리트 마천루 협곡을 지나 대리석 파사드(도서관의 정면)에 떨어질 때, 도서관은 터널 끝에 보이는 출구처럼 밝다 못해 눈이 부신다. 이 순간은 어쩌면 도서관이 사회를 지식으로 밝히고자 하는 본래의 목적에 가장 부합하는 모습이다. 아침 시간, 맨해튼 남북 방향의 애비뉴들은 어둡고, 동서 방향의 스트리트들은 밝다. 방향에 따른 가로의 흑백 대비가 도서관의 대리석 얼굴을 더욱 밝힌다. 이 시간에 아침 태양빛을 받은 도서관의 백색 기운은 42번 스트리트 동쪽에 위치한 크라이슬러 빌딩 앞까지 뻗어 나간다. 마치 그리스 로마 시대의 위대한 건축이 맨해튼에 다시 되살아난 것 같다. 이를 체험한 사람들은 왜 도시에 뉴욕 공공 도서관 같은 기념비적인 건축이 필요한지 공감하게 된다.

뉴욕 공공 도서관 외부의 백미가 백색 얼굴이라면, 내부의 백미는 단연 로즈 리딩룸(Rose Reading Room)이다. 로즈 리딩룸은 높은 천장에 수공예적인 천장, 우아한 대리석과 나무 테이블, 아늑하고 화려한 조명으로 유명하다.

2007년부터 뉴욕 공공 도서관은 노먼 포스터를 고용하여 새로운 변신을 꾀하고 있었다. 2008년 리먼 브라더스 사태로 표류했던 자금 확보가 최근 해결되자 포스터는 기존 도서관의 문제점을 집약했다. 가장 큰 문제점은 건물 규모에 비해 서고는

상단 사진은 5번 애비뉴에서 보이는 뉴욕 공공 도서관의 정면이다. 중간의 왼쪽 사진은 도서관 로비이고, 오른쪽 사진은 브라이언트 공원 상에 보이는 도서관 후면이다. 하단 사진이 바로 내부의 로즈 리딩룸이다. 길이 90미터, 폭 24미터, 높이 15미터의 리딩룸은 미국에서도 기둥이 없는 넓은 공간으로 명성이 자자하다. 원 천장 목공예 솜씨는 제임스 월 핀(James Wall Finn)의 솜씨이다.

넓은 반면, 시민들이 실제 접근 가능한 공간은 턱없이 부족한 점이었다. 그는 시민들이 접근 가능한 공간을 2배 이상 늘리고자 했다. 포스터의 전략은 로즈 리딩룸 아래 있는 거대한 7층 높이의 서고를 브라이언트 공원 아래로 옮기고, 현재 서고를 개가식 열람실로 개조하는 것이었다. 열람실 면적을 높이면서 브라이언트 공원과의 관계성도 증진시킬 수 있는 묘안이었다. 또한 지금처럼 미로 같은 복도와 계단을 지나지 않고, 바로 정문에서 직진해 도서관 중심까지 갈 수 있는 장점도 컸다.

가난한 집안에서 태어난 포스터는 어려서부터 아르바이트를 했다. 우유와 신문을 배달했고, 아이스크림 트럭을 운전했다. 그의 부모님은 노동자 계층으로 포스터가 빨리 고등학교를 마치고 돈을 벌기를 원했다. 그런 환경에 처해 있던 포스터에게 도서관은 한줄기 빛과 같은 존재였다. 그에게 지식은 유일한 기회의 밧줄이었다. 그는 독서를 통해 근대 건축의 거장들을 만났고, 현대 건축의 쟁쟁한 기수들을 만났다. 도서관에서 인생의 기회와 가능성을 찾은 셈이다. 포스터는 자신이 새롭게 디자인한 뉴욕 공공 도서관이 소외받고 있는 시민들에게 동일한 기회와 가능성을 찾아주

왼쪽 상단 사진의 A는 7층 높이의 서고이고, B는 로즈 리딩룸, C는 브라이언트 공원이다. 공공이 접근할 수 있는 영역은 푸른색으로 표시했다. 도서관 전체 규모에서 개축 전에는 30퍼센트만 접근 가능했다. 우측 상단의 사진은 노먼 포스터의 쇄신안이 완료된 후에 공공이 접근할 수 있는 영역을 표시한 것이다. 도서관 전체에서 개축 후에는 66퍼센트의 영역이 접근 가능하다. 노먼 포스터의 디자인 수리 방향은 로즈 리딩룸은 원 상태로 두고, 그 아래 있는 7층 높이의 서고를 접근 가능한 개가식 열람실로 열어주는 것이었다. 좌측 하단 사진은 기존 서고를 브라이언트 공원 아래의 서고로 이동하는 전략이고, 우측 하단 사진은 5번 애비뉴 길 건너편에 있는 미드 맨해튼 도서관의 서고를 본동으로 이동하는 전략이다.(Image Courtesy: Foster and Partners)

42nd Street / 42번 스트리트

길 원했다.

　포스터의 생각이 언론에 발표되자 찬반이 엇갈렸다. 《더 네이션》의 건축 논객, 스콧 셔먼(Scott Sherman)은 사람을 중심에 두는 생각보다 서고에 있는 책장의 나이와 관록이 중요했다. 그는 "그렇게 더 많은 사람들의 접근성을 높이고 싶으면, 빈 땅을 찾아서 새로 짓지, 왜 오래된 도서관의 서고를 헐어야 하는지 이해가 되지 않는다. 포스터는 도서관의 민주성을 강조하지만, 이 경우는 책장에 칼집을 내지 않는 것이 더 민주적인 해법이라고 생각한다"라고 주장했다. 학자들도 반대 서명에 가담했다. 이들은 도서관에 지금보다 더 많은 사람들이 오면, 도서관의 또 다른 기능인 학술적 리서치 환경이 나빠진다고 주장했다. 이들의 주장은 호소력이 떨어져 정치적인 힘을 얻지는 못했다.

　도서관장 앤소니 막스는 반대 여론과 싸웠다. 그는 뉴욕 공공 도서관은 매해 세금을 지원받을 수 없고, 그렇다고 넉넉한 기부금이 있는 형편도 아니기 때문에 천문학적 유지 비용을 절감하기 위해서는 여러 동에 퍼져 있는 도서관을 일원화하여 시설 유지 비용과 인건비를 절약해야 한다고 주장했다. 막스의 포스터에 대한 신임은 대단했다. 포스터가 이미 런던 내셔널 갤러리와 베를린 국회의사당에서 보여준 성공적인 리모델링은 경제 논리를 뛰어넘는 완벽한 디자인 논리였다. 문화재를 사랑하는 마음도 이해는 가지만, 이들이 간과한 사실이 있다. 포스터는 헤이스팅스보다 더 큰 건축가란 사실이다.

　막스는 "우리 도서관은 초등학교만 졸업한 사람부터 노벨상을 수상한 석학에 이르기까지 모두에게 열려 있어야 합니다."라고 말했고, 결국 시민들은 그에게 손을 들어줬다. 멀지 않은 미래에 우리는 막스 관장과 포스터의 비전이 세울 새로운 공공 도서관을 만나게 될 것이다. 포스터의 새로운 도서관은 헤이스팅스 원작의 의도를 해치지 않으면서, 더 많은 시민을 품고, 더 적극적으로 공원과 하나가 될 것이다. 오래되었다고 무조건 좋은 것만은 아니다. 때로 포스터의 방식처럼 더 나은 과거가 될 수 있게 현재의 적극적인 개입이 필요하다.

　포스터의 뉴욕 공공 도서관은 엄밀히 말하자면, 리모델링 프로젝트이다. 그렇다고 신축 건물을 기존의 건축물에 덧대는 형식도 아니다. 포스터의 리모델링은 기존 외장은 건드리지 않은 채 내부 공간 조직의 변화로 새로움을 꾀하는 전략이다.

포스터는 뉴욕 공공 도서관의 동쪽 파사드가 5번 애비뉴와 42번 스트리트에 부여하는 권위와 장엄함을 알고 있었다. 또한 헤이스팅스의 로즈 리딩룸이 뉴욕 시민들에게 부여하는 자긍심과 기쁨도 알고 있었다.

다만 포스터는 현재의 뉴욕 공공 도서관이 외관에 버금가는 내부의 웅장함이 없음을 문제 삼았고, 특히 브라이언트 공원과의 적극적인 소통 부족을 문제라고 보았다. 포스터는 이번 도서관 리모델링으로 다시 한 번 그 안에 있는 꿈과 희망을 드러낼 것이다.

그것은 건축적 가능성과 사회적 포괄성을 보여주는 것으로, 헤이스팅스가 미처 마무리하지 못한 과업을 포스터가 매듭짓게 될 것이다. 헤이스팅스는 20세기 초 이상적인 도서관을 뉴욕 시민들에게 선사했고, 포스터는 21세기 초 현실적인 도서관을 뉴욕 시민들에게 선사할 것이다.

왼쪽 상단은 포스터가 새롭게 제안하는 개가식 열람실 부분이다. 오른쪽 상단 사진은 개가 열람실 3D 투시도이고, 왼쪽 하단 사진은 원형을 그대로 유지할 로즈 리딩룸이다. 오른쪽 하단 사진은 공공 도서관의 서측 벽면을 없애고 만든 모형으로, 브라이언트 공원과 소통하고 있는 개가 열람실의 모습이다.(Image Courtesy: Foster and Partners)

뉴욕 공공도서관 로비의 현재(2014) 모습.
포스터의 리모델링이 완공된 후에는 사진
우측으로 개가식 열람실과 브라이언트
파크의 모습이 로비에서 바로 연결된다.
현재는 서고 때문에 로즈 리딩룸까지 가기
위해서는 긴 계단을 지나야 한다.
ⓒ이중원

Midtown Manhattan

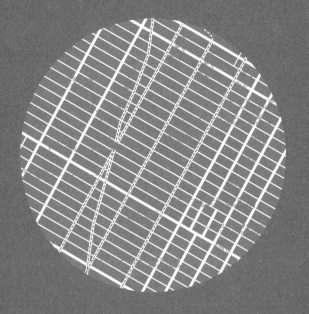

4

6번 애비뉴

100m 200m

센트럴파크
Central Park

7번 애비뉴
7th Ave.

6번 애비뉴
6th Ave.

5번 애비뉴
5th Ave.

브로드웨이 Broadway

타임스 스퀘어
Times Square

뉴욕 현대 미술관 (MO
Museum of Modern A

라디오 시티홀 빌딩
Radio City Music Hall

XYZ 빌딩
XYZ Building

록펠러 센터
Rockfeller Center

53th St

51th St

타임스 빌딩
Times Building

48th St

뱅크 오브 아메리카 빌딩
Bank of America Building

펜 스테이션
Penn Station

브라이언트 공원
Bryant Park

그랜드 센트럴 스테이션
Grand Central Station

메이시즈 백화점
Macy's Department Store

42th St

헤럴드 스퀘어
Herald Square

6번 애비뉴 들어가기

7번 애비뉴와 브로드웨이가 교차하면서 X자형 광장인 타임스 스퀘어를 만들듯이, 6번 애비뉴는 브로드웨이와 교차하며 헤럴드 스퀘어를 만든다. 타임스 스퀘어에서 동쪽으로 뻗어나가면 그랜드 스테이션과 만나듯이 헤럴드 스퀘어에서 서쪽으로 뻗어나가면 기차역인 펜스테이션과 만난다. 맨해튼의 42번 스트리트는 그랜드 스테이션 역세권 거리로 유명하고, 32번 스트리트는 펜스테이션 역세권 거리로 유명하다.

헤럴드 스퀘어 광장 북쪽 끝에는 건축가 스탠포드 화이트가 디자인한《뉴욕 헤럴드》본사 건물이 있었다. 헤럴드 광장의 이름은 여기서 나왔지만, 이 건물은 오늘날에는 철거되고 없고 그 대신 헤럴드 스퀘어의 랜드마크인 메이시즈 백화점이 있다.

6번 애비뉴에는 브라이언트 공원이 있다. 공원 동쪽 끝에는 뉴욕 공공 도서관이 5번 애비뉴와 마주한다. 브라이언트 공원은 6번 애비뉴에 속하면서 동시에 5번 애비뉴에도 속한다.

모마도 5번 애비뉴와 6번 애비뉴 사이에 있다. 엄밀히 말하면, 5번 애비뉴나 6번 애비뉴 그 어디에도 속하지 않는다. 양 가장자리에 다른 건물들이 따로 있어서이다. 하지만, 모마의 문화적 영향력은 이 건물들이 막을 수 있는 성격이 아니기 때문에 모마는 5번 애비뉴에도 속하고, 6번 애비뉴에도 속한다고 볼 수 있다.

브라이언트 공원과 록펠러 센터, 타임스 스퀘어는 미드 맨해튼의 삼각형을 구성하며 미드 맨해튼의 활력을 이끈다. 미드 맨해튼의 에너지는 이 위대한 삼각형을 중심으로 일어선다. 또한 6번 애비뉴는 5번 애비뉴와 7번 애비뉴를 이어준다.

6번 애비뉴는 맨해튼 최고 명물인 록펠러 센터와 타임스 스퀘어의 연결고리이다. 먼저 록펠러 센터를 보고 그 에너지에 놀란 다음에 타임스 스퀘어로 가는 관광객이나, 반대로 우선 타임스 스퀘어에서 놀라고 록펠로 센터로 가는 관광객이나 누구든지 6번 애비뉴를 지나면서 한 번 더 놀랄 수밖에 없다. 바로 초고층 마천루들이 만드는 마천루 협곡의 강렬한 인상 때문이다.

맨해튼의 길들을 가리켜 '마천루의 협곡' 또는 '인공의 협곡'이라고 부르게 된 결정적인 계기는 6번 애비뉴이다. 세상에서 가장 높은 마천루는 다른 도시에 있는지 몰라도, 50층이 넘는 마천루들이 도열하여 인공의 협곡을 만드는 곳은 오직 맨해튼

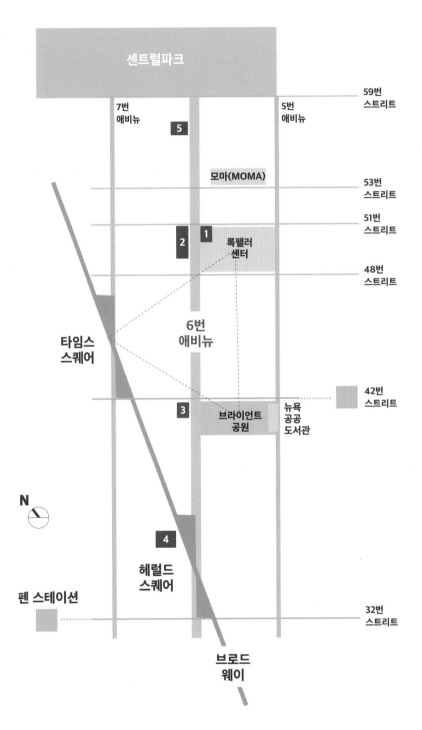

6번 애비뉴를 간략하게 나타낸 지도이다. 지도에서 1번은 라디오 시티홀, 2번은 XYZ 마천루, 3번은 뱅크 오브 아메리카 본사 마천루, 4번은 메이시즈 백화점, 5번은 벌링턴 하우스 빌딩이다. 6번 애비뉴와 브로드웨이와 교차하면서 헤럴드 스퀘어를 만든다. ⓒ이중원

뿐이다. 6번 애비뉴에는 타임라이프 빌딩과 XYZ 마천루 3동이 있다. 록펠러 센터의 일부인 이들은 6번 애비뉴를 마천루 협곡으로 만들었다.

마천루들이 만들어 내는 인공의 좁은 골짜기 사이에 푸르게 걸려 있는 하늘은 수직 조망의 종결점으로는 부족함이 없다. 땅에서는 마천루의 옥외 플라자와 분수들이 물의 거리를 만들었다. 물소리가 사람들의 걸음을 쉬게 한다. 6번 애비뉴는 하늘을 천장 삼고, 마천루를 벽체 삼고, 분수들을 바닥 삼고 있는 초고층 도시의 방이자 정원이다.

6번 애비뉴의 또 다른 이름은 '애비뉴 오브 아메리카(Avenue of Americas)'이다. 이는 1945년 수완 좋은 뉴욕 시장 피

6번 애비뉴를 조망하는 사진이다. 전면에 분수가 보이는 건물이 타임라이프 빌딩으로 록펠러 센터의 일부이다. 그 다음 3개의 건물이 XYZ 건물들로 역시 록펠러 센터의 일부다. 6번 애비뉴는 이 네 개의 빌딩으로 마천루의 협곡이라 불린다.(Image Courtesy: Ezra Stoller)

오렐로 라과디아(Fiorello La Guardia)가 '범 아메리카 이상과 원칙(Pan American Ideal&Principle)'을 전 세계에 알리기 위해 지은 이름이었다. 이름에 걸맞게 6번 애비뉴는 놀랍게 발전했다.

라과디아 시장이 뽑혔을 당시 6번 애비뉴는 고가 철로로 낙후한 애비뉴였다. 시장은 철로를 철거하고, 세계 각국 대사관들을 이곳으로 모아 재활을 꿈꿨다. 6번 애비뉴의 실질적인 부흥은 1960년에 고가 철로가 완전히 철거되고, 록펠러의 XYZ 마천루가 들어서면서 시작되었다. 새로운 이름은 새 목적의식을 심었고, 그 결과 인류가 여지껏 보지 못한 초고층 길의 도시가 맨해튼에 탄생했다.

헤럴드 스퀘어

브로드웨이는 6번 애비뉴와 사선으로 교차하면서 헤럴드 스퀘어를 만든다.《뉴욕 헤럴드》본사 건물은 스퀘어의 북쪽에 위치했고, 남쪽에는 경쟁사인《뉴욕 트리뷴》이 있었다.

《뉴욕 헤럴드》본사에서 브로드웨이를 따라 올라가면, 오늘날《뉴욕타임스》의 전신인 타임스(Times) 건물이 있다. 트리뷴-헤럴드-타임스는 이 지역을 언론의 길로 만들었다. 19세기 로어맨해튼 시청 앞에 있었던 주요 신문사들이(뉴스페이퍼 로우) 20세기 초에는 둥지를 미드 맨해튼으로 옮겼다.

《뉴욕 트리뷴》발행인 호러스 그릴리(Horace Greeley)의 이름을 따서 X자형 광장의 남쪽 광장은 '그릴리 스퀘어', 북쪽 광장은 '헤럴드 스퀘어'라 불렀다. 이곳 사람들은 편의상 두 광장을 모두 헤럴드 스퀘어라 부른다.

타임스 스퀘어가 극장 광장이었던 데 반해, 헤럴드 스퀘어는 쇼핑 광장으로 이름을 날렸다. 헤럴드 스퀘어가 쇼핑 광장이 된 데에는 메이시즈 백화점 건립이 큰 영향을 끼쳤다. 메이시즈는 세계에서 가장 큰 백화점이었다.

당시 메이시즈는 맨해튼 백화점 업계의 선두 자리를 치열한 경쟁을 통해 얻어 냈다. 당시 헤럴드 스퀘어에는 메이시즈의 경쟁사였던 김벨스(Gimbel's)가 있었다. 김벨스는 1984년까지 헤럴드 스퀘어에 있다가 사라졌지만, 메이시즈는 여전히 여기에 남아 있다. 메이시즈 백화점의 건립 배경 이야기는 이곳 쇼핑의 길을 이야기의 길로 만들어, 헤럴드 스퀘어를 보다 의미있게 한다.

《뉴욕 헤럴드》의 창립자는 제임스 베넷(James Gordon Bennett)이다. 오늘날《뉴욕 헤럴드》본사는 철거되었지만 시계 동상은 남아 과거를 떠올리게 한다. 남측 그릴리 스퀘어에는 창립자 그릴리의 동상이 남아 있다. 헤럴드 스퀘어는 한국인들에게 특히 친숙하다. 바로 이곳에 코리아타운이 있어 여행에 지친 우리를 한국 음식으로 반긴다.

약 100년 전 헤럴드 스퀘어의 모습이다. 6번 애비뉴의 고가 철로인 엘(티)이 보이고, 그 아래에 브로드웨이의 전차가 보인다. 붉게 칠한 세 개의 건물 중 가장 우측 건물이 《뉴욕 헤럴드》 본사 건물이고, 멀리 보이는 건물이 타임스 건물이고, 좌측 건물이 메이시즈 백화점이다.

여인들의 마일

남북 전쟁 이후, 맨해튼의 경기는 엄청난 호황에 들어갔다. 북의 승리로 맨해튼은 엄청난 새로운 구매 계층을 창출했다. 1878년 6번 애비뉴에 고가 철로가 들어섰고, 이 지역은 쇼핑 1번지가 되었다.

19세기 중반부터 맨해튼의 백화점은 대형화하면서 여심을 사로잡았다. 궁전에 버금가는 대리석과 큼직큼직한 주철 창문은 유리 크기를 크게 만들 수 있도록 하면서 화려한 '쇼윈도의 거리'를 만들었다. 큰 상인들은 너나 할 것 없이 6번 애비뉴에 백화점을 세우기 시작했다. 6번 애비뉴를 따라 백화점을 얼마나 많이 세웠는지 사람들은 이 길을 '여인들의 마일'이라 불렀다. 여인들의 마일은 유니언 스퀘어가 있는 14번 스트리트에서 매디슨 스퀘어가 있는 23번 스트리트까지 약 1마일이었다.

옆쪽 가운데 사진 오른쪽 부분에 살짝 보이는 아치문 건축물이 바로 그 유명한 시글-쿠퍼스(Siegel-Cooper's) 백화점이었다. 시글-쿠퍼스는 1887년 시카고에서 시작하여 백화점 재벌이 된 후, 맨해튼에 새 둥지를 틀고자 했다. 백화점 오너인 헨리 시글 사장은 1893년 시카고 엑스포에서 건축의 위용과 웅장함에 큰 감명을 받았다. 열렬한 건축 옹호론자가 된 시글 사장은 자신의 백화점을 엑스포에서 본 웅장한 보자르 양식 건물처럼 짓고자 했다. 시글-쿠퍼스 백화점을 시작으로 여인의 마일은 격식이 있는 길이 됐다. 시글은 자신의 꿈을 펼칠 장소로 시카고 대신 맨해튼을 택했고, 6번 애비뉴와 18번 스트리트가 교차하는 지점에 자신의 야망을 펼쳤다.

시글-쿠퍼스 백화점의 캐치프레이즈는 '해 아래 모든 것을, 한 지붕 아래'였다. 백화점은 6번 애비뉴 한 블록을 꽉 채울 만큼 으리으리했다. 7만 제곱미터의 땅 위에 세워진 대리석 백화점은 규모와 품격으로 업계를 장악했다. 1896년 백화점 개관일에 무려 15만 명이 방문했다.

시글-쿠퍼스가 여인들의 마일에서 권좌에 오르기 전에는 메이시즈가 왕이었다. 자존심에 금이 간 메이시즈는 서둘러 기존 건물을 리모델링하여 매장 입구와 쇼윈도를 대폭 늘렸다. 20세기를 맞이하며 메이시즈의 주인 로랜드는 이시도르 스트라우스(Isidor Straus)에게 메이시즈를 넘겼다. 독일인이었던 스트라우스가 메이시즈를 거머쥔 일은 헤드라인 뉴스를 장식했다.

6번 애비뉴 상의 여인들의 마일은 지속적으로 변해 왔다. 처음에는 전차가 다녔고(1870년대, 상부 사진), 그 다음에는 고가 철로가 설치되었다. (1903년, 가운데 사진), 가운데 사진과 하부 사진(오늘날 모습)에 보이는 아치문이 있는 건물이 시글-쿠 퍼스 백화점이다.

시카고 회사인 시글-쿠퍼스에게 맨해튼 왕좌를 빼앗긴 메이시즈는 명성을 탈환하고자 했다. 메이시즈는 오늘날의 헤럴드 스퀘어 일대 땅을 야금야금 사들였다. 메이시즈의 반격을 눈치챈 시글-쿠퍼스는 메이시즈가 사고자 하는 거대한 땅의 가장 중요한 모퉁이 땅을 시가보다 몇 배나 비싸게 주고 사들여 일명 '알박기 작전'에 들어갔다.

시글-쿠퍼스는 모퉁이 필지를 볼모로 하여 메이시즈의 개발을 저지하려고 했다. 6번 애비뉴에서 어렵게 얻은 왕관을 6년만에 다시 넘겨줄 수는 없었기 때문이다. 그러나 메이시즈도 만만치 않았다.

메이시즈는 시글-쿠퍼스의 모퉁이 필지만 남겨 두고 세상에서 가장 크고 웅장한 백화점을 지었다. 9층 높이의 거대한 백화점은 1901년 개관한 시점부터 2009년까지 세계에서 가장 큰 백화점이라는 타이틀을 유지했다. 시글-쿠퍼스는 짓궂게 9층 메이시즈 옆에 5층 높이의 난쟁이 건물을 지었다.

메이시즈 측은 시글로부터 사들인 5층짜리 건물 외장을 백화점 봉투로 처리했다. 메이시즈 입장에서 보면, 시글-쿠퍼스 기업은 봉투에 들어갈 일개 상품에 지나지 않는다는 상징이었다. 시글 쿠퍼스의 짓궂은 장난에 대한 메이시즈 측의 심술궂은 응수였다.

결국 진정한 승리는 메이시즈가 거머쥐었다. 메이시즈의 스트라우스는 여인들의 마일이 점차 쇠락의 길로 갈 것이라는 점을 간파했지만 시글-쿠퍼스는 큰 흐름을 읽지 못했다. 20세기가 되면서 돈의 흐름은 북으로 올라갔다. 점점 자금난을 겪던 시글-쿠퍼스는 1911년 메이시즈에게 코너 필지를 백만 달러에 넘기고, 1914년 제이피 모건에게 경영권을 넘겼으나 결국 1915년에 도산했다.

메이시즈의 건립 이야기는 헤럴드 스퀘어 일대의 쇼핑의 길을 이야기의 길로 만든다. 그 결과, 길의 도시인 맨해튼은 동시에 이야기의 도시가 된다.

왼쪽 상단 사진은 6번 애비뉴 14번 스트리트에 지어진 메이시즈 1호점이다. 그 아래 사진은 6번 애비뉴 18번 스트리트에 들어온 시글-쿠퍼스 백화점이다. 우측 상단 사진은 오늘날의 모습이다. 아래 사진은 6번 애비뉴 34번 스트리트에 세워진 메이시즈 백화점이다. 메이시즈는 아직까지 이곳에 있다. 코너에 헨리 시글이 세운 5층 건물이 보인다. 컬러로 된 작은 사진은 메이시즈가 1911년 시글을 인수한 후에 백화점 봉투로 꾸며 홍보에 활용한 모습이다.

Midtown Manhattan

Park Avenue

4-4

4

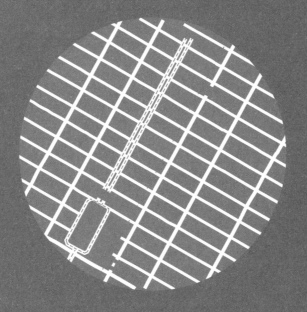

파크 애비뉴

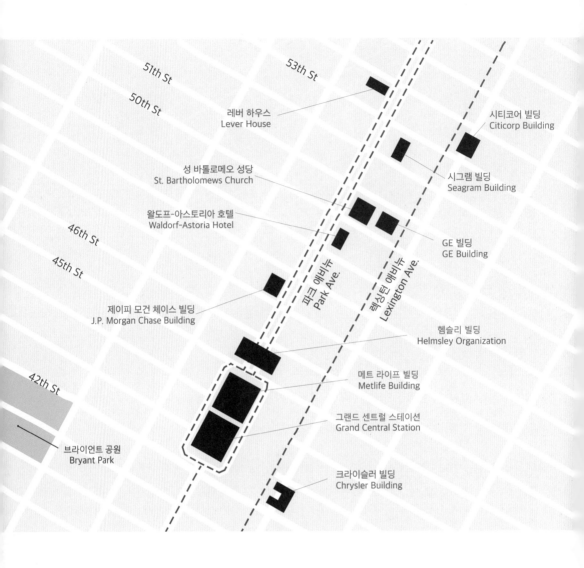

51th St

50th St

53th St

레버 하우스
Lever House

시티코어 빌딩
Citicorp Building

성 바톨로메오 성당
St. Bartholomews Church

시그램 빌딩
Seagram Building

왈도프-아스토리아 호텔
Waldorf-Astoria Hotel

GE 빌딩
GE Building

46th St

45th St

파크 애비뉴
Park Ave.

렉싱턴 애비뉴
Lexington Ave.

제이피 모건 체이스 빌딩
J.P. Morgan Chase Building

헴슬리 빌딩
Helmsley Organization

42th St

메트 라이프 빌딩
Metlife Building

그랜드 센트럴 스테이션
Grand Central Station

브라이언트 공원
Bryant Park

크라이슬러 빌딩
Chrysler Building

파크 애비뉴 들어가기

미드 맨해튼의 월스트리트라 부를 수 있는 곳이 바로 파크 애비뉴이다. 월스트리트가 20세기 초 맨해튼 마천루 시장을 견인했다면, 파크 애비뉴는 20세기 중반 맨해튼 마천루 시장을 견인했다.

20세기 초 철도 재벌 밴더빌트는 파크 애비뉴 철길 지하화와 기관차 전기화로 철도 현대화를 주장했다. 그는 42번 스트리트에 그랜드 센트럴 스테이션을 세웠다. 밴더빌트는 새 사옥인 헴슬리 빌딩도 지었다. 헴슬리 빌딩은 '금융의 길' 파크 애비뉴의 시작점이 됐다.

지상에 있던 철로가 지하 철로가 되자, 파크 애비뉴는 중간에 넉넉한 조경 공간을 갖게 됐다. 맨해튼의 큰손들은 이때부터 파크 애비뉴에 관심을 가졌다. 파크 애비뉴는 새로운 금융 거리로 떴고, 이곳에 유명한 금융그룹 마천루 본사가 본격적으로 지어졌다.

그랜드 센트럴 스테이션과 헴슬리 빌딩 사이에 메트 라이프 빌딩이 있다. 파크 애비뉴는 메트 라이프 빌딩을 기준으로 북고-남저의 스카이라인을 보인다. 북쪽에는 초고층 마천루가 지어졌고, 남쪽에는 주로 20층 미만의 아기자기한 주상복합 건물이 지어졌다.

금융가인 파크 애비뉴에는 쟁쟁한 건축물이 많이 있다. 제이피 모건 본사 빌딩, 왈도프-아스토리아 호텔, 시그램 빌딩, 레버 하우스가 있다. 특히, 레버 하우스와 시그램 빌딩은 맨해튼 모더니즘 마천루를 대표한다.

맨해튼은 2차 세계대전의 승전으로 1950~60년대 빌딩 붐 시대를 열었다. 레버 하우스와 시그램 빌딩은 세계 마천루사에서 하나의 획을 긋는 엄청난 사건이었다. 맨해튼 건축가들은 대기업과 손잡고 미국의 자신감을 유리 마천루로 표현했다. 20세기 초 돌 마천루들은 전후에 유리 마천루로 변화했고, 맨해튼 건축가들은 유리 마천루를 '인터내셔널 스타일 마천루'라고 불렀다.

시그램 빌딩은 조닝법도 바꾸었다. 1916년 에쿼터블 빌딩이 규제형 조닝법이었다면, 시그램 빌딩은 인센티브형 조닝법 개정이었다. 시그램이 공공을 위해 많은 공개공지를 내놓자, 뉴욕시도 법을 유연하게 해석하여 건물에 인센티브를 주었다.

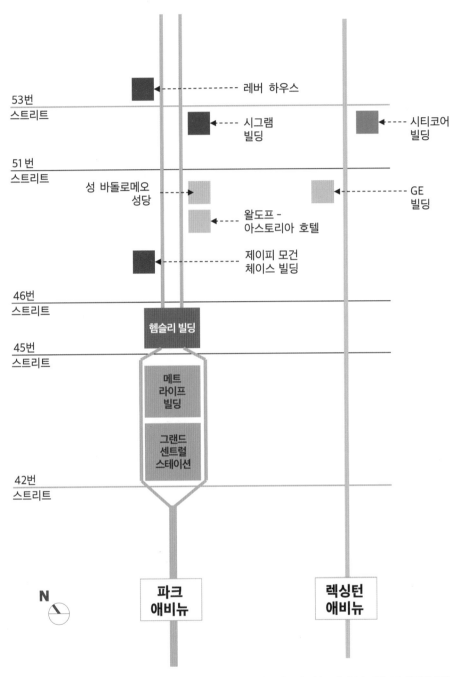

53번
스트리트

레버 하우스

시그램
빌딩

시티코어
빌딩

51번
스트리트

성 바돌로메오
성당

왈도프 -
아스토리아 호텔

GE
빌딩

제이피 모건
체이스 빌딩

46번
스트리트

헴슬리 빌딩

45번
스트리트

메트
라이프
빌딩

그랜드
센트럴
스테이션

42번
스트리트

N

파크
애비뉴

렉싱턴
애비뉴

파크 애비뉴는 맨해튼의 5번 애비뉴 다음으로 유명하다. 파크 애비뉴에 그랜드 센트럴 스테이션이 세워지고, 헴슬리 빌딩
이 세워지면서 42번 스트리트와 함께 파크 애비뉴는 급부상했다. 헴슬리 빌딩을 시작으로 파크 애비뉴의 금융가가 시작
된다. 파크 애비뉴 상에는 건축가 고든 분샤프트가 설계한 제이피 모건 체이스 빌딩과 레버 하우스가 있고, 근대 건축의 거
장인 미스가 설계한 시그램 빌딩이 있다. 파크 애비뉴의 또 다른 명물은 왈도프-아스토리아 호텔이다. 한때 뉴욕 부동산의
90퍼센트를 소유했던 애스터 가문의 호텔이다. 산업혁명 후 도금시대를 맞으며 새롭게 부상한 신흥 재벌이 나오기 전까
지 애스터 가문은 맨해튼의 가장 큰손이었다. ⓒ이중원

천편일률적이었던 '웨딩 케이크' 모양의 맨해튼 마천루들이 시그램 빌딩 이후 꺾이지 않고 똑바로 설 수 있는 길이 열렸다.

제2차 세계대전 승전으로 자신감을 얻은 미국은 UN 본부, 레버 하우스, 그리고 시그램 빌딩을 통해 미국식 마천루를 전 세계에 보급하기 시작했다. 그 원조 격이 건축가 골든 분샤프트가 설계한 레버 하우스이고, 근대 건축의 거장 미스 반 데 로에가 설계한 시그램 빌딩이다.

두 유리 박스 마천루는 파크 애비뉴와 53번 스트리트 교차점에 대각선으로 마주한다. 또한 동쪽으로는 포스트모던 마천루의 대표 격인 시티코어 마천루가 보이고, 남쪽으로는 고전주의 마천루의 대표 격인 헴슬리 빌딩이 보인다. 파크 애비뉴는 가히 마천루 박물관이라 해도 손색이 없다.

퍼싱 고가교

맨해튼에는 두 개의 큰 기차역이 있다. 하나는 펜 스테이션이고, 다른 하나는 그랜드 센트럴 스테이션이다. 펜 스테이션 기차들이 동서 방향 지역을 담당한다면, 그랜드 센트럴 스테이션 기차들은 남북 방향 지역을 담당한다.

20세기 초 그랜드 센트럴 스테이션이 들어서자 42번 스트리트가 급부상했다. 이는 펜 스테이션의 건립으로 34번 스트리트가 급부상한 것과 비슷했다. 마찬가지로 파크 애비뉴도 급부상했다. 파크 애비뉴와 42번 스트리트는 역세권이 됐다.

20세기 초 런던, 베를린, 파리는 각각 장엄한 기차역을 지었다. 이에 자극받아 맨해튼은 대대적인 기차역 현대화 작업에 착수했다. 공항이 없던 시절이었기에 기차역은 도시의 첫 이미지를 결정하는 관문이자 얼굴이었다.

맨해튼 서측에는 맥킴 미드 화이트 건축사무소가 설계한 펜 스테이션이 로마 황제 목욕탕과 같이 웅장하게 들어섰고, 맨해튼 동측에는 워렌 앤드 웨트무어(Warren & Wetmore) 건축사무소가 설계한 장엄한 그랜드 센트럴 스테이션이 일어섰다. 고전주의 양식으로 지어진 펜 스테이션과 그랜드 센트럴 스테이션은 맨해튼의 위용이자 자랑이었다.

그랜드 센트럴 스테이션은 파크 애비뉴 중앙에 앉혀졌다. 지하의 철로 상황을 반영한 입지 조건이었다. 그로 인해 남쪽에서 올라오는 파크 애비뉴는 역 앞에서 입체 차로 시스템이 되어야 했다.

차로는 기차역 남쪽 전면에서 올라와 헴슬리 빌딩 북쪽 전면으로 내려가야 했다. 땅 밑에서는 복잡한 철로 상황이 벌어졌고, 땅 위에서는 입체 도로 시스템이 펼쳐졌다. 뉴요커들은 입체 도로 시스템에 특별한 이름을 붙였는데, 그 이름이 바로 퍼싱 고가교였다.

퍼싱 고가교는 위대한 20세기 엔지니어링의 위업을 반영하는 산물이었지만, 건축적인 입장에서 보면 고가도로 밑으로 웅장한 역의 정문을 어둡게 들어가야 하는 웃지 못할 상황을 만들었다. 그랜드 센트럴 스테이션의 경계를 고가도로 하부 상황으로 만들어 웅장한 역사 건축을 고립된 섬으로 만들었다. 최근 맨해튼은 퍼싱 고가교를 새롭게 바라보고자 하는 논의를 진행 중이다.

증기 기관차가 늘어나면서 지상에서 전부 감당하기에는 환경적으로 부담이 컸다. 과도한 연기와 증기 발생으로 1902년 2월 두 기관차가 충돌하는 대형 사고가 난 후 철도를 개선하자는 법안이 통과됐다. 이렇게 해서 설립된 것이 사진에 보이는 그랜드 센트럴 스테이션이었다. 파크 애비뉴는 역 전방에서 점증적으로 고가도로화하여 역 건물 주변을 돌았고, 헴슬리 빌딩(그림에서 주황색 네모에 위치하게 될 마천루)에서 고가도로를 내려왔다.

그랜드 센트럴 스테이션

100년 전에는 마차 시대를 막 지나온 세대였기 때문에 기차는 시대를 대표하는 기술이었고, 기차역은 자랑스런 철도 기술의 상징이자 맨해튼의 대문이었다.

기차는 지치지 않고 가장 멀리 가장 빨리 달릴 수 있는 철마였다. 지치지 않는 말을 탄다는 것은 당시로는 획기적인 사건이었다. 기차는 오늘날에 비행기를 타는 것만큼 설렘을 주는 일이었고, 기차역은 오늘날 공항만큼 기대감을 주는 장소였다.

철도 재벌 밴더빌트는 이미 1871년부터 턱없이 작은 기존 기차역을 허물고자 했다. 1877년 그가 사망하자, 아들 윌리엄 밴더빌트는 아버지의 사업을 물려받았지만 그 후에도 기존 기차역은 10년간 어렵게 운영되며 유지됐다.

1898년에 3층을 증축해서 6층이 됐고 대합실을 넓혔다. 하지만, 이런 증축으로도 늘어나는 철도 이용객을 모두 수용하기에는 부족했다. 역 앞의 극심한 교통 혼잡은 역 안의 협소함보다 심각한 문제였다. 1902년 1월 8일 증기 기관차들이 뿜어내는 연기와 증기로 두 기관차가 충돌했고, 수많은 인명 피해로 철도와 기차역 현대화 사업은 더 이상 미룰 수 없는 정치적인 이슈가 되었다.

기차역에 대한 인식도 크게 변했다. 1890년을 기점으로 미국 기차역들은 기존 창고 건축에서 벗어나 당당한 위용을 지닌 궁전 같은 고전 건축 양식으로 지어졌다. 1893년 시카고 엑스포가 대중적인 인기몰이를 하면서 모든 대도시 공공 건축물은 궁전 같은 고전주의 양식으로 돌아섰다. 박물관, 도서관, 기차역과 같은 공공 건축은 시대의 화두였다.

밴더빌트는 거대한 도시계획에서부터 복잡한 철로 및 보차분리 계획에 이르기까지 섬세한 역세권 개발 청사진을 제시했다. 증기 기관차에서 전기 기관차로의 치환은 1902~1913년에 일어났다. 기차역 건축가로는 워렌 앤드 웨트무어 건축사무소를 위촉했다.

워렌과 웨트무어는 놀랄 만한 보자르식 기차역을 디자인했다. 그랜드 센트럴 스테이션은 세계적인 기차역이자 맨해튼에서는 가장 볼만한 명소 중에 하나다.

20세기 초에 지어진 박물관이나 도서관이 대부분 보자르식으로 지어졌지만, 그랜드 센트럴 스테이션에는 박물관이나 도서관에서 느낄 수 없는 속도와 운동이 있

입체 도로 시스템으로 인해 그랜드 센트럴 스테이션의 경계는 보행하기 썩 좋은 환경은 아니다. 입구 또한 도로 아래로 진입해야 하므로 내부의 웅장함에 비해서는 궁색한 대문이 됐다. 접근성 문제점만 제외한다면, 그랜드 센트럴 내부는 맨해튼에서 최고 수준이다.

다. 맨해튼의 MET나 뉴욕 공공 도서관은 건축적으로 손꼽히지만, 그랜드 센트럴 스테이션은 이 둘보다 훨씬 도시적이다. 출근과 퇴근 시간 외에도 이곳의 정체성은 꽉 찬 흐름이다.

1999년 나는 처음으로 그랜드 센트럴 중앙 홀을 봤다. 유럽의 저명한 기차역을 방문해 본 적이 있는 나는 설마설마하며 안으로 들어갔다. 정문의 협소함과 답답함(퍼싱 고가교 아래로 진입해야 하므로)은 내 기대감을 낮추는 데 한몫했다.

나는 중앙 홀에서 그만 무릎이 풀렸다. 착시였는지 아니면 워낙 낮은 기대감의 반전이었는지, 광활하게 펼쳐지는 천장은 기둥 없이 끝 모르게 뻗어 나갔다. 그 광활함에 내 동공은 크게 열렸다. 바다나 하늘에서 느껴지는 수평적 무한성을 인간이 만든 건물 지붕이 보여줄 수 있다는 사실이 놀라웠다.

천장은 덮개라고 부르기에는 너무도 넓게 기둥 없이 뻗었다. 천장 안쪽으로 이 놀라운 너비의 아치 천장을 잡고 있는 지붕틀의 구조성도 혁신적이지만, 지붕틀 구

TO VANDERBILT AVENUE
THE CAMPBELL APARTMENT

23미터 높이의 아치 창들은 그랜드 센트럴 스테이션 중앙 홀을 시적으로 밝히는 창들이다. 길이 140미터, 너비 40미터, 높이 45미터의 중앙 홀은 중세 시대 고딕 성당보다 높고 넓다. 40미터의 스팬이 기둥 없이 뻗어 나간 사실은 놀랍다. 이음새 없는 마감이 가능했던 이유는 라파엘 구아스타비노 덕분이었다. 그는 테라코타 타일에 모르타르를 발라 지붕틀 아래 붙이는 공법을 발견했다. 맨해튼 보자르 양식의 공공 건축에는 대부분 그의 아치 타일 시스템 공법을 썼다. 궁륭 모양의 천장에는 뉴욕의 겨울 하늘을 상징하는 청록색 바탕에 별이 빛나는 밤하늘을 그려 놓았다. 천장 안에 새겨진 부드러운 조각은 보티치노 대리석으로 정교하게 새겨졌다. 그리고 바닥은 테네시 대리석으로 되어 역사의 품위를 높였다.

조성보다 내 눈길을 끄는 것은 이음새 없이 펼쳐지는 천장 마감면이었다. 훗날 나는 이를 가능하게 해준 타일 장인이 라파엘 구아스타비노(Rafael Guastavino)라는 사실을 알게 되었다.

매끄러운 아치 천장면은 밤하늘이고자 했다. 2,500개의 인공조명을 천장에 박아 반짝이게 했다. 밤하늘에 있는 낯익은 별자리들이 기차역 천장에 모습을 드러냈다.

그랜드 센트럴 스테이션의 중앙 홀은 좀처럼 만나기 힘든 방이었다. 아니 방이라고 부르기에는 규모가 너무 컸다. 도시가 된 방이었다.

42번 스트리트에는 맨해튼의 앵커 역할을 하는 3개의 어반 룸들이 있다. 서측에는 가장 유명한 타임스 스퀘어가 있고, 중심에는 브라이언트 공원이 있으며, 동측에는 그랜드 센트럴이 있다. 두 곳은 외부이고 한 곳은 내부이다. 세 곳은 사람을 끈다는 차원에서는 비슷하지만, 끄는 방식은 전혀 다르다. 타임스 스퀘어가 진취적인 미디어 광장이라면, 브라이언트 공원은 목가적인 잔디 광장이고, 그랜드 센트럴은 역동적인 교통 광장이다. 셋은 맨해튼의 길을 광장의 길로 만든다.

그랜드 센트럴이 타임스 스퀘어와 브라이언트 공원보다 못한 점이 있다. 위대한 내부에 비해 빈곤한 주변부다. 최근 뉴욕시는 내부 지향적인 그랜드 센트럴 스테이션 역세권 일대가 다른 두 개의 어반 룸들과 마찬가지로 외부 지향적인 가로와 광장이 될 수 있게 대대적인 마스터플랜 제안을 기획한 바 있다. 타임스 스퀘어와 브라이언트 공원의 도심 재생 및 재활 성공 신화가 그랜드 센트럴 스테이션 일대에도 일어난다면, 42번 스트리트와 파크 애비뉴는 한층 더 활기차게 되리라 본다.

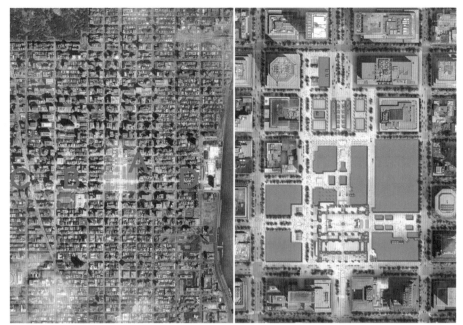

최근 그랜드 센트럴 스테이션 일대 도시설계 마스터플랜을 포스터 & 파트너스 건축사무소가 제안한 바 있다. 위의 3개의 사진들은 계획안이다. 왼쪽 상단에 있는 사진의 A는 42번 스트리트의 타임스 스퀘어, B는 42번 스트리트의 브라이언트 공원, C는 42번 스트리트의 그랜드 센트럴 스테이션, D는 42번 스트리트의 UN 본부이다. 포스터가 보는 그랜드 센트럴 스테이션 공공성 업그레이드는 역사 주변 보행 활성화와 기존 미드 맨해튼 공공 광장 자산과의 연계다. 오른쪽 상단 사진 은 보행공간 전략이고, 아래 사진은 투시도이다.(Image Courtesy: Foster and Partners)

헴슬리 빌딩(1929)

파크 애비뉴에서 헴슬리 빌딩은 건물이라기보다는 밤하늘을 밝히는 등대에 가깝다. 도로 중앙에 있어 놓치기 쉽지 않고, 낮에는 건물의 조형미가, 밤에는 건물의 조명미가 이목을 집중시킨다.

계절에 따라 다르게 변하는 오색찬란한 조명 연출로 헴슬리 빌딩은 파크 애비뉴의 랜드마크로 부족함이 없다. 헴슬리 빌딩은 그랜드 센트럴 스테이션을 디자인한 건축가 휘트니 워렌(Whitney Warren)이 디자인했다.

워렌은 에콜 드 보자르에서 수학했을 뿐만 아니라, 철도왕 밴더빌트와 4촌 지간이었다. 밴더빌트가 뉴욕시와 손잡고 새 기차역과 헴슬리 빌딩을 짓는다는 소문이 돌자 뉴욕의 건축가들은 들썩였다.

당시 보자르 양식 건축가로는 찰스 맥킴의 주가가 가장 높았다. 맥킴의 회사도

파크 애비뉴의 입구라 할 수 있는 헴슬리 빌딩이다. 좌측은 필자가 2013년 찍은 사진이고 우측은 1929년에 찍은 사진이다. 1929년 사진을 보면, 헴슬리 빌딩 기단부에 차들이 다닐 수 있는 아치 터널이 있었다. 헴슬리는 차로와 철로를 포함한 최고의 교통 건축이자 인프라 건축이다.

왼쪽 사진은 헴슬리 빌딩의 기단부 아치. 중앙 사진은 헴슬리 빌딩 로비 입구로 중앙에 시계가 있고, 머큐리와 시레스 동상이 있다. 이 동상은 철로에 의한 경제적 번영을 상징한다. 오른쪽 사진은 헴슬리 빌딩의 야경이다. ©이중원

공모전에 달려들었지만, 역시 팔은 안으로 굽는 법이었다. 밴더빌트는 친척인 워렌에게 설계권을 줬다.

　헴슬리 빌딩은 도로 중앙에 있기 때문에 건물이면서 동시에 길이어야 했다. 퍼싱 고가교를 넘어온 차들이 1층 아치 터널로 빠져 나온다. 헴슬리 빌딩은 1층에서 보차분리도 확실하다. 보행자를 위한 아케이드는 터널 옆에 별도로 있다. 헴슬리 빌딩 지하는 복잡한 철로가 있다. 그리고 보면 헴슬리 빌딩은 차로와 보행로, 철로가 입체적으로 교차하는 진정한 의미에서 길로서의 건축이다.

　헴슬리 빌딩은 34층 중앙동과 15층 부속동으로 나뉜다. 부속동은 U자형 평면이어서 마치 날개를 벌린 새와 같다. 새의 머리 부분인 지붕은 초록 윤기가 흐르는 청동 지붕이다. 지붕은 하늘과 예쁘게 만나려고 장식이 치열하다. 도심 스카이라인의 아름다움은 바로 이런 치열함 속에서 꽃핀다.

　헴슬리 빌딩은 길이 된 건축의 역할과 사명을 알려준다. 건축은 치솟아야 하며, 아름다워야 하며, 길의 흐름을 살리고, 하늘과 예쁘게 만나야 한다. 헴슬리 빌딩은 길과 하나된 건축이고, 하늘과 하나된 건축이다.

모건 박물관

제이피 모건은 맨해튼을 대표하는 은행가였다. 그는 고서와 고문서를 모으는 취미가 있었고, 정제되고 차분하며 이성적이었다. 모건은 건축가 찰스 맥킴을 고용했는데, 두 사람은 비슷한 성격의 소유자였다. 모건은 불필요한 장식을 싫어했고, 정제된 선을 좋아했다. 따라서 맥킴 건축은 모건에게 안성맞춤이었다. 1906년에 지어진 모건 도서관은 맥킴의 수작이라 불릴 만한 훌륭한 작품이다.

도서관과 서재로 시작한 모건 도서관은 점차 박물관으로 커 갔다. 하나의 건물에서 세 개의 건물로 늘었다. 세 개의 건물은 삼각형의 형상으로 36~37스트리트에 걸쳐 도시 블록 하나를 거의 다 차지했다.

맥킴 이후 모건 박물관 증축에 선임된 건축가들은 맥킴에 미치지 못했다. 박물관의 덩치는 커져 갔지만, 디자인은 오히려 내리막길이었다. 그러다가 2006년 이탈리아 건축가 렌조 피아노가 새로운 건축가로 선임됐는데, 피아노는 맥킴에 버금가는 훌륭한 건축가였다.

피아노의 고향 제노바는 바닷가 도시였다. 피아노는 젊어서 바다를 많이 보고 자랐다. 제노바에는 짙은 색 교회당과 점 조직 같은 광장들이 많다. 이탈리아인들은 광장을 피아짜라고 불렀다.

피아노는 박물관 설계를 의뢰 받고 맨해튼에 '피아짜'를 세우겠다고 말했다. 기존의 건물을 철거하는 것이 아니라, 기존의 건물들 사이에 광장을 세우겠다고 했다. 피아노의 디자인은 역발상이었다. 건물을 세워 자기를 주장하는 것이 아니라, 여백을 세워 남을 연결해 주고 다른 건물을 더 돋보이게 하겠다는 참신한 아이디어였다. 피아노는 피아짜의 천장을 유리로 만들어 '유리 광장'이 탄생하게 되었다. 자신이 보고 자란 제노바의 푸른 하늘이 열려 있는 광장처럼, 모건 박물관의 유리 광장 또한 그랬다.

피아노는 관록이 흐르는 오래된 건물에 최첨단의 유리와 철을 새롭게 조직하는 데는 이미 세계적인 명성을 얻고 있었다. 모건 박물관에서 피아노는 철골 부재가 얇아 보이도록 했다. 철골 지붕틀의 부재를 작게 만들자 철 지붕은 헐거울 정도로 가벼워졌다.

2006년 건축가 렌조 피아노가 완성한 유리 천장을 가진 모건 박물관의 로비. 피아노는 이곳이 일종의 이탈리아식 광장이 되어 3동의 건물을 연결해주는 매개 공간이 되길 원했다. 피아노는 이 곳을 '유리 피아짜'라고 불렀다. ⓒ이중원

    모건 박물관이 특별한 이유는 유리 지붕은 피아노가 만든 것이지만, 돌벽은 맥킴이 건축한 원래의 것인 데에 있다.

    장인성에 있어서는 피아노의 백색 철이나 맥킴의 핑크 대리석이나 모두 하나같이 치열했다. 맥킴이 돌을 통해 드러낸 장인성은 피아노가 철을 통해 드러낸 장인성과 동급이었다. 철의 장인성은 투명 엘리베이터에서 가장 치열하게 드러났고, 돌의 장인성은 모자이크 벽에서 가장 맹렬하게 나타났다.

    피아노는 잡다한 선을 계속 지워나갔다. 엘리베이터는 간단한 피스톤에 의해 올라갔다 내려왔다. 유리 승강기는 무엇에 의해 연결되었는지 의구심이 들 정도로 이음새가 없었다. 점퍼의 지퍼를 보이게 만드는 것보다 보이지 않게 만드는 것이 훨씬 손이 많이 가듯이 이음새 없는 건축이 이음새 있는 건축보다 배는 힘들다. 투명한 유리 상자 승강기가 운동하는 동안, 피아노의 맑은 유리 천장으로 빛이 쏟아졌고, 돌로 둘러진 광장은 순간 투명한 광장이 되었고, 빛의 광장이 되었다.

맥킴의 원 도서관의 중심인 입구의 홀은 돌잔치를 벌이고 있는 방이다. 벽은 모자이크 되어 있고, 방 모퉁이에 있는 돌 램프는 기둥도 돌이고, 램프 받침대도 돌이다. ⓒ이중원

　모건 박물관의 준공 당시 나는 어머니를 이곳에 모시고 올 수 있었다. 어머니는 건축 문외한이시지만 피아노의 백색 광장에서 잠시 아무 말씀이 없으셨다. 우리는 지정된 동선을 따라 찰스 맥킴이 디자인한 맨 처음 건물 입구로 갔다. 홀은 타원형의 돌방이었다. 바닥도 벽도 천장도 모두 돌이었다. 돌의 조합과 돌의 모자이크가 이룩한 돌방의 경지는 국보급 벽화 수준이었다. 대리석은 반들반들했고, 모자이크는 촘촘했다.

　돌 램프는 깨우침이었다. 램프의 기둥이 돌이었고, 받침대도 돌이었는데, 받침대는 불빛을 투과했다. 빛을 투과하는 돌 때문에 램프에 서 있는 시간이 길었다. 빛을 투과시키는 돌은 오닉스와 알라마스터로 알고 있는데 이 돌은 내가 모르는 돌이었다. 벽으로 가서 손으로 모자이크를 문지르며 맥킴의 돌 다루는 기술을 봤다. 광택이 나는 돌이, 잘게 썰린 모자이크로 변하면서 광택은 들어가고 문양은 일어섰다. 기민한 손놀림이었다. 피아노가 철로 보여준 기민함을 맥킴은 돌로 보여줬다.

피아노 유리 광장은 맥킴의 돌 건축을 밝혔고, 맥킴의 돌 건축은 피아노 유리 광장을 돋보이게 했다.

West
Side

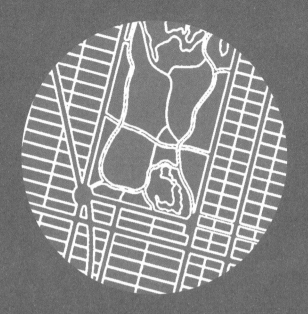

5

웨스트사이드

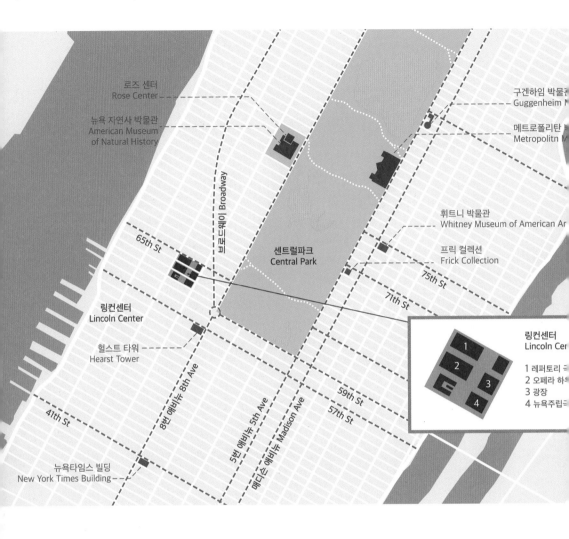

로즈 센터
Rose Center

뉴욕 자연사 박물관
American Museum
of Natural History

구겐하임 박물관
Guggenheim M

메트로폴리탄 박물관
Metropolitn M

휘트니 박물관
Whitney Museum of American Ar

프릭 컬렉션
Frick Collection

센트럴파크
Central Park

75th St

71th St

65th St

링컨센터
Lincoln Center

헐스트 타워
Hearst Tower

뉴욕타임스 빌딩
New York Times Building

Broadway 브로드웨이

8th Ave 8번 애비뉴

5th Ave 5번 애비뉴

Madison Ave 매디슨 애비뉴

59th St

57th St

41th St

링컨센터
Lincoln Cer

1 레퍼토리 ㅋ
2 오페라 하
3 광장
4 뉴욕주립ㅋ

1
2
3
4

뉴욕 자연사 박물관

센트럴파크를 중심으로 동쪽에 MET가 있다면, 서쪽에 뉴욕 자연사 박물관(American Museum of Natural History, 약어로 AMNH)이 있다. 뉴욕 박물관의 4인방은 MET, 자연사 박물관, 모마, 그리고 구겐하임이다. 이 중에서 외관이 고전주의 양식을 하고 있는 건물은 MET와 자연사 박물관이고, 비교적 현대적인 건물 외관을 가지고 있는 건물은 모마와 구겐하임이다.

맨해튼에는 최신식 현대 건축물도 많지만, 사실 맨해튼에서 제대로 보고 와야 하는 건축 양식은 바로 보자르 양식이다. 맨해튼에는 빼어난 보자르 양식 건축이 많다. 위에서 언급한 두 박물관 외에도, 기차역으로는 그랜드 센트럴, 도서관으로는 뉴욕 공공 도서관, 박물관으로는 MET와 브루클린 박물관 등이 있다.

모더니즘 건축 역사가들이 보자르 양식 건축을 짓궂게 폄하했지만, 실제로 맨해튼 보자르 양식은 최상급이다. 보자르 양식 건축에도 등급이 있지만, 맨해튼에 남아 있는 보자르 양식은 파리의 정통 보자르 양식을 당대 유학파 건축가들이 파리에서 직수입하여 가져온 최고급 보자르 양식이다.

보자르 양식 건축은 고전의 권위와 웅장함을 근대 도시에 되살리고자 시작되었고, 미국에서는 1893년 시카고 엑스포를 통해 전국으로 퍼져 나갔다. 건축가들은 이를 '도시 미화 운동'이라 부르며 보자르 양식 전파에 열성적이었다.

시민들은 보자르 양식 건축 안에서 마치 로마 황제가 된 기분이 들었다. 모자이크된 바닥과 결이 읽히는 대리석 벽, 그리고 하늘을 본뜬 아치 천장은 주권이 시민에게 있음을 알렸다. 궁에 버금가는 품격 있는 건축을 시민의 집인 공공 건축에 쓰겠다는 생각은 오늘날에도 유효한 생각이다. 아무리 가난하고 소외된 사람일지라도 공공 건축에서만큼은 웅장한 '내 큰 집' 인식이 생길 수 있어야 한다. 따라서 우리는 공공 건축을 위해 애를 써야 한다.

자연사 박물관에는 아이들이 사랑하는 공룡과 고래, 그리고 꽃과 나비가 있다. 5번 애비뉴의 MET가 어른들의 박물관이라면, 센트럴파크 웨스트의 자연사 박물관은 아이들의 박물관이다. 미국 아이들의 과학 공부는 자연사 박물관에서 뛰놀면서 시작한다.

보자르 양식으로 지어진 맨해튼의 기차역, 박물관과 도서관은 궁전처럼 화려하다. 시민 시대의 도래와 자본주의의 발전은 대통령의 집 못지않게 시민들의 집을 웅장하고 아름답게 지어줬다. 20세기 초에 맨해튼이 세금이 남아 돌아서 이런 건물을 지었던 것은 아니었다. 건축을 통한 제도의 자부심, 건축을 통한 도시의 자부심은 시민들에게 꼭 필요하다. 공공 건축에 대한 오늘의 최선이 내일의 훌륭한 문화재가 된다. 중앙에 붉게 칠한 건물이 뉴욕 자연사 박물관이다.(왼쪽 상단부터 시계 방향으로 그랜드 센트럴 스테이션, MET, 뉴욕 공공 도서관, 브루클린 박물관, 컬럼비아 대학, 로즈 리딩룸, MET 로비)

우리나라에 정말로 부족한 박물관이 바로 자연사 박물관이다. 자연사 박물관 만큼은 대도시마다 반드시 갖춰야 하는 어린이 시설이다. 과학적 사고방식은 (예를 들자면)몇 권의 '어린이 학습용 과학 만화'만으로는 부족하다. 식물과 동물, 화석과 운석, 지구와 천체 등은 직접 보고 만지면서 깨달아야 한다. 과학을 재미있게 다가갈 수 있게 해주어야 한다.

뉴욕 자연사 박물관은 자연 세계에 대한 이해가 지속적으로 팽창하던 시기인 1869년 출범했다. 이후 자연사 박물관은 MET와 마찬가지로 지속적으로 성장했다. 본동은 남측에 210미터 길이의 건물로 보스턴 출신의 건축가 헨리 리차드슨의 건축 스타일인 '라차드슨 로마네스크 양식'으로 지어졌다.

본동 건축가는 클리브랜드 캐디(J. Cleaveland Cady)였다. 캐디는 핑크빛이 도는 갈색 사암을 거칠게 사용했다. 리차드슨 양식의 특징이라 할 수 있는 우람한 외형 처리, 깊은 창틀 외관, 거친 돌 처리가 건물의 중요 모티브였다. 그에 비해, 증축동 인 동쪽 동은 백색 보자르 양식 건축이었다. 미국 보자르 양식 건축가들 중에서 미 국 건축가들은 찰스 맥킴과 존 러셀 포프를 제일로 꼽는데, 이 건물은 포프가 디자 인했다.

맨해튼에서는 자연사 박물관과 프릭 컬렉션이 포프의 작품이다. 워싱턴 D.C.의 내셔널 몰 광장 주변에는 아무 건축가나 건물을 짓지 못한다. 당대 최고의 건축가들 만 명함을 내밀 수 있었다. 포프는 워싱턴 D. C.의 제퍼슨 기념관과 국립 박물관을 공모전을 통해 따낼 만큼 당대 최고의 실력가였다. 포프는 파리 에콜 드 보자르에서 수학했다. 미국에서 에콜 드 보자르로 유학을 떠난 학생은 많았다. 센트럴파크 건너 MET를 디자인한 건축가 헌트가 1세대였고, 맥킴은 중간 세대였고, 포프는 마지막

자연사 박물관 사진이다. A는 센트럴파크, B는 77번 스트리트 쪽 본동, C는 건축가 포프의 동쪽 증축동, D는 로즈 센터다. 붉은 색 본동은 리차드슨 양식으로 디자인했다. 원형 타워와 붉은색의 경사 지붕이 박물관을 중세 시대 수도원처럼 느껴 지도록 한다.

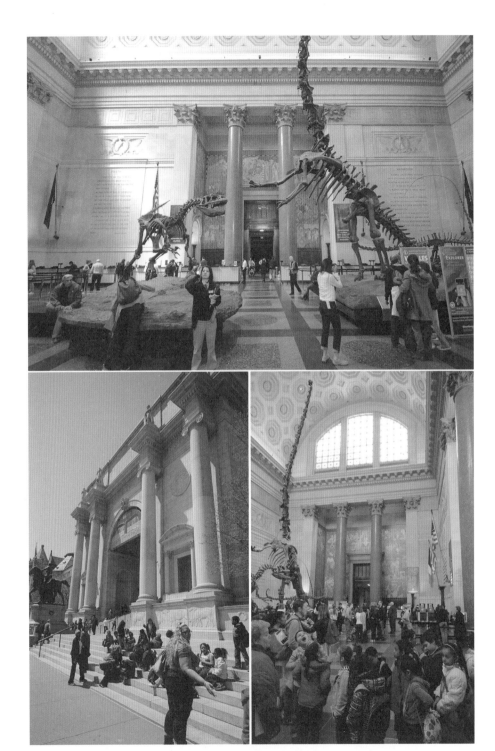

아이들은 우리의 미래다. 아이들이 어려서부터 과학에 흥미를 가질 수 있게 하는 것은 어른들의 책무이다. 따라서 우리는 더 많은 자연사 박물관을 지어야만 한다. ⓒ이중원 세대였다.

에콜 드 보자르에서 공부하고 돌아온 유학파 건축가들 중에 몇몇은 대단한 성공을 이뤘고, 이들은 1880년부터 1930년까지 미국 주요 도시를 보자르 양식으로 바꾸어 나갔다.

백색의 석회석으로 구성된 포프의 증축동은 맨해튼 출신의 26대 미국 대통령인 테오도르 루즈벨트(Theodore Roosevelt, 2차 세계대전 당시 루즈벨트 대통령과는 다른 사람)를 기념하는 박물관이다. 박물관 앞에는 루즈벨트 동상이 있고, 내부 로비 벽면에는 루즈벨트의 주옥같은 어록이 음각되어 있다.

포프는 센트럴파크를 향해 새로운 대문과 광장을 만들었다. 18미터의 개선 아치가 건물의 정면을 이루며 센트럴파크를 바라본다. 정면에 보이는 4개의 화강석 기둥위에는 루즈벨트의 인생을 시기별로 상징한 조각상이 4개 있다.

박물관 앞에는 45미터 길이의 계단 광장이 있다. 아치문을 통해 박물관 안으로 들어가면, 거대하고 장엄한 보자르 양식의 로비가 나온다. 과거에는 황제를 위한 궁전 로비가 현재는 시민을 위한 로비가 되었다. 로비 중앙에는 거대한 공룡 뼈가 있는데, 공룡의 키는 30미터 높이의 천장을 향해 치닫는다. 이를 바라보고 있는 아이들은 탄성을 지으며 입을 다물 줄 모른다.

보자르 양식의 방은 장엄하다. 도시에는 웅장한 방이 필요하다. 포프는 젊었을 때 로마 판테온에서 고전적인 방의 장엄함 앞에 깊이 감동받은 적이 있다. 포프는 워싱턴 D.C.에서 제퍼슨 기념관과 국립 박물관을 통해 판테온에서의 깨달음을 부활시키려고 했고, 맨해튼에서 프릭 컬렉션과 자연사 박물관을 통해 로마의 장엄함을 되살리고자 했다.

로즈 센터

로즈 센터는 맨해튼 자연사 박물관의 북쪽 부속동이다. 남쪽 본동의 리차드슨 로마네스크 양식, 동쪽 증축동의 보자르 양식, 북쪽 로즈 센터의 최첨단 건축 양식은 반시계 방향으로 자연사 박물관 전체가 '양식사적 진화'를 하고 있음을 보여준다. 로즈 센터는 자연사 박물관의 가장 현대적인 건물로, 전시 주제는 우주다.

시민들의 사랑을 한 몸에 받았던 천문관 헤이든 플라네타륨(Hayden Planetarium)이 철거되었을 때 뉴요커들은 슬퍼했다. 헤이든은 1935년 8월에 개관하여 1997년 3월까지 약 60년간 뉴욕의 어린이들에게 우주의 꿈을 심어 주었다. 콘크리트로 세워진 이 시설은 20세기 말이 되자, 늘어난 전시 프로그램을 수용하기에는 턱없이 작고 노후했다. 헤이든을 대체하기 위한 공모전이 열렸고, 건축가 제임스 폴섹(James Polshek)의 로즈 센터가 당선됐다. 사실 헤이든은 문화재 보호법이 지정하는 보존 문화재로 철거가 불가능했는데, 보존위원회는 폴섹의 로즈 센터가 헤이든보다 월등히 우수한 건축물이 될 것이라 믿고 헤이든의 철거를 허락했다. 이들의 안목은 맞았다.

로즈 센터는 유리 상자 안에 있는 백색의 공이다. 낮에는 백색의 공이 떠 있고, 밤에는 푸른 공이 떠 있도록 조명을 처리했다. 저녁의 로즈 센터를 본 사람들은 이 구동성으로 별을 닮은 박물관이라고 했다. 로즈 센터의 유리 상자는 이 시대가 만들어낼 수 있는 가장 혁신적인 유리 외장 기술을 보여준다. 그 안에 있는 공은 행성을 본떠 만들었는데, 영국에서 제작했고, 조립만 6년이 넘게 걸렸다. 로즈 센터는 맨해튼에서 가장 미래 지향적인 건물로서 도시의 랜드마크가 됐다.

폴섹은 로즈 센터를 '우주의 대성당(Cosmic Cathedral)'이라 표현했다. 이는 울워스 빌딩의 '상업의 대성당(Cathedral of Commerce)'이란 표현을 연상시켰다. 울워스 빌딩이 건물의 고딕 외장적인 특징을 지시하기 위해 대성당 은유를 썼다면, 로즈 센터는 건물을 통해 사람들이 받게 될 영감과 신비감을 강조하기 위해 대성당 메타포를 썼다.

유리 상자 안의 흰 공인 천체관 구체는 로즈 센터보다 먼저 있었던 헤이든 플라네타륨을 기념하기 위해 '헤이든 구체(Hayden Sphere)'라고 불렀다. 구체는 마치 허공에 떠 있는 행성처럼 보이도록 조심스럽게 다리를 달았는데 다리의 끝은 가늘었다.

로즈 센터는 우주의 기원, 은하계, 별의 탄생부터 시작하여 지구의 다양한 생태계 문화까지를 포괄하는 폭넓고 색다른 전시를 제공하고 있다. 로즈 센터 전시는 크게 3부분으로 나뉘어진다. 천체관은 빅뱅관과 우주관으로 나뉘고, 지하층에 우주홀이 있다.

우주홀은 190평 규모의 상설전시실로 천체물리학의 발전을 알 수 있다. 4미터 길이의 터치 스크린인 대형 우주게시판(Astro Bulletin)은 우주의 과거, 현재, 미래를 보여준다. 우주관은 3D 영상 극장으로 별과 우주의 전시를 교육한다. 높이 11.4미터에 있는 구체 돔 천장 스크린은 직접 체험에 버금가는 놀라운 경험을 제

위 사진은 1935년 개관한 헤이든 플라네타룸이고, 아래 사진은 2000년 같은 장소에 개관한 로즈 센터이다.

공한다. 빅뱅관은 지름 13.8미터인 원형 극장 중앙에 지름 10.8미터의 원형 스크린이 있다. 스크린 아래는 깊이 2.4미터나 되는 사발 모양의 스크린이 있어 사람들은 서서 아래를 관람한다. 레이저, 특수효과, 서라운드 사운드 효과 등이 빅뱅관의 전시 체험을 입체화한다.

거대한 천체관 구체는 알루미늄으로 제작되었다. 지름은 26.1미터, 무게는 180만 킬로그램이다. 천체관 구체를 감싸고 있는 유리 상자의 높이는 건물 7층 높이에 달한다. 폴섹은 가장 투명한 유리 상자를 원했다. 유리 상자의 투명함을 유지하여 한눈에 백색 공이 보이길 원했다.

폴섹은 구조적 도전을 넘고자 유리 전문 업책인 필킹턴 사와 협업했다. 유리와 철선의 관계는 경주용 요트 돛에서 풍압에 저항하는 넓은 천과 끈의 관계다. 천이 바닷바람에 부풀어 오르면 끈이 찢어지려는 천을 잡아주듯이, 유리가 바람에 흔들리면 철선이 깨지려는 유리를 잡아준다.

이 건물은 3킬로미터 길이의 인장 강철이 코끼리 33마리(150톤)와 맞먹는 무게

로즈 센터 우주관의 내부.

로즈 센터의 야경과 18세기 프랑스 건축가 불레의 아이작 뉴턴 기념비 계획안 스케치이다. 불레의 기념비적인 스케치는 수세기에 걸쳐 건축가들의 상상을 자극했다. 지어지지 않은 만큼, 아니(당시의 기술로는) 지을 수 없었던 만큼, 짓고 싶은 열망은 매우 치열했다. 21세기 맨해튼은 이를 실제로 지었다. 원작보다 더 우수한 걸작으로 도시에 상상력과 영감을 불어넣었다.

의 유리를 지탱하고, 동시에 엄청난 풍하중을 견딘다. 실제로 1999년 강력한 허리케인이 준공을 앞둔 로즈 센터를 강타했을 때도 멀쩡했다.

로즈 센터는 2000년 새 천년을 알리며 개관했고 사람들은 열광했다. 미래지향적이고 하이테크한 푸른색 공을 보고 일반인들은 밤하늘을 떠다니는 행성을 연상했다. 로즈 센터를 보고 일부 건축가들은 18세기 이상주의 건축가 불레의 아이작 뉴턴 기념비를 떠올렸다. 뉴턴 기념비는 실제로 지어지진 않았지만, 많은 건축가들에게 영감을 줬다.

과학박물관이라는 건축 유형은 계몽주의 시대 산물이었다. 1780~1790년 불레는 뉴턴이 발견한 과학 세계를 건축 세계로 드러내고자 했다. 불레는 "오 뉴턴, 당신의 장엄한 지혜와 숭고한 머리로, 지구의 형상을 알아냈습니다. 이제 나는 당신을 어떻게 감싸야 할지 알았습니다. 나는 당신을 당신의 발견으로 감싸고자 합니다"라고 말했다.

폴셱은 불레가 200년 전에 생각한 과학 건축의 원형을 맨해튼 웨스트사이드에 21세기형 건축 기술과 전시 콘텐츠를 담아 로즈 센터로 세웠다. 그것은 계몽시대 과학 거장으로부터 비롯된 생각 체계가 진화하여 21세기에 나타난 모습이었다.

링컨센터

세계대전에서 승전한 미국은 정치와 경제뿐만 아니라, 문화에서도 세계를 선도하고 싶어 했고, 링컨센터는 이를 물리적으로 이룰 수 있는 절호의 찬스였다. 링컨센터는 세상이 보지 못한 현대 문화 예술의 규모와 우수함, 창조성과 역동성을 보이고자 했다.

맨해튼의 메트로폴리탄 오페라(이후 M-오페라로 표기)는 새로운 둥지를 찾고 있었다. 이 소문은 로버트 모제스(Robert Moses) 귀에 들어갔다. 당시 모제스는 맨해튼을 쥐락펴락했던 도시계획가이자 실세였다. 모제스는 유대인이었고, 예일대를 졸업했다.

추진력 하나로는 타의 추종을 불허하는 모제스는 M-오페라의 소문을 접하고, 링컨센터를 지렛대 삼아 막혀 있던 자신의 콜럼버스 서클 개발 상황을 벗어나고자 했다. 모제스의 발은 넓었다. 그는 뉴욕 필하모닉(이후 뉴욕필로 표기)이 임대주였던 카네기 홀 주인과 문제가 있다는 사실을 포착했다.

카네기 홀 주인은 뉴욕필과 임대 계약이 종료되면, 건물을 헐고 수익성 높은 마천루를 세우고자 했다. 모제스는 M-오페라와 뉴욕필을 한자리에 모아 다 같이 콜럼버스 서클 안에 링컨센터를 넣는 거대한 개발 사업을 도모하자고 제안했다. 맨해튼 내 두 개의 리딩 예술기관이 손을 잡는다는 소문은 금방 뉴스 헤드라인감이 되었다.

모제스는 M-오페라와 뉴욕필이 각각 건물을 책임지면, 땅값을 시세보다 싸게 공급하겠다는 협상 조건을 걸었다. 조건은 좋았지만, 여전히 두 기관은 내키지 않았다. 예술을 상대하는 음악 기관들이 모제스와 같이 불도저식 거대 개발 방식으로 받게 될 시민 단체들의 질타가 부담스러웠기 때문이다. 결국 초기 협상은 결렬되었지만 모제스는 멈추지 않았다.

모제스는 자신을 대신할 평판과 인맥이 좋은 건축가를 모색했다. 모제스는 록펠러 센터 건축가로 부상하여 UN 본부를 성공리에 디자인하고 록펠러 집안 사람이 된 건축가 월리스 해리슨과 손을 잡고자 했다. 1955년 모제스는 부인과 함께 해리슨의 집에서 열린 파티에 참석했다. 여러 사람이 초대된 파티였지만, 모제스가 관심을 가진 사람은 오직 하나였다. 모제스는 해리슨 자리에 바짝 붙어 저녁 식사를 하며 설득 작업에 들어갔다. 해리슨은 모제스의 협업 제안을 그 자리에서 수락했다.

구 M-오페라 건물은 타임스 스퀘어 근처(사진 원경에 보이는 타워가 타임스 스퀘어의 타임스 빌딩이다)에 1883년 세워져 1966년 문을 닫았다. 뉴욕 시민들은 유럽의 근사한 오페라하우스에 비하면 이 건물은 마치 산업화 시대 공장 같다고 생각하여 이를 노란색 벽돌 맥주 공장(The Yellow Brick Brewery)이라 불렀다.

해리슨의 활약은 모제스의 기대 이상이었다. M-오페라 이사회 회장인 변호사 찰스 스포포드(Charles Spofford)는 해리슨이 얼굴마담으로 전면에 등장하자, 모제스와 다시 손을 잡았다. M-오페라 이사회는 뉴욕필 이사회마저 설득했고, 결국 모든 것이 모제스의 뜻대로 됐다.

1956년 스포포드는 돈줄 찾기에 나섰다. 스포포드는 처음에 해리슨과 막역한 사이인 넬슨 록펠러를 찾아갔다. 하지만, 넬슨은 이미 사업가로서의 꿈을 접고 정치가로서의 꿈을 펼치고 있었다. 이어 스포포드는 재계의 황제인 존 록펠러 3세를 찾아갔다. 주변 예상과 달리 록펠러 3세는 스포포드의 제안을 흔쾌히 수락했다. 스포포드는 록펠러 3세를 링컨센터 회장 자리에 앉히고 자신은 의장 자리를 꿰찼다.

록펠러 3세는 회장이 되자 록펠러 위원회(록펠러 위원회는 공식적인 명칭은 아니지만 다른 위원회와 구분하기 위해 필자가 임의로 위원회 앞에 록펠러를 삽입했음)를 위촉하고

로버트 모제스는 1920년대는 앨 스미스 주지사의 후원을 입고 일어서서, 1960년대는 넬슨 록펠러 주지사의 후원으로 UN 빌딩과 링컨센터를 완성한 맨해튼의 세력가이자 도시계획가면서 행정가였다. 모제스의 파워 브로커로서의 이미지는 전기 작가 로버트 카로(Robert Caro)가 쓴 『파워 브로커』에 자세히 소개되었다. 20세기 중반에 그만큼 맨해튼의 얼굴을 크게 바꾼 사람은 없었다.

공격적인 미팅을 매주 가졌다. 록펠러 위원회의 가장 중요한 안건은 링컨센터의 프로그램 설정이었다.

록펠러 위원회는 해리슨에게 건축가 풀을 요청했다. 그 안에는 해리슨의 파트너인 건축가 맥스 아브라모비츠, MIT 건축학과 교수 피에트로 벨루스키, 핀란드 건축가 알바 알토, 스웨덴 건축가 스벤 마킬리우스, 하버드대 교수 마르셀 브로이어, I.M. 페이, 에드워드 두렐 스톤, 보스턴 건축가 헨리 쉐플리, SOM의 고든 분샤프트, 필립 존슨, 에로 사리넨이 있었다. 이 건축가들의 관점을 통일시키는 일은 처음부터 불가능했다.

건축가 그룹이 가장 뜨겁게 대립했던 이슈는 링컨센터와 기존의 도시조직과 어떤 관계로 맺을 것인가 하는 점이었다. 소란스런 거리로부터 격리시키자는 폐쇄형 주장과 개방형 주장으로 나뉘었다. 각각의 건축가들은 저마다 관점이 있고, 지향하는 취향과 선호도가 달랐기에 처음부터 공통의 디자인을 만든다는 것은 불가능한 일이었다. 시간이 흐를수록 입장 차이만 확인할 뿐이다.

　1958년 록펠러 위원회는 최종 건축가 6인(월리스 해리슨, 맥스 아브라모비츠, 필립 존슨, 에로 사리넨, 고든 분샤프트, 피에트로 벨루스키)을 선정했다. 선정 기준은 미국 건축가로만 구성하겠다는 것이 첫 번째였다. 두 번째는 주장이 너무 강한 건축가들의 배제였다. 막후에서 해리슨의 입김은 막강했다.

월리스 해리슨이 록펠러 위원회에 제출한 건축가는 12명이었고, 그중에 위원회가 링컨센터의 건축가로 위임한 사람은 해리슨을 포함하여 총 6명이었다. 1번 링컨센터의 중심인 오페라하우스(해리슨), 2번 링컨센터에서 두 번째로 중요한 건물 뉴욕 필하모닉 홀(아브라모비츠), 3번 뉴욕 주립 극장(존슨), 4번 레퍼토리 극장(사리넨), 5번 도서관과 박물관(분샤프트), 6번 줄리아드 음대(벨루스키). 배치도에서 우측이 북측이다. 노란색으로 표기된 대각선 도로가 브로드웨이고, 중심 광장과 평행한 도로가 콜럼버스 애비뉴이다.

뉴욕 필하모닉 콘서트홀(1962)

록펠러 위원회는 1959년 2월 우여곡절 끝에 건축가들이 제출한 링컨센터 배치도를 수락했다. 그리고 그해 4월 착공식을 가졌다. 모제스가 이리저리 뛰기 시작한 후 무려 4년이 지난 시점이었다.

1962년 9월 건축가 아브라모비츠는 뉴욕 필하모닉 콘서트홀을 가장 먼저 완공했다. 홀은 5층 높이였고, 21미터 높이의 기둥 발코니를 구성하며 광장을 면했다. 아브라모비츠와 존슨은 마주 보는 두 건물 전면에 발코니를 달기로 합의를 했다. 발코니를 중심으로 10개의 기둥들은 위로 갈수록 완만하게 얇아졌고, 아래로 갈수록 급하게 얇아졌다. 다듬이 형태의 기둥들로 현대판 엔타시스였다. 직방형의 건물이 딱딱한 이미지를 벗고 말랑말랑한 이미지를 구축한 데는 다듬이 모양의 기둥 역할이 컸다.

관객들의 동선 체계는 다음과 같았다. 심포니를 보러 온 사람들은 문을 열고 에스컬레이터를 타고 본 로비가 있는 2층으로 올라간다. 로비는 길이 54미터, 높이 15미터, 너비 7.5미터의 길고 높은 방이다. 로비는 콘서트홀의 중심 공간인 오디토리움으로 동선을 유도한다. 아브라모비츠는 베를린 필하모닉 콘서트홀의 오디토리움을 벤치마킹했다.

《뉴욕타임스》의 건축비평가였던 루이 헉스터블 여사는 뉴욕 필하모닉 홀에 찬사를 쏟아냈다. "음악홀은 기능이 100퍼센트 발휘하고 있는 시간, 다시 말해 사람들이 음악을 즐기기 위해 이 안에 가득할 때 비로소 자신의 본 모습을 드러냅니다. 아브라모비츠의 건물은 낮에도 잘 생겼지만, 밤에는 지독히 아름답습니다."

오늘날에도 그녀의 찬사는 유효하다. 특히 딜러 스코피디오의 광장 리모델링 사업이 완료된 현시점에서는 더욱 그렇다. 콘서트홀의 트래버틴과 유리 너머로 음악으로 상기된 사람들의 모습이 보인다. 다듬이 기둥의 콘서트홀은 그 어느 때보다 음악적인 효과와 영감을 주는 건축이 되었다.

뉴욕 필하모닉 홀은 링컨센터에서 가장 먼저 완공되었다. 성공적인 외관에 비해 내부 음향이 초반부터 문제였다. 1963년, 1965년 개별적인 음향 업그레이드를 실시했으나, 음악 비평가나 음악가들은 여전히 만족하지 못하는 수준이었다. 그리하여 1975년 건축가 필립 존슨과 음향 엔지니어 씨릴 해리스(Cyril Harries)가 대대적으로 손을 보았다. 이때 시공비 천만 달러를 쾌척한 에버리 피셔(Avery Fisher)의 이름을 따서 뉴욕 필하모닉 홀의 공식적인 명칭은 '에버리 피셔홀'이 되었다.

뉴욕 주립 극장(1964)

1964년 4월 건축가 필립 존슨이 뉴욕 주립 극장을 완성했다. 넬슨 록펠러는 6명의 건축가들을 선임하기 이전에 이미 뉴욕 주지사로 당선됐고, 넬슨의 입김으로 존슨은 뉴욕 주립 극장의 건축가로 선임됐다.

배치 계획 당시, 존슨은 링컨센터 건물들이 각각 형태적으로 혼자 튀지 않게 네모난 형태를 제안했고, 광장을 면하는 주요 세 건물의 입면은 기둥 회랑을 달자고 제안했다. 존슨은 링컨센터가 고전적 품위가 나오는 건물이 되길 원했고, 그럴 수 있도록 다른 건축가들을 설득하는 데 앞장섰다.

예일대 교수 빈센트 스컬리는 존슨의 노력을 바로 알아봤다. "존슨은 링컨센터에서 의식적으로 역사성을 인식하는 디자인 방법론을 채택했다. 그는 철 지난 모더니즘 양식의 공간을 버리고, 고전주의 양식의 규범을 새롭게 재조명했다"라고 말했다.

뉴욕 주립 극장 로비는 훨씬 섬세하면서 다이내믹했다. 얇은 놋으로 만든 봉들이 천장에서 내려와 발코니들을 사뿐히 들었고, 반원형의 오디토리움이 로비로 밀고 나와 다이내믹해졌다. 당시 존슨은 동선 행진에 관심이 많았다. 마치 발레처럼 행진이 부드럽게 열리면서, 관객의 감정을 점증적으로 고조시키길 원했다.

존슨은 주립 발레단 디렉터인 조지 발다친과 긴밀히 협업하여 오디토리움을 디자인했다. 발다친은 댄서들의 입장에서 무대의 크기 및 관객과의 가시거리를 정밀하게 존슨에게 알려주었다. 댄서들은 무대막이 오를 때, 천장 위에 수놓아진 거대한 조명을 보았고, 자신을 바라보고 있는 수많은 관객들을 의식했다. 무대는 춤추기에 안성맞춤이어서 댄서들은 자기 기대 이상의 연기를 펼쳤다. 댄서들은 자연스럽게 이 극장에서 춤을 추고 싶어 했다.

뉴욕 주립 극장의 로비 부분(상단)과 극장 오디토리움의 천장 부분(하단). 오늘날에는 기부자의 이름을 따라 이 극장을 데이비드 코크(David H. Koch) 극장이라 부른다.

레퍼토리 극장과 도서관&박물관(1965)

1965년 건축가 사리넨과 분샤프트는 링컨센터의 레퍼토리 극장, 도서관과 박물관을 완공했다. 둘은 대화를 나눌수록 한 건물이 두 건물보다 낫다고 믿었고, 결국 한 건물에 세 개의 프로그램을 넣었다. 사리넨과 분샤프트가 보여준 협업은 놀라웠다.

사리넨의 레퍼토리 극장 초기안은 조형적인 형태였으나, 다른 건축가들은 부속 건물이 중심 건물보다 튀는 것을 원치 않았다. 최종안은 분샤프트의 제안으로 훨씬 정제된 형태였다. 두 건축가는 형태적으로는 단순하지만, 구조적으로는 혁신적인 건축물을 세웠다.

두꺼운 지붕은 전면에서 두 개의 기둥만이 지지했다. 넓은 스팬을 확보하기 위해 지붕 구조는 마치 와플처럼 제작했다. 유리면은 깊숙이 집어넣었고 깊은 처마 공간이 생겼다.

건물 앞에는 링컨센터의 두 번째 광장인 북쪽 광장이 위치했다. 광장 중심에는 가로 36미터, 세로 24미터 크기의 반사하는 풀(pool)이 있다. 풀은 레퍼토리 극장을 거울처럼 반사했다. 풀 중심에는 4.8미터 크기의 분샤프트의 친구인 헨리 무어의 조각이 있다. 깊은 처마와 풀과 조각은 서로 어울렸다.

분샤프트의 도서관과 박물관은 레퍼토리 극장을 중심으로 직사각형의 도넛 모양으로 꼭대기 층에 배치했다. 분샤프트는 링컨센터 북쪽 광장이 빛을 발하도록 자신의 건물을 뒤로 빼주었고, 동시에 사리넨의 레퍼토리 극장이 드러나도록 자신의 건물은 다락방에 위치시켰다. 대를 위해 소를 희생할 줄 아는 분샤프트의 겸손과 미덕은 꾸준히 회자되었다.

비평가 올가 구프트(Olga Gueft)는 분샤프트의 이런 태도를 다음과 같이 예찬했다. "도서관과 박물관은 링컨센터에서 분명 우선순위가 밀리는 프로그램이었다. 하지만, 분샤프트의 섬세한 태도와 손길로 우리는 놀랍고도 유쾌한 진실을 알게 됐다. 지상의 낙원이란 꼭 하프 치는 사람, 노래 부르는 사람, 축제하는 사람, 춤추는 사람이 있는 곳만이 아니라 조용히 공부하는 사람, 조용히 전시를 감상하는 사람이 있는 곳이기도 하다는 사실이다."

링컨센터의 북쪽 광장은 에로 사리넨과 고든 분샤프트의 레퍼토리(오늘날 정식 명칭은 비비안 버몬트[Vivian Beau-mont]) 극장과 도서관, 박물관이었다. 중앙에 있는 풀과 헨리 무어의 작품이 링컨센터 북쪽 광장의 중심이다. 사진의 모습은 이미 최근에 딜러 스코피디오의 손길이 지나간 후다. 지면을 들어올린 것 같은 녹지와 나무가 심어진 곳, 또 지붕 위로 솟은 부분의 외장 처리, 옥상정원 등이 모두 새로 개축된 부분이다. 딜러 스코피디오는 링컨센터를 하드 스케이프로 정의했고, 자신의 모든 디자인은 소프트 스케이프로 규정했다. 에로 사리넨과 고든 분샤프트의 손길에 다시 딜러 스코피디오의 손길이 만나 좋은 짝을 이룬 셈이다.

메트로폴리탄 오페라하우스(1966)

1966년 건축가 윌리스 해리슨은 링컨센터에서 가장 중심 건물인 오페라하우스를 완공했다. 오페라하우스는 중심이 되는 건물인 만큼 수많은 사람들이 참견했고, 수많은 입들이 해리슨의 디자인을 가만히 두지 않았다. 해리슨에게 오페라하우스만큼 아픔과 좌절, 절망과 타협을 준 작품도 없었는데, 그때마다 해리슨은 불굴의 의지를 보여줬다.

1955년, 모제스의 제안에 넘어간 해리슨은 곧바로 디자인에 착수했다. 해리슨의 첫 번째 안은 원형의 중심 광장에서 사방팔방으로 뻗어 나가는 안이었다. 해리슨 디자인에 첫 번째로 비판을 가한 사람은 M-오페라의 디렉터 루돌프 빙(Rudolf Bing)이었다. 빙은 "해리슨의 오페라하우스는 박물관이지 극장이라고 볼 수는 없다"라며 공개적으로 폄하했다. 빙은 해리슨에게 샌프란시스코의 오페라하우스와 애틀랜타의 폭스 극장을 참조하라고까지 말했다.

해리슨에게는 심한 모욕이었다. 특히 자기보다 못한 건축가의 디자인과 자기의 디자인을 비교하며 또 심지어는 참조하라고 하니, 해리슨 입장에서는 참을 수 없는 일이었다.

1957년 건축가 외른 우트존의 세기의 걸작, 시드니 오페라하우스 계획안이 주목을 받으며 대대적으로 발표됐다. 우트존의 파도치는 조형성에 해리슨은 크게 자극받았다. 이후, 해리슨은 조형적인 지붕 계획안을 쏟아냈다. M-오페라 측은 해리슨을 진정시키며 더 조용하고 정제된 톤으로 오페라하우스 디자인을 유지할 것을 요청했다.

1958년 5월 해리슨은 5개의 아치들이 터널처럼 나오는 오페라하우스를 디자인했다. 건물의 양측면에는 구멍이 숭숭 나 있었다. 언론의 반응은 두 갈래로 나뉘었다 《뉴욕타임스》의 반응은 "너무 과하다", 아키텍추럴 포럼지는 "너무 놀랍다"였다.

1958년 11월 록펠러 3세는 오페라하우스의 시공 견적서를 받고서는 놀랐다. 그는 해리슨에게 예산을 25퍼센트 절감하라고 지시했고 해리슨은 오페라하우스 건물 규모를 대폭 줄여야만 했다.

1959년 10월 해리슨은 록펠러 3세와 5명의 건축가들 앞에 두 개의 안을 내놓

좌측 상단에 있는 두 스케치가 1955년 디자인한 원형 광장 중심형 오페라하우스이다. 그 옆으로 있는 두 스케치가 1957년 외른 우트존의 시드니 오페라하우스에 자극받아 디자인한 쉘 지붕 구조형 오페라하우스 계획안이다. 그 옆의 두 그림은 1957년에 제작된 모형 사진과 투시도이고, 우측 상단 2줄에 있는 투시도와 하단에 있는 모형 사진들은 모두 1958년 계획 안으로 5개의 아치 지붕이 보인다.

으며, 둘 중 하나를 고르라고 했다. 하나는 5개의 아치 지붕을 있는 그대로 노출하는 안이었고, 다른 하나는 박스형 건물에 5개의 아치 지붕이 터널처럼 파고 들어가는 안이었다. 아브라모비츠를 제외한 나머지 건축가들은 모두 후자를 선택했다.

　　1961년 6월 해리슨은 록펠러 3세와 루돌프 빙 앞에서 다시 디자인 보고를 했다. 빙은 무대가 좁다고 불평했다. 불굴의 건축가 해리슨은 1961년 12월 자신의 43번째 계획안을 가져왔다. 이쯤 되자, 동료 건축가들도 해리슨이 딱했는지 찬사를 쏟아내 기 시작했다. 그러자 복병이었던 안토니 블리스의 마지막 펀치가 날아왔다. 오페라하우스의 측면을 모두 1미터 간격의 수직 루버(louver)로 수정하라는 지시였다. 해리슨은 이를 악물고, 디자인을 다시 조정했다.

오늘날 링컨센터에 가면, 나는 해리슨이 디자인한 오페라하우스에 가장 먼저 간다. 그리고 이 건물의 측면을 보러 간다. 무려 44번 계획안을 바꾼 의지의 건축가 해리슨을 직면하기 위해서다.

이곳은 트래버틴 대리석을 판으로 잘라 일반 석재 외장을 하듯이 돌판을 벽에 수평되게 붙이지 않고, 모든 돌판을 벽에 수직되게 붙였다. 대리석 수직 루버들 사이사이에는 유리를 붙였다. 루버 날개의 폭이 깊은지 건물의 입면이 아코디언처럼 넓게 벌린 곳이 있고, 좁게 벌린 곳이 있다. 착시는 밤에도 이어진다. 내부 조명은 원근에 비례하여 가시성과 비가시성을 오고간다. 발걸음을 옮기면, 음악처럼 빛이 리듬을 탄다. 저녁 시간에 오페라만큼이나 건축도 사람의 마음을 움직인다.

이 벽면을 바라보고 있으면, 불굴의 의지로 모든 사람의 비판을 수용하여 조정하고 또 조정한 해리슨의 놀라운 포용력이 보인다. 해리슨은 그릇이 큰 건축가였다. 눈이 많아질수록 디자인의 주관성은 뒤로 물러나고 객관성이 앞으로 나온다. 그러나 해리슨은 보편성을 유지하면서도 극도로 긴장감 도는 특수성을 세웠다.

오페라하우스의 측면 사진. 해리슨의 43번째 오페라하우스 계획안에 마지막 펀치를 날린 안토니 블리스의 1미터 간격 루버 처리 요청은 받아들이기 힘들었지만, 해리슨은 불굴의 의지로 이를 수용했다. 이는 오늘날 보아도 강렬한 인상을 남긴다. 링컨센터의 북측 광장은 해리슨의 루버로 부드러운 광장을 가지게 됐다. 또한 오페라하우스는 극장의 크기로는 큰 덩치일 수밖에 없는데 해리슨의 루버로 세밀하고 섬세해졌다. ⓒ이중원

21세기 링컨센터

링컨센터는 새로운 도약을 도모하며 몇몇 건축가들과 인터뷰를 했다. 어떤 건축가는 링컨센터를 전부 부수고 다시 지어야 한다고 했고, 어떤 건축가는 링컨센터를 1960년대식으로 완벽하게 재연해야 한다고 했다. 이에 반해 건축가 딜러 스코피디오는 링컨센터가 가지고 있는 좋은 유산은 유지하면서 아직 발굴되지 않은 잠재성은 극대화해야 한다고 주장했다. 링컨센터 측은 딜러 스코피디오의 제안이 가장 마음에 들었다.

미국 건축가들은 대개 1960년대 건축에 대한 호불호가 나뉜다. 뼈대를 있는 그대로 노출하는 구조적 본질주의에 대해서는 긍정적이면서, 불필요하게 크고 무지막지한 권위주의에 대해서는 부정적이다. 딜러 스코피디오는 링컨센터에서 이 점을 지적했다. 이는 어렵고 먼 길이라도 리모델링으로 과거와 현재를 공존시키자는 제안이었다.

링컨센터는 20세기 중반의 역작이었다. 링컨센터는 준공과 함께 사회 지도층 인사들에게는 엄청난 찬사를 받았지만, 시민 단체는 링컨센터로 철거된 7,000세대의 서민 주택을 거론하며 비판하는 등 그에 대한 반응은 복잡했다. 하지만 시간이 흐를수록 링컨센터는 맨해튼의 중요한 아이콘이자 랜드마크가 되었다. 딜러 스코피디오는 링컨센터의 건축적 자산은 유지하되, 문제점들은 개선해 이전보다 나은 음악 도시로의 재생을 꿈꿨다. 딜러 스코피디오는 3단계에 걸쳐 링컨센터에 개축을 단행했다.

첫 단계는 링컨센터의 중심 광장이었다. 딜러 스코피디오는 사람 중심이 아닌 자동차 중심으로 계획되었던 1960년대 광장 계획 방식을 꼬집었다. 링컨센터가 지어질 당시만 해도 자가용은 사람들의 자랑이었고 생활의 중심이었다. 따라서 처음에 링컨센터는 차가 중심 광장 전면까지 들어올 수 있도록, 인도 안쪽으로 왕복 2차선 진입로를 별도로 만들었다. 프린스턴 대학 건축학과 교수이자 건축가인 엘리자베스 딜러는 "대중교통으로 이곳에 오는 평범한 시민 입장에서 보면, 링컨센터는 무려 11개의 차도를 건너와서 또 인도를 지나 왕복 2차선 진입로를 지나야 겨우 광장에 도달한다. 우리는 차 중심의 생각에서 사람 중심의 생각으로 바꾸고자 한다"라고

1960년대 링컨센터 광장 입구에는 음악당에 진입하기 위한 왕복 2차선 차도가 있었다. 딜러 스코피디오는 공공의 접근성을 높이고자 도로를 지하화했고, 계단 광장을 늘려 콜럼버스 애비뉴까지 닿도록 했다. 두 극장 입구부터 유리 덮개가 인도까지 뻗어 나와 있다. 아래 사진을 보면, 계단 디딤판의 수직면들은 전자판으로 설치되어 있다. 링컨센터는 공공의 접근을 높이는 민주적인 광장이 되었고, 동시에 미래 지향적인 광장이 되었다.

말했다.

딜러 스코피디오는 왕복 2차선의 진입로를 낮추고 광장 진입부의 계단 광장을 늘렸다. 계단 수는 늘어났고, 폭은 넓어졌으며 경사는 완만해졌다. 그로 인해 링컨센터는 늘 필요로 했던 규모와 명성에 걸맞은 입구 계단 광장을 조성할 수 있었다.

계단 디딤판의 수직면에는 전자판을 삽입했다. 수평면은 돌이고, 수직면은 전자 스크린이었다. 저녁에 스크린 면에 불이 들어와 LED 글자들은 도드라진다. 저녁이 되면, 계단에 문구가 흐르고 깜박거렸다. 돌의 무거움을 전자의 가벼움으로 바꿨다. 링컨센터의 권위는 진중했지만, 디테일까지 속박하는 권위주의는 둔중했다. 딜러 스코피디오의 손길로 둔중함은 경쾌해졌다.

또 주립 극장과 콘서트홀 앞에 유리 캐노피를 두어 건물 경계면을 부드럽게 했다. 비가 오는 날에도 사람들이 우산 없이 대중교통까지 쉽게 갈 수 있도록 배려하는 실용적인 장치이기도 했다. 돌기둥 회랑에 유리 처마를 붙여준 꼴이 되어 건물과 광장이 만나는 경계는 투명해지고 가벼워졌다.

딜러 스코피디오는 광장 중앙에 있는 분수도 바꾸고자 했다. 기존 1960년대 분수의 문제는 분수 꼭지 위치가 사람들이 앉는 자리 높이에 있어 늘 분수 물이 의자까지 튀었다. 또 다른 문제는 형태적인 문제로, 분수가 땅에 너무 깊숙이 뿌리박고 있는 모습이었다. 딜러 스코피디오는 분수 꼭지를 광장 바닥 높이로 낮췄다. 바닥에 박혀 있었던 원형의 의자는 땅에서 사뿐히 들어 올렸다. 돌 테두리의 에지는 날렵하게 처리했다.

딜러 스코피디오는 분수 물줄기 모양까지 고려했다. 엘리자베스 딜러는 "중앙 분수는 링컨센터 광장에 가장 예민한 퍼포먼스 장치이다. 우리는 물이 프라이팬을 떠나 허공에 머물렀다 떨어지는 팬케이크처럼 되길 원했다"라고 설명했다. 단순히 위로 솟구쳤다가 떨어지는 분수보다 짧더라도 물이 허공에 한 번씩 떠 있다가 떨어지길 원했다.

딜러 스코피디오는 팬케이크 물 패턴이 나올 수 있도록 라스베가스에 있는 벨라지오 호텔 앞 분수를 디자인한 작가를 만나 협업했다. 조명은 우주선같이 떠 있는 의자와 분수의 퍼포먼스를 극대화할 수 있는 방향을 조정했다.

첫 번째 단계인 중앙 광장 기획이 성공적으로 끝나자, 링컨센터 측은 두 번째

좌측 하단 사진은 중앙 분수의 1960년대 모습이고, 위 사진은 딜러 스코피디오가 최근에 개조한 모습이다. 분수는 조명과 음악으로 퍼포먼스가 극대화되었다. 범람하던 물이 예술의 물이 되었고, 땅에 박혀 있던 분수가 우주선처럼 떠 있게 되었다. 과거 지향적인 광장이 분수 하나로 미래 지향적이 되었다. 공연 인터미션(막간 휴식 시간)에 사람들이 다시 광장에 모이기 시작했고, 공연이 없는 시간에도 사람들이 이곳에 모이기 시작했다.

단계인 북쪽 광장 개보수도 딜러 스코피디오에게 맡겼다. 디자인의 방향은 첫 번째 리모델링 방향과 마찬가지로 새로운 잠재성을 발견하는 것이었다. 북쪽 광장 영역은 줄리아드 음대의 요구 조건과 링컨센터의 요구 조건을 맞추어야 했다. 줄리아드 음대 측은 집회 장소가 필요했고, 링컨센터 측은 레스토랑이 필요했다. 레스토랑 위에 잔디광장을 주는 개념은 여기서 도출됐다.

    딜러 스코피디오가 북쪽 광장에 내놓은 해법은 중심 광장보다 대담했다. 허공에 떠 있는 잔디 광장을 제안했다. 잔디 광장은 말안장처럼 두 꼭짓점은 땅을 향했고, 나머지 두 꼭짓점은 하늘을 향했다. 맨해튼과 북적북적한 도심 속에 갑자기 시골 전원에서나 볼 수 있는 푸른 초원 언덕이 생겼다. 잔디 광장 아래에는 쇼키친을 둔 레스토랑이 들어섰다. 중심광장보다 다소 예민함이 떨어졌던 북쪽 광장이 허공에 떠 있는 말안장 잔디광장으로 에지가 생겼다.

두 번째 단계인 북쪽 광장 리모델링을 끝내고 딜러 스코피디오는 세 번째 단계인 줄리아드 음대 리모델링에 착수했다. 줄리아드 건물은 1960년대 MIT 건축대학 학장인 벨루스키가 디자인했다. 이 건물은 미국에서 아주 중요한 1960년대 브루탈리즘 스타일의 건축물이기도 했다. 하지만 건물은 도시적이지 못했고, 안에 있는 앨리스 털리 홀(Alice Tully Hall) 극장은 개조가 시급했다. 또한 늘어난 학교 프로그램을 소화할 수 있어야 했다.

딜러 스코피디오가 줄리아드 음대에 보여준 건축적 성과는 크게 세 가지로 압축된다. 첫째는 도시로 열린 건축이 되게 했다. 줄리아드 음대 건물은 남쪽으로 65번 스트리트와 동쪽으로 브로드웨이가 교차한다. 이에 착안하여 딜러 스코피디오는 코너에 뾰족한 삼각형 코너를 만들었다. 코너 아래로는 전면 유리창을 두어 가로와 로비가 소통할 수 있게 했다.

둘째는 극장이었다. 기존의 극장은 건물의 중심에 위치하면서 로비와 연결되어 있지 못했고, 더 큰 문제는 기존 극장 자체가 여러 종류의 모임을 담는 다목적 공간이었지 진정한 의미에서 음악을 감상할 수 있는 예술 극장은 아니었다.

셋째는 친밀함이었다. 딜러 스코피디오는 소리의 친밀함과 빛의 친밀함을 추구했다. 이를 위해 먼저 불필요한 소음을 제거했다. 기존 극장 아래에는 지하철이 지나고 있어 미미한 소음과 진동이 항상 있었는데, 이는 기계실의 장비 소리에 묻혔다. 딜러 스코피디오는 무음 기계 장비를 도입했고, 지하철 소음은 대대적인 방음 장치를 설치하여 막았다.

기존 극장 평면은 관(coffin) 모양이라 소리가 마치 하수구 내려가는 물처럼 뱅글뱅글 돌았다. 소음을 제거한 후, 딜러 스코피디오는 음악당 안에서 완벽한 소리가 나올 수 있도록 디자인했다. 예산 한계로 구조까지 자유자재로 바꿀 수 있는 상황은 아니었지만, 대신 새로 디자인하는 내부 나무 벽면은 소리가 벽면을 따라 매끄럽게 흐른 후 중심에서 모였다가 소멸할 수 있게 디자인했다. 나무 패널은 부드럽게 처리

위에 있는 사진은 링컨센터 앨리스 털리 홀의 디자인 당시 3D 랜더링 이다. 좌측 하단 사진은 시공 전 목 업(Mock-Up, 부분 벽면 시공 테스 트) 현장에 있는 모습. 중앙에 있는 여자가 엘리자베스 딜러, 앞에 팔 을 괴고 있는 사람이 리카르도 스 코피디오이다. 곡면의 나무 베니어 판에 레진을 섞은 곳 뒤로 붉은 인 공조명이 은은히 퍼져 나오는 모습 을 보고 있다. 가운데 사진들은 퍼 포먼스 전후로 빛이 들어왔다 나가 는 모습을 사진에 담은 것이다.

227

하여 소리를 조율했고 친밀감을 높였다.

　다음으로 빛의 친밀함이었다. 딜러 스코피디오는 유선형의 내부 나무 패널 벽면 위로 붉은 빛이 음악 시작 전에 켜졌다가, 어두워지면서 음악의 소리가 서서히 들려오면, 붉은 빛이 서서히 꺼지도록 디자인했다. 엘리자베스 딜러는 "우리는 새로운 나무껍질이 부드러운 면을 이루면서 빛이 나올 수 있도록 레진(resin)을 사용했다. 벽면 뒤에는 붉은색 조명을 달았다. 나무 패널 위로 붉은 빛이 살짝 올라왔다 사라지길 원했다. 마치 얼굴이 빨개졌다 사라지는 사람처럼 홍조를 띤 극장이 되길 원했다"라고 말했다. 딜러 스코피디오가 세운 소리와 빛의 친밀함은 음악과 사람과의 친밀함으로 연장했다. 그것은 건축이 주는 친밀함이었다.

　딜러 스코피디오의 손길로 1960년대에 완공한 링컨센터는 '21세기형 음악의 전당'으로 다시 태어났다. 1960년대 건축가들이 트래버틴 광장과 네모반듯한 음악당으로 클래식의 권위를 맨해튼 웨스트사이드에 세웠다면, 21세기에 딜러 스코피디

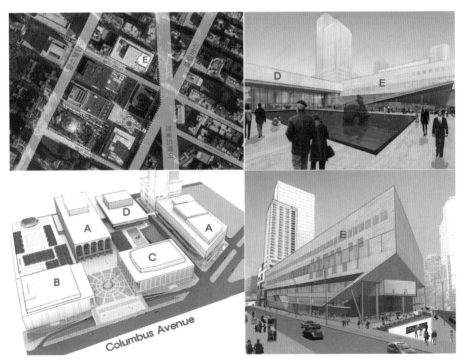

A는 오페라하우스, B는 댄싱 극장, C는 에버리 피셔홀, D는 비비안 버몬트 극장, 도서관, 그리고 박물관이고, E는 줄리아드 음대 부속 건물인 앨리스 털리 홀이다. 우측 상단 사진이 북쪽 광장 투시도이고, 우측 하단 사진이 개축된 줄리아드 음대 건물이다.

오는 투명하고, 흐르고, 만져지는 현대 건축의 새로운 가능성을 세웠다.

딜러 스코피디오의 손길로 차량 중심이었던 계단 광장은 사람 중심이 되었고, 도식 중심이었던 분수는 체험 중심이 되었고, 낮에만 흥미로웠던 트래버틴 광장은 반짝이는 전자 광장으로 밤에도 흥미로워졌고, 브로드웨이를 향해 둔탁하게 닫혀 있던 줄리아드 음대는 가로를 향해 예리하게 열려 있게 되었다.

딜러 스코피디오는 링컨센터 리모델링을 통해 현대인에게 말을 걸고 있다. 그것은 과거를 완전히 지우고 현재만 주장하는 것보다, 과거의 좋은 점은 계승하고 과거의 부족한 점을 현재의 가능성으로 채워주는 것이 더 값질 수도 있다는 사실이다. 우리는 그저 도시의 오래된 부분을 지우기 전에, 먼저 지우지 않을 부분을 생각해야 할 것이다. 오직 그럴 때만이 길은 역사의 여러 층들로 풍성해진다.

Morning
s i d e
Heights

_____

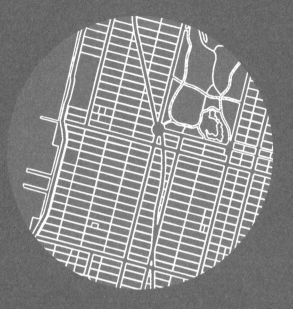

6

모닝사이드하이츠

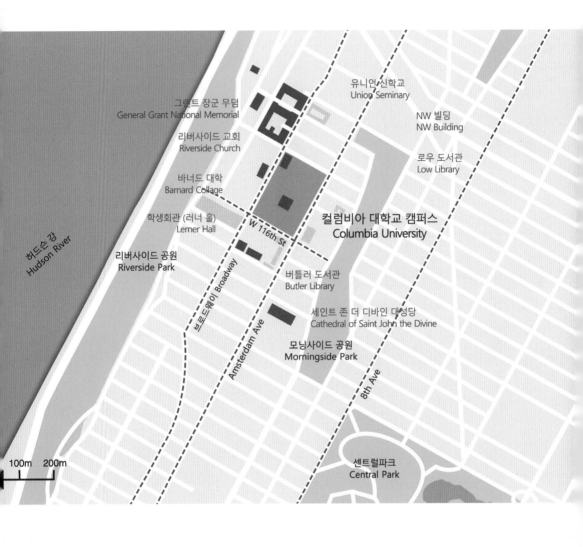

그랜트 장군 무덤
General Grant National Memorial

유니언 신학교
Union Seminary

NW 빌딩
NW Building

리버사이드 교회
Riverside Church

로우 도서관
Low Library

바너드 대학
Barnard Collage

학생회관 (러너 홀)
Lerner Hall

컬럼비아 대학교 캠퍼스
Columbia University

W 116th St

허드슨 강
Hudson River

리버사이드 공원
Riverside Park

버틀러 도서관
Butler Library

세인트 존 더 디바인 대성당
Cathedral of Saint John the Divine

모닝사이드 공원
Morningside Park

Amsterdam Ave

브로드웨이 Broadway

8th Ave

센트럴파크
Central Park

100m   200m

모닝사이드하이츠 들어가기

모닝사이드하이츠 동쪽으로는 모닝사이드 공원이 있고, 서쪽으로는 리버사이드 공원이 있다. 남으로는 110번 스트리트에서 북으로는 125번 스트리트이다. 모닝사이드하이츠 중심에는 컬럼비아 대학이 있다. 예전에는 모닝사이드하이츠를 '할렘 하이츠'라고 불렀다. 역사적으로 할렘 하이츠는 주요 독립 전쟁지이기도 했다.

　동서로 공원이 있는 모닝사이드하이츠는 맨해튼의 다른 지역에 비해 나무가 많다. 지적 활동을 하기에 적합한 자연환경이었는지, 모닝사이드하이츠에는 컬럼비아

사진에서 A는 허드슨 강, B는 그랜트 장군 무덤, C는 리버사이드 교회, D는 유니언 신학교, E는 컬럼비아 대학교(천연색 건물은 NW 빌딩), F는 바너드 여자대학교이다(천연색 건물은 다이애나 센터).

대학 외에도 유니언 신학교, 바너드 여자대학교, 교원 대학교를 비롯해 많은 학교가 있다.

그리고 맨해튼에서 내로라하는 교회 건축물을 가진 리버사이드 교회와 세인트 존 더 디바인 대성당이 모닝사이드하이츠에 있다. 그래서 교육기관과 종교기관의 밀집을 빗대어 이곳을 '맨해튼의 아크로폴리스'라 불렀다.

1914년 26세의 모제스는 당시 여자친구이자 훗날 루즈벨트 대통령의 노동부 장관을 지낸 프랜시스 퍼킨스와 허드슨 강가에서 보트를 탔다. 모제스는 지저분한 맨해튼 서측을 바라보며 "이 긴 수변 공간이 언제쯤 지상에서 가장 아름다워질 수 있을까?"라고 물었다. 훗날 이곳을 완전히 뒤바꾸어 놓을 장본인의 입에서 무심결에 나온 질문이었다. 당시만 해도 맨해튼 서측은 선박 하역장, 공장, 창고로 가득했는데 이로부터 20년 뒤에 모제스는 웨스트사이드 하이웨이, 헨리 허드슨 파크웨이, 리버사이드 공원으로 맨해튼 서측을 완전히 바꾸어 놓았다.

오늘날 모닝사이드하이츠 항공 사진을 보면, 허드슨 강변을 마주하고 있는 리버사이드 공원에는 그랜트 장군 무덤이 있고, 리버사이드 교회가 있다. 리버사이드 공원은 1870년대에 센트럴파크를 디자인한 옴스테드가 공원의 초석을 놓았고, 1930년대에 모제스의 조경가인 클리프턴 로이드와 길모아 클라크가 공원을 완성했다.

모닝사이드하이츠에는 걸어갈 만한 가까운 위치에 좋은 건축들이 많다. 특히 컬럼비아 대학과 바너드 여자대학교는 훌륭한 캠퍼스 건축물이 많다. 뿐만 아니라, 그랜트 장군 무덤, 리버사이드 교회, 세인트 존 더 디바인 대성당은 맨해튼의 대표적인 랜드마크 건축물들이다.

리버사이드 교회

1880년대 말 모닝사이드하이츠에서 세인트 존 더 디바인 대성당은 규모로 존재감을 과시했다. 19세기 맨해튼에 교회 첨탑보다 높은 구조물은 없었다. 교회 첨탑은 도시의 랜드마크였고, 도시의 스카이라인이었다.

하지만, 1차 세계대전이 끝날 즈음 교회가 도시의 랜드마크가 되기에는 새로 짓는 상업건축 마천루에 비해 키가 작았다. 맨해튼의 지가 상승과 시공비 상승은 교회로 하여금 더 이상 규모에 집착하지 못하게 했다. 장사로 돈을 번 기업 총수들이 본사를 초고층 마천루로 짓기 시작하면서 교회가 높이로 승부를 걸기에는 역부족이었다.

이런 시대적 상황(1920~1930년대)에 새로 나온 교회 형식이 마천루 교회였다. 신앙심 깊은 기업 총수 몇몇은 교회도 마천루 교회로 짓고자 했다. 그중 대표가 존 록펠러 2세였다. 마천루 교회를 지은 교회들은 사회 활동에 깊이 참여하고자 했다. 예배 공간 외에도 주중에 미팅 룸이나 교실로 커뮤니티 센터 역할을 겸하고자 했다. 마천루 교회의 대표적인 사례는 리버사이드 교회와 성 바돌로메오 교회를 꼽을 수 있다.

1920~30년대 대표적인 맨해튼 마천루 교회. 좌측은 모닝사이드하이츠에 있는 리버사이드 교회이고, 우측은 파크 애비뉴에 있는 성 바돌로메오 교회이다. 1차 세계대전 이후 교회의 마천루화는 시작했다.

록펠러는 파크 애비뉴 침례 교회의 지하 단칸방에서 성경공부를 이끌 만큼 열렬한 신앙인이었다. 록펠러의 어머니도 독실한 크리스찬이었다. 그녀는 아들을 성경적 공의와 인자, 겸손으로 지도했다. 록펠러 센터를 지은 록펠러는 세인트 존 더 디바인 대성당에 많은 돈을 기부했다. 하지만, 성공회의 목회관이 세계기독교주의가 아닌 점에 실망한 록펠러는 자기가 소속된 교회의 건물을 신축하고자 했다.

록펠러는 초교파주의를 받들었고, 교회가 사회적 활동에 적극적으로 참여하고 헌신하길 원했다. 110년이 지나도록 준공을 못한 세인트 존 더 디바인 대성당과 달리 록펠러는 몇 년 안에 리버사이드 교회를 준공시켰다.

완공 당시 사람들은 리버사이드 교회를 '록펠러 대성당'이라 불렀다. 록펠러 대성당은 허드슨 리버사이드에 위치했다. 이에 착안하여 대성당의 공식 교회명은 리버사이드 교회가 됐다. 리버사이드 교회는 세인튼 존 더 디바인 대성당과 함께 맨해튼 모닝사이드하이츠에 위치했고, 유니언 신학교, 컬럼비아 대학교, 그랜트 장군 무덤과 바로 인접했다.

허드슨 강변에서 리버사이드 교회를 보면 왜 건축가들이 이 교회를 마천루 교회라 했는지 이해할 수 있다. 높은 건물이 그다지 많지 않은 모닝사이드하이츠 지역에서 리버사이드 교회는 혼자 119미터까지 치솟았다. 당시 미국에서 가장 높은 교회로 5번 애비뉴의 높은 첨탑으로 유명한 성 패트릭 교회의 두 타워(100미터)보다도 높았다. 록펠러는 건축가 찰스 콜린스(Charles Collens)에게 프랑스에 가서 새로 지을 고딕 교회의 영감을 받아 오라고 지시했다. 콜린스는 프랑스의 샤르트르 대성당에서 깊이 감동했고, 돌아와서는 리버사이드 교회 디자인이 샤르트르 대성당을 따르도록 했다. 특히, 타워 부분은 샤르트르 남쪽 타워를 지향했다.

리버사이드 타워는 마천루처럼 복합 기능을 가졌다. 그 안에는 21개 층의 사무실이 있고, 미팅룸이 있고, 교실이 있고, 다른 실용적인 공간들이 있다. 꼭대기 층에는 74개의 종이 20톤의 무게로 매달려 있다. 연주 가능한 카리용으로는 세계 최대였다. 록펠러는 어머니의 이름을 따서 카리용의 이름을 '로라 스펠맨 록펠러 기념 카리용(Laura Spelman Rockefeller Memorial Carillon)'이라 지었다.

록펠러는 자신이 존경하는 해리 포스딕(Harry Emerson Fosdick) 기념 동상을 새겨 넣었다. 포스딕은 카리스마와 사회를 향한 목회관으로 사람들의 사랑을 받았다.

위 사진의 오른쪽 건물이 리버사이드 교회이고, 왼쪽이 그랜트 장군 무덤이다. 아래 사진은 리버사이드 교회 내부. 리버사이드 교회는 2012년에 문화재로 등록됐다.

또한 그는 교회 내 종파 간 벽을 허물고자 했다. 록펠러는 포스딕의 열렬한 지지자였다. 리버사이드 교회는 당시 미국 교회의 변화상을 신학적으로 또한 건축적으로 반영했다.

　로어맨해튼 월스트리트의 트리니티 교회는 맨해튼에서 한동안 가장 높은 구조물이었지만, 마천루의 대두로 '가장 높은 건물'이란 타이틀을 상업적 건물에 넘겼다. 리버사이드 교회는 1930년대 종교적 건축으로는 마지막으로 마천루 높이에 도전한 교회였다. 같은 해에 지어진 엠파이어스테이트 빌딩은 리버사이드교회보다 세 배더 높았다.

그랜트 장군 무덤

율리시스 그랜트는 남북전쟁을 북의 승리로 이끈 장본인이었고, 그 업적으로 18대 미국 대통령이 되었다. 퇴임 후, 그는 암으로 고생하며 생의 마지막을 고향인 맨해튼에서 보내다 1885년 세상을 떠났다. 대통령의 묘는 워싱턴 D.C.에 있으므로 뉴요커들은 장군으로서 그랜트를 기리는 무덤을 맨해튼에 세우고자 했다. 1888년 공모전이 개최되었는데, 선정 기준은 영웅의 기념비답게 '통일성'과 '안정성'이었다.

당선안은 건축가 존 던컨(John H. Duncan)이 냈다. 던컨의 계획안은 고대 7대 불가사의 중 하나인 할리카르낫소스의 묘와 근대 나폴레옹 묘를 참조했다. 던컨은 미국의 위용은 고대와 근대를 모두 아울러야 한다고 생각했다. 건물은 4면이 동일했고, 각면은 대칭이었다. 건물은 땅에 박힌 듯 무거웠고, 건물은 시간에 박힌 듯 영원했다.

남북전쟁으로 얻어낸 값비싼 노예제 해방은 영구적으로 지켜야 할 가치였고, 노예제 해방을 위해 귀한 목숨을 바친 군인들의 죽음은 영원히 기억해야 할 숭고함이었다. 이를 대표하여 그랜트 장군의 묘가 세워진 것이다.

오늘날에는 주변에 숲이 우거져 있다. 진입로를 따라 들어가면, 돌계단이 나온다. 정사각형의 몸통은 원형의 돔을 머리로 하고 있다. 아래는 도리스식 기둥이 있고, 위는 이오니아식 기둥이 있다.

내부는 1897년의 위용과 장엄을 그대로 드러냈다. 석관 안에는 그랜트 장군이 안치되어 있다. 벽에는 장군의 행적이 모자이크로 묘사되어 있다. 벽면 모자이크는 빛나는 돔 천장을 향해 올라갔다. 건물의 기하와 비례가 통일성과 안정성을 잡았고, 돔 천창이 땅의 통일감과 안정감을 하늘로 올려놓았다.

그랜트 장군의 무덤에 오면 아직도 남북이 분단 상태인 우리의 모습이 보인다. 우리의 통일은 언제 올 것이고, 우리의 통일 영웅은 누구일 것인지. 또 우리는 어떤 대가를 치러야 할까? 한 가지 분명한 꿈은 통일의 그날, 통일 한국을 만든 영웅과 우리를 위해 불멸의 기념비를 세우고 싶다.

그랜트 장군 무덤의 입구와 내부 돔 천장. 수직성의 강조로 지상보다는 천상의 이미지를 강화했다.

컬럼비아 대학

모닝사이드하이츠가 '맨해튼의 아크로폴리스'라면, 컬럼비아 대학은 '아크로폴리스의 파르테논'이다. 1890년 새로 부임한 세스 로우(Seth Low) 총장은 경쟁 대학인 뉴욕대를 능가하고자 했다. 그가 부임하기 전에 미국 대학은 너 나 할 것 없이 대학 캠퍼스의 공동체 의식을 강조하며 고딕 양식을 추구했다. 미국 건축계는 이를 '대학 고딕(Collegiate Gothic)'이라 불렀다.

1893년 시카고 엑스포는 건축적으로 막강한 영향력을 끼쳤다. 그곳에서 보자르 양식 건축물들을 통해 로마의 위용과 권위를 본 미국은 고전주의 양식 시기에 접어들었다. 대학교도 예외는 아니었다. 20세기 초에 세워진 MIT도 그 영향으로 고전주의 양식으로 찰스 강 건너에 고전주의 캠퍼스를 세웠고, 로우 총장도 새로 짓는 컬럼비아 대학 캠퍼스를 전원적인 고딕 양식보다는 도시적인 보자르 양식으로 짓고자 했다. 그는 맨해튼 최고의 보자르 양식 건축가인 찰스 맥킴을 고용했다.

찰스 맥킴은 1894년 컬럼비아 대학의 종합 계획을 그렸다. 컬럼비아 대학이 새로 산 땅은 구릉지였다. 특히 캠퍼스 부지의 북쪽 끝인 119번 스트리트에서 급격히 지대가 5미터 낮아졌다. 맥킴의 건축은 바닥에서 시작했다. 맥킴은 기단에 천재적이었다. 맥킴은 구릉을 두 개의 플랫폼으로 나눴는데, 남쪽은 낮았고 북쪽은 높았다.

두 플랫폼이 나뉘는 기준점은 116번 스트리트였다. 이 도로는 후에 캠퍼스 중심 보행 공간인 '컬리지 워크(College Walk)'였다. 직사각형의 교정을 116번 스트리트가 관통하며 양분했다. 맥킴은 중앙 뜰을 중심축에 두고, 4개의 부속 뜰을 각 코너에 위치시켰다. 4개의 부속 뜰 개념은 지켜지지 않았지만 가장 비슷한 모습은 북동쪽 코너에 있다.

맥킴은 북쪽 플랫폼을 테라스와 계단 광장으로 높였고, 남쪽 플랫폼은 그대로 뒀다. 북쪽 플랫폼 중심에 로우 도서관을 두어 캠퍼스의 가장 중요한 기념비적인 건축이 되게 했다. 맥킴은 오늘날에 버틀러 도서관이 있는 자리에 캠퍼스 정문 건축을 세우려 했었고, 유리스 홀(Uris Hall)이 있는 자리에는 마천루를 세우고자 했었다.

컬럼비아 대학교 중심에 서면, 찰스 맥킴이 얼마나 훌륭한 건축적 비전을 가지고 이곳을 세웠는지 알게 된다. 대학의 중심은 조화롭고 정제되어 있다. 맥킴은 군더

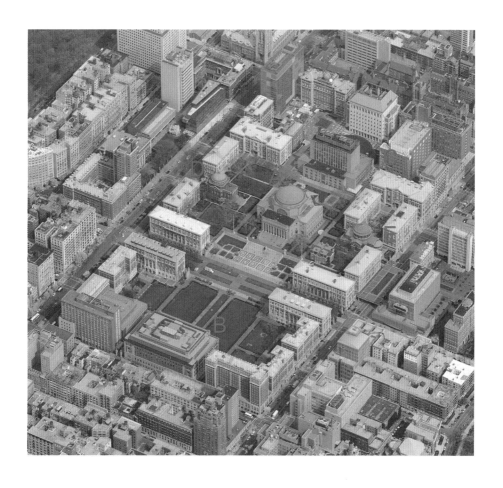

컬럼비아 대학 교정. 컬럼비아 대학의 중심은 네모 모양이다. 그 중심에 116번 스트리트가 관통하며 캠퍼스를 남북으로 나눈다. 북쪽은 테라스와 계단 광장으로 높다. 북쪽의 중심에 로우 도서관이 있다. A는 로우 도서관, B는 버틀러 도서관, C는 유리스 홀, D는 얼 홀, E는 세인트 폴 교회이다. 교정의 남북 축은 ABC이고, 동서 축은 DAE이다. 버틀러 도서관 옆에 있는 푸른 건물이 베르나르 츄미의 건물이고, 동쪽에 있는 푸른 건물이 제임스 폴의 법대 건물, 북쪽에 있는 푸른 건물이 라파엘 모네의 건물이다.

더기 없는 건축가였다. 컬럼비아 대학교에서도 맥킴은 단 하나의 변화로 다이내믹한 조경 공간을 창출했는데, 바로 바닥의 높이 변화였다.

바닥에 대한 맥킴의 의지는 분명했다. 그는 캠퍼스 부지의 자연적인 흐름에 역행했다. 이는 옛 사진을 보면 더욱 분명해진다. 사진을 보면, 교정의 동쪽 도로인 암스테르담 애비뉴는 도서관을 기준으로 급격히 하강한다. 이에 비해, 맥킴의 교정은 북으로 갈수록 상승한다. 하강과 상승의 긴장 관계가 컬럼비아 대학 교정을 우아하고 특별하게 한다.

컬럼비아 대학 남쪽 안뜰은 주변 도로보다 높이 차가 적고, 북쪽 안뜰은 주변 도로보다 높이 차가 크다. 남쪽 안뜰은 도시와 관계가 수평적이고, 북쪽 안뜰은 도시와의 관계가 수직적이다. 남쪽 안뜰에서는 대등한 경계가 형성되어 있고 북쪽 안뜰에서는 캠퍼스 쪽이 높은 경계가 형성되어 있다. 남북 축으로 점증적으로 상승하는 축과 동서로 관계성이 변하는 땅들의 대응 관계가 컬럼비아 대학의 바탕이었다.

컬럼비아 대학은 가파르게 성장했고, 로우 도서관은 공간이 부족했다. 곧 컬럼비아는 두 번째 도서관을 짓고자 했는데 예일대에 엄청난 기부금을 낸 에드워드 하크네스(Edward S. Harkness)가 컬럼비아에도 새로운 도서관 건립 기금을 기부했다. 하크네스는 예일대에서 호흡을 맞춘 건축가 제임스 갬블 로저스(James Gamble Rogers)를 선임했다. 로저스는 학교 건축가로는 큰 건축가로 그가 예일대에 선보인 고딕 양식은 미국 내 최고였다. 그는 맥킴의 고전주의가 탐탁지 않았지만, 기존 질서를 따라 남쪽에 거대한 버틀러 도서관을 보자르 양식으로 세웠다.

버틀러 도서관은 로우 도서관과 남북 축을 형성했다. 캠퍼스의 중심 공간을 붙드는 말뚝 건물이었다. 버틀러 도서관은 로우 도서관과 함께 자석처럼 기타 공간을 잡아 주었다. 남북 축에 교차하는 동서 축은 '얼 홀-로우 도서관-세인트 폴 교회'가 형성했다.

맥킴의 보자르 모델 캠퍼스 구성 방식은 축의 구성, 기념비적인 스케일, 그리고 형식적인 외부공간 구성체계에 의해 완성된 도시적인 모델이었다. 건축가들은 그의 캠퍼스를 '대학 도시(Collegiate City)'라 불렀다. 맥킴이 컬럼비아 대학 교정에 선보인 가치는 힘과 우아함, 질서와 아름다움이었다.

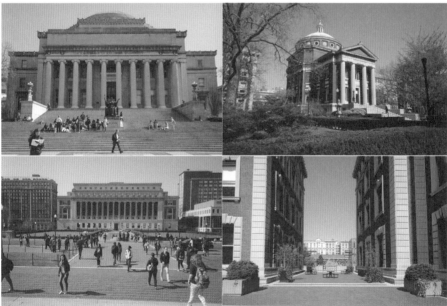

위 사진은 1897년 컬럼비아 대학의 모습이다. 동측 도로인 암스테르담 애비뉴는 북으로 갈수록 급격히 하강한다. 반면, 맥킴의 캠퍼스는 북으로 갈수록 상승했다. 맥킴은 뛰어난 바닥 처리로 캠퍼스의 상승감을 도모했다. 칼러 사진의 좌측 상단은 로우 도서관, 좌측 하단은 버틀러 도서관, 우측 상단은 얼 홀, 우측 하단은 북측 정원의 모습이다. 캠퍼스 밖 노면에 비해 북측 정원은 훨씬 떠 있다. (하단 사진 4개 ⓒ이중원)

243

로우 도서관(1895)

로우 도서관의 시작은 바닥이다. 그중에서도 계단 광장은 캠퍼스의 시작이면서 도서관의 시작이다. 건축가 맥킴은 116번 스트리트에서부터 계단 광장을 3단계로 나눴다. 각 단계는 북으로 갈수록 너비는 좁아지고, 경사는 높아진다.

첫 번째 계단 광장은 동서로 가장 길다. 가장 기념비적이고, 장엄하다. 계단 너비가 길어질수록 계단이 넉넉해지는 사실은 익히 알고 있지만, 일정 길이가 넘어가면서 계단은 장엄해진다.

장엄한 계단을 지나면, 너비가 다소 좁아진 두 번째 계단 광장이 나온다. 계단의 수는 처음보다 많아졌다. 두 번째 계단 광장에는 컬럼비아 대학의 중심 동상인 알마 매이터(Alma Mater)가 있다. 알마 매이터는 영어로 '모교'라는 의미다. 동상은 그리스 신화에 나오는 아테나 여신이다. 그녀는 전쟁의 여신이자 지혜의 여신으로, 미국 대학들이 즐겨 사용하는 상징이다.

알마 매이터 뒤로 맥킴의 세 번째 계단 광장이 있다. 세 계단 광장 중에 가장 좁고 가파르다. 학문의 길이 위로 가면 갈수록 좁고 힘이 부침을 도서관 계단 광장으로 표현했다.

중세 수도원을 모형으로 시작한 13세기 대학들은 뜰을 중심으로 건물을 배치했다. 하나의 뜰에 ㅁ자형 건물을 각각 배치시켜 교실과 식당, 기숙사를 넣었다. 단과대학별로 수도원 같은 공동체 생활을 하며 학업에 정진하도록 배치했다. 영국에서는 이를 '하우스 시스템'이라 불렀고, 미국은 이를 '컬리지 시스템'이라 불렀다. 이 원칙은 고딕 형식의 캠퍼스든 고전 형식의 캠퍼스든 동일했다. 단과대학의 뜰은 대학 중심의 거대한 뜰에 종속되어 있고, 중심 뜰에는 중앙 도서관이 위치했다. 맥킴의 컬럼비아 대학도 이 원칙을 따랐다.

로우 도서관은 캠퍼스 남북 축과 동서 축 교차점에 위치하며, 사방으로 열려야 했다. 도서관은 4면으로 입구가 생겼다. 안으로 들어오면, 도너츠 모양으로 복도가 있고, 복도 안쪽에는 돔 천장 로비가 있다.

외부 질서에서 비롯된 도서관 사방향성은 내부 질서에도 고스란히 이어진다. 내부 바닥은 정사각형이고, 내부 천장은 원이다. 기하는 변하지만, 사방향성은 유지

알마 매이터 동상. 지혜의 여신 아테나는 우아하게 팔을 벌려 학생들은 물론 손님들을 늘 맞이한다. 학생들 사이에 전해지는 전설에 의하면, 그녀의 옷자락 뒤에는 부엉이가 한 마리 있는데, 이를 제일 먼저 본 신입생이 수석 졸업을 하고 졸업식에서 대표로 고별사를 낭독한다고 한다.

된다.

돔 천장 지름은 21미터, 높이는 32미터이다. 이오니아식 기둥의 높이는 9미터이다. 돔 중앙의 높이는 8층 높이다. 로우 총장이 내다보고 있던 컬럼비아 대학 비전이 당시 얼마나 컸는지 엄청난 크기로 가늠할 수 있다.

돔 천장 방에 들어갔을 때, 나는 로우 총장이 떠올랐다. 그는 컬럼비아 단과대학을 컬럼비아 종합대학으로 승격시켰다. 1889년만 해도 컬럼비아 단과대학은 총명한 맨해튼 인재들을 유치하고자 적극적인 학교 홍보에 나섰지만, 많은 학생들이 대부분 하버드나 예일 대학을 선택했다. 그해 컬럼비아 대학 재단은 로우를 총장으로 영입했다. 로우는 대단한 리더였고, 앞을 내다보는 선각자였다.

1891년 로우는 재단을 설득하여 캠퍼스를 지금의 자리로 옮겼다. 동문의 반대는 만만치 않았다. 줄어든 기부금 액수는 이를 반영했지만 이에 굴하지 않고 로우는 자기 호주머니에서 백만 달러를 내놨다. 그 기금으로 로우 도서관이 지어졌다.

나중에 로우는 뉴욕 시장으로 당선되면서 총장 자리를 내놓았다. 로우는 차기 총장인 니콜라스 버틀러(Nicholas Murray Butler)와 관점이 반대였다. 버틀러 총장이 유대인의 대학 입학을 불허하는 정책을 펴자, 로우는 컬럼비아 대학과의 모든 관계를 끊었다. 버틀러는 역대 총장 중 최장기인 43년간 집권했다.

버틀러 도서관은 원래 1934년 문을 열었지만, 버틀러 총장이 퇴임하고 1년 뒤에 그의 이름을 도서관 이름으로 썼다. 로우 도서관과 버틀러 도서관은 컬럼비아 대학의 기원을 건축적으로 보여준다.

로우 도서관은 오늘날 우리에게 대학 중앙 도서관은 어때야 하는지 잘 알려준다. 그것은 캠퍼스 조경 체계의 중심이며, 캠퍼스 건축 체계의 중심이다. 체계의 중심이 닫혀 있으면, 체계는 숨이 막혀버린다. 체계의 중심이 제 자리에 있지 못하면 그 체계는 방향을 상실한다. 체계의 중심이 단순 명료하지 못하면, 체계는 복잡하고 어지러워진다.

과연 우리의 도서관은 뜰과의 유기체적 관계 속에서 제대로 정의되어 있는지, 또 건축적으로 열려 있으면서도 단순 명료한지 물어봐야 할 때다. 컬럼비아 대학 캠퍼스와 로우 도서관은 그 질문의 명료한 기준이 되어준다.

로우 도서관 내부. 위 사진은 특별 행사를 하고 있는 모습이고, 아래 사진은 도서관으로 쓰이던 당시의 모습이다. (위 사진 ⓒ이중원)

러너 홀

1999년, 컬럼비아 대학 학생회관인 러너 홀(Alfred Lerner Hall Student Center)이 완공됐다. 건축가는 베르나르 츄미였고 캠퍼스 남서쪽 코너에 위치했다.

건축가 베르나르 츄미는 파리의 라빌레트 공원 국제공모전 당선으로 이름을 날렸다. 츄미가 파리에 세운 공원은 붉은 점(파빌리온) 조직이 잔디 위에 네트워크를 구성했다. 츄미는 1968년 파리의 인권 집회를 기억하며 붉은색을 썼다. 공원은 츄미의 건축답게 개념적이면서 맥락적이었고 대성공을 거두었다.

공원의 성공으로 츄미는 컬럼비아 건축대 학장이 되었다. 츄미의 리더십은 컬럼비아 건축대학 프로그램을 세계에서 가장 혁신적이고 진보적인 건축교육 프로그램으로 바꾸어 놓았다. "영국에 AA가 있다면, 미국에 컬럼비아가 있다"라는 말이 돌 정도였다. 츄미의 리더십 아래 교육받은 학생들은 건축가로서 머리가 트여 학교를 나왔다.

츄미는 도시의 이벤트가 있는 건축을 선호했다. 그런 건축에는 활동(movement)과 활기(energy)가 있다고 생각했다. 츄미는 건축을 통해 발휘될 수 있는 에너지와 움직임을 잡으려고 했다.

츄미는 새로 짓는 컬럼비아 대학 학생회관이 건축가 맥킴의 고전주의 질서를 지키면서도 미래 지향적이길 원했다. 학생회관은 좌우로 벽돌이면서 중심은 유리였다. 벽돌로 기존 외관 질서를 유지했고, 유리로 새로운 운동과 움직임을 만들었다.

비스듬히 매달린 경사로 앞에 유리 외장을 두었다. 츄미는 경사로에서 구조미를 한껏 자랑했고, 저녁에는 푸르스름한 빛이 경사로를 극장 무대로 바꿨다. 경사로는 동선이면서 무대였고, 구조면서 조명이었다. 츄미는 질서 있는 보자르식 캠퍼스에 현대적인 운동을 선보였다.

경사로의 비스듬한 각도는 캠퍼스와 도시 가로(브로드웨이)의 높이 차이를 반영했다. 캠퍼스는 브로드웨이보다 1.8미터 높다. 경사는 서측에서 동측으로 올라간다. 학생회관의 램프도 이 경사를 따른다. 츄미의 경사로는 맥락적이다.

츄미의 경사로는 단순한 동선이 아니다. 경사로는 공공 공간으로, 이벤트가 일어나야 했다. 예기치 않은 만남과 깜짝 대화의 중심지이고 불특정 만남의 허브(Hub)

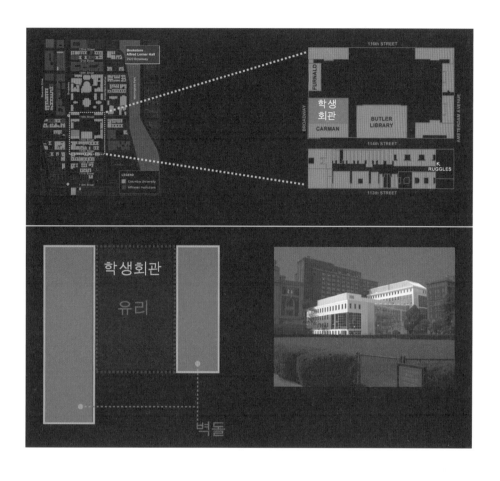

왼쪽 상단 이미지는 컬럼비아 대학의 배치도 다이어그램이다. 학생회관은 캠퍼스의 서남쪽에 위치한다. 학생회관 서쪽으로 브로드웨이가 있고, 동쪽으로 버틀러 도서관이 있다. 새로 짓는 학생회관은 두 벽돌 건물 사이로 삽입한 유리 건물이다.

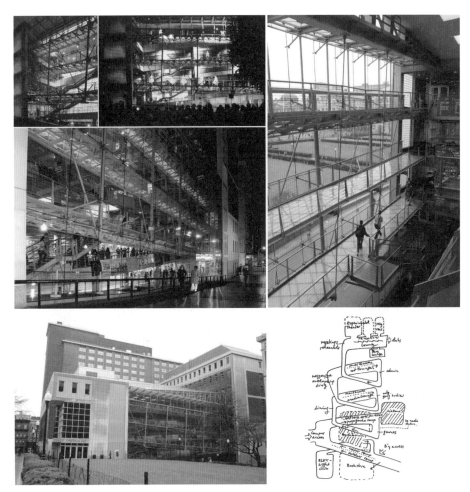

츄미의 스케치는 철저한 사람 중심형 관점의 투영이다. 그는 단순할 수 있었던 복도 또는 동선체계를 하나의 소통의 장소, 만남의 장소로 만들었다. 그리고 학생들의 교류와 만남은 일종의 퍼포먼스이자 교정의 무대가 됐다. 츄미가 학생회관에 매달고자 한 것은 혁신적인 경사로이기도 했지만 혁신적인 퍼포먼스이기도 했다.

다. 츄미의 경사로는 우연적 공연의 무대였다.

　건축은 건축가의 관점에 의해 구성되는 물리적 실체이다. 그러므로 건축가의 관점은 맥락적이면서 개념적이어야 한다. 건축가의 관점은 관계적이면서 동시에 조직적이어야 한다. 맥락과 관계는 역사이지만, 개념과 조직은 창작이다. 츄미의 건축은 이를 보여준다.

　학생회관은 밤낮으로 빛에 반응한다. 낮에는 푸른 하늘에서 거침없이 쏟아지는 태양이 유리의 굴절 효과를 높이고, 밤에는 경사로를 밝히는 푸른 조명이 교정의 남서쪽 코너를 밝힌다.

츄미는 새로운 생각과 체험으로 고전적인 캠퍼스를 미래로 이끌고자 한다. 그는 학생들의 활기와 학생회관의 혁신성이 새 흐름을 주도할 주체라 믿었다. 그에게 학생들과의 만남은 학교의 중심 이벤트이고, 학생회관의 푸른 조명은 교정을 미래로 데리고 갈 타임머신이었다. 츄미의 학생회관으로 컬럼비아 대학 교정은 다시 젊어지기 시작했고, 캠퍼스 건축은 다시 시대를 선도할 생각을 말하기 시작했다. 놀랍게도 건물 하나로 캠퍼스 전체가 미래로 나아가게 되었다.

NW 빌딩

나는 대학 교수이다 보니 학생들을 자주 만난다. 새 학기마다 새로운 학생들과 만나는 것은 설렘이자 두근거림이다. 많은 학생들을 보다 보니, 사람을 보는 눈도 바뀌었다. 예전에는 사람의 역량을 보았다면, 이제는 사람의 중심을 본다. 학생의 똑똑함보다는 가치관을 본다.

대학생 때는 아직 젊어서 사람의 중심보다는 외모에 더 끌린다. 이 점은 잘생긴 동기가 있는 학번과 없는 학번의 뭉치는 정도를 살펴보면 쉽게 알 수 있다. 예쁜 여학생이 한 명이라도 들어오는 학번은 그 여학생을 중심으로 잘 뭉친다. 입고 다니는 옷에 신경 쓰고, 숱한 밤샘 작업에도 깨끗하게 씻고 다닌다. 방과 후 모임이 잦아지고, MT가 부흥하고, 활기가 넘친다.

NW 빌딩은 비유컨대 별 볼 일 없는 길거리에 나타난 '블록버스터급 예쁜 여학생'이다. 주변 건물들이 덩달아 옷을 바꿔 입고, 단장하기 시작한다. 거리는 활기로 넘쳐나고 젊어진다. 낙엽만 날리던 거리에 갑자기 사람들이 몰린다. 이 점을 보면 왜 우리가 주요 교차로에 예쁜 건축물을 세워야 하는지 알 수 있다.

모마 건축과 디렉터를 역임한 컬럼비아 대학 건축학과 교수 배리 버그덜(Barry Bergdoll)은 "낙엽이 날리던 코너가 건축가 라파엘 모네오의 NW 빌딩으로 변했다"라고 말했다. 그 기사를 읽으며, 나는 버그덜 교수님을 떠올렸다. 버그덜 교수님은 내 은사님이기도 했다. 내가 MIT에서 수학하던 시절, 교수님은 객원 교수로 MIT에 오셨다. 나는 그분이 지도한 근대 독일 건축의 삼인방(쉰켈, 젬퍼, 미스)을 배웠고 강의는 결코 잊을 수 없었다. 컬럼비아 대학의 호감은 그 강의를 계기로 높아졌고, 교수님의 말과 글에 그 강의를 계기로 귀를 기울이기 시작했다. 교수님은 필립 존슨과 마찬가지로 모마 건축과 디렉터를 역임했다.

NW 빌딩이 들어선 문제의 코너 땅은 주변에 많은 건축적 유산이 있었음에도 불구하고 늘 침침했다. 북측 입구임에도 불구하고 늘 파리만 날렸다. 사실 미국의 컬럼비아 대학과 예일 대학은 영국 옥스브리지(옥스퍼드 대학과 케임브리지 대학을 함께 일컫는 말)의 타운(Town)과 가운(Gown) 문제를 안고 있었다. 타운은 캠퍼스 인근 블루칼라층을 지칭했고, 가운은 대학 내 식자층을 빗대었다. 타운과 가운은 대립했고, 심

NW 빌딩은 아래에 있는 농구장을 기둥 없이 가로질러야 했기 때문에 건물은 거대한 교량이어야 했다. 직방체의 건물은 지면으로부터 떠 있다. 건물의 대각선 버팀대(bracing)들은 건물이 거대한 브리지 건물이어야 했음을 표현한다. 건물은 브로드웨이와 120번 스트리트를 향해 유리로 열려 있다.

한 경우 빗장을 서로 높였다.

타운과 가운의 대립은 예일 대학에서도 심한 문제였다. 따라서 캠퍼스 디자인은 갈수록 내부 지향적이 되었고, 외부에 대해서는 폐쇄적으로 변하기 쉬웠다. 컬럼비아 대학도 마찬가지였다. 캠퍼스가 주변보다 높은 구릉지인 탓도 있지만, 기본적으로 맥킴의 고전주의 양식 역시 주변-배타적이었다. 컬럼비아 대학은 적극적으로 타운을 껴안는 가운은 아니었다.

컬럼비아 대학은 새로운 캠퍼스 건축가로 렌조 피아노를 고용했다. 피아노의 캠퍼스는 맥킴 캠퍼스의 안티테제였다. 피아노의 캠퍼스는 주변으로 열린 교정을 지향했다. 안뜰보다는 열린 길을 지향했다. 안뜰의 폐쇄성보다는 길의 개방성을 지향했다.

맥킴은 면적인 구성을 했고, 피아노는 선적인 구성을 했다. 맥킴은 울타리를 높였고, 피아노는 울타리를 낮췄다. 맥킴은 중심에서 예민했고, 피아노는 경계에서 예민했다. 맥킴은 예측 상황을 선호했고, 피아노는 우연 상황을 선호했다.

맥킴은 가운과 타운을 나눴지만 피아노는 가운과 타운을 합쳤다. 맥킴의 교정은 내부 지향적인 방이고자 했고, 피아노의 교정은 외부 지향적 도시이고자 했다. 피아노는 교정 건축을 적극적으로 주변으로 열었고, 교정과 도시가 교차하도록 했다.

피아노는 대학 건축의 역할이 지역 건축을 품고 견인하는 주체임을 잘 알고 있었다. 피아노 교정 건축의 저층부에는 시장이 들어왔고, 시장으로 교정 건축이 나갔다. 캠퍼스 조경은 지역 공원이 됐고, 지역 공원은 캠퍼스 조경이 됐다. 이로써 가운과 타운은 공존할 수 있었다.

NW 빌딩은 이러한 새로운 캠퍼스의 건축 정신에 부합하고자 했다. 닫힌 가운이 아니라 열린 가운이고자 했고 캠퍼스 건축의 품격을 높이면서 동시에 지역 건축의 품위까지 높이고자 했다. 컬럼비아 대학은 그런 이상향을 디자인할 수 있는 적임자로 하버드 대학교 건축학과 교수이자 건축가인 라파엘 모네오를 지명했다.

대지에는 난관이 하나 있었다. 새로 들어설 건물 자리 아래로는 실내 농구장이 있었다. 건물은 농구장을 건드리지 않으면서 새로 서야 했다. 따라서 건물은 농구장을 가로지르는 대형 교량과 같은 건물이어야 했다. 모네오는 교량과 같이 대각선 구조부재를 사용했다. 모네오는 특별한 구조형식이 건물 외장형식이길 원했다.

자칫 잘못하면, 공학적인 구조물로 전락할 수 있었던 건물 외장이 모네오의 손

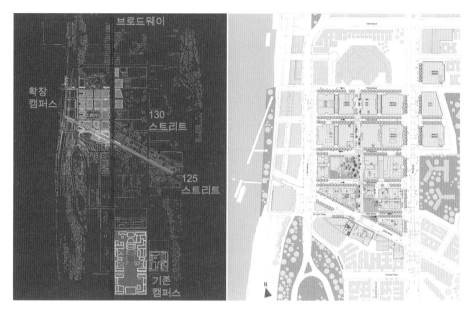

렌조 피아노는 컬럼비아 대학 북쪽 확장 캠퍼스 마스터플랜을 내놓았다. 피아노의 마스터플랜은 맥킴의 기존 캠퍼스와는 달랐다. 기존 캠퍼스가 내부 지향적이었다면, 확장 캠퍼스는 외부 지향적이고자 했다. 새 캠퍼스는 브로드웨이와 125번 스트리트의 교차점에서 시작했다. 발표 당시, 130스트리트 남쪽 부분은 2015년에 완공이 목표였고, 북쪽 부분은 향후 25년의 발전 방안이었다.(Image Courtesy: Renzo Piano Building Workshop)

길이 지나자 한 편의 시가 됐다. 메탈 루버들이 방향을 달리하며 일어섰다. 내부에 빛을 잘게 썰어주는 장치였고, 동시에 빗각의 구조체 버팀대와 하나처럼 보이는 장치였다.

NW 빌딩 체험의 백미는 로비의 카페에서 일어났다. 브로드웨이를 기준으로 3층 높이에 있는 카페는 근경과 소통했다. 북쪽의 교원 대학과 북서쪽의 유니언 신학교와 리버사이드 교회는 한 편의 돌 건축 파노라마를 만들었다.

교원 대학의 붉은색 돌은 파노라마의 시작이고, 유니언 신학교와 리버사이드 교회의 회색 돌은 파노라마의 끝이다. 파노라마의 시작점에서 시작한 장식은 파노라마의 끝점으로 갈수록 많아진다. 돌 장식이 많을수록 건물은 높아졌다.

리버사이드 교회 타워를 디자인한 건축가가 코너에 있는 유니언 신학교까지 디자인했다. 유니언 신학교는 1910년 맨해튼 고딕 리바이벌 시대에 지어졌고, 리버사이드 교회 타워는 1920년 고딕으로 꺼져가는 고딕 양식의 마지막 횃불이었다.

2013년 봄, 나는 이 카페에 갔다. 그곳에는 사진으로는 절대 담지 못하는 장엄한 파노라마가 있었다. 돌 색깔의 파노라마였고, 돌 장식의 파노라마였고, 돌 높이의 파노라마였고, 돌 양식의 파노라마였다. 수려한 산맥도, 장려한 바다도 아니었지만 엄숙하게 아름다웠다. 시대를 달리하며 장인들이 세운 돌이 위대한 자연에 버금갈 수 있는 사실이 새로웠다. 그것은 자연을 신성시한 동양에서 태어난 사람이 인공을 신성시한 서양의 돌 문화 앞에서 느끼는 이국적인 아름다움이었다.

북서쪽으로 펼쳐지는 유니언 신학교 타워는 사진에서보다 훨씬 가깝고 크게 보였다. 마찬가지로 교원 대학의 브라운 스톤도 훨씬 밀접하고 거대했다. 세부 장식들은 눈앞에 있는 듯 선명했고, 손으로 잡힐 것 같았다. 새로 지은 카페에서 시대를 달리하며 병치해 있는 주변 건물들을 보며 추상적인 시간이 구체적인 체험으로 다가오는 것을 느꼈다.

NW 빌딩은 컬럼비아 대학의 새로운 북서쪽 대문이 되었다. 새로 세운 건물 한 동이 낡아만 보이던 교원 대학과 유니언 신학교까지 새로운 관계성으로 재조직하는 사실이 놀랍기만 하다.

NW 빌딩은 모퉁이에 서서 주변을 밝혀줬고, 1920년대에 머물러 있던 동네를 100년 앞으로 당겨 주었다. NW 빌딩은 주변 캠퍼스를 묶어주는 구심점 역할을 했고, 한산했던 컬럼비아 대학의 북측 코너를 북적이게 했다. 낡았던 동네가 NW 빌딩으로 모닝사이드하이츠에서 사람들의 관심이 집중되는 초점이 되었다.

위 사진은 NW 빌딩 앞에서 북서쪽에 있는 유니언 신학교를 바라보고 찍은 사진이다. 유니언 신학교 뒤로 리버사이드 교회의 타워가 보인다. 아래 사진은 NW 빌딩 카페에서(이 카페는 브로드웨이를 기준으로 3층 정도 올라온 높이다) 유니언 신학교를 바라본 사진이다. 우측 끝머리에 교원 대학교의 브라운 스톤 건물이 보인다. ©이중원

다이애나 센터

대개 미국의 대학들은 캠퍼스 내에 새 건물을 지을 때 최고의 건축가를 초빙하고, 새로 짓는 건물 한 동 한 동에 온 정성을 쏟아붓는다. 대학 건축은 100년을 내다보는 일이므로 어찌 보면 이는 당연하다. 이러한 점에서 컬럼비아 대학도 둘째가라면 서러운 학교다.

컬럼비아 대학은 최근에 프리츠커 상을 수상한 건축가이자 하버드 대학 건축학과 교수인 라파엘 모네오를 위촉하여 NW 빌딩을 완공했다. 평소 모네오의 팬인 나는 이 건물을 방문하러 갔다가 뜻하지 않게 한 건물을 봤다.

모네오 건물 내부에서 한참 사진을 찍고 있던 나는 유리 너머로 주황색 건물을 보게 됐다. 건물은 보일락 말락 했다. 안경이 잘못됐나 싶어 안경을 닦고 다시 봐도 똑같았다. 건물 외피가 주황색인가 하고 다시 보면 흰색이었고, 메탈인가 하고 보면 유리였다. 나는 호기심을 이기지 못하고 그 건물로 발길을 옮겼다.

브로드웨이를 건너서야 나는 착시의 이유를 알 수 있었다. 패널은 주황색 메탈 패널과 백색 유리 패널이 번갈아가며 부착되었다. 메탈 패널 면의 주황색은 유리면을 만나면서 점진적으로 사라졌고, 유리의 투명함은 점진적으로 불투명함이 되었다. 처음에는 컬럼비아 대학 건물인 줄 알았는데, 정신을 차리고 보니 브로드웨이 건너편 버너드 여자대학 건물이었다. 건물의 이름은 다이애나 센터였다.

버너드 여자대학 캠퍼스는 고즈넉했는데, 새로 지은 다이애나 센터는 주변과 잘 어울렸다. 캠퍼스는 100년 전과 50년 전, 근래에 이르기까지 한 편의 건축적 연대기를 이뤘다. 침체되어 있던 연대기 끝에 갑자기 초현대적인 다이애나 센터가 등장했다.

건물은 서로 다른 네 방향의 조건들에 능동적으로 대응한다. 동쪽의 브로드웨이 쪽으로는 그러데이션이 변하는 주황 패널과 투명도가 바뀌는 유리로 대응하고, 남쪽은 카페를 배치시켜 녹지와 만난다. 서쪽은 계단으로 입체적인 볼륨 구성을 했다.

건물의 내부 척추는 공용공간이다. 강의실, 도서관, 카페 등의 공용공간은 브로드웨이가 있는 동쪽에 위치한다. 동쪽은 유리 외피와 주황색 메탈 패널 외피의 그러데이션을 구성한다. 서쪽은 볼륨 변화를 주제로 하는 삼차원적 변화이고 동쪽은 표

다이애나 센터의 북동쪽 코너 디테일. 유리를 유심히 보면, 주황색 패턴의 실크 스크리닝이 되어 있다. 저녁에 건물의 껍데기 착시 현상을 일으키는 장치이다. ⓒ이중원

면 처리 변화를 주제로 하는 이차원적 변화다.

건물의 주제는 빛과 길이다. 빛은 엷어져가는 외피 체계가 완성하고, 길은 건물 내부의 경사로가 완성한다. 잘게 썬은 주황 띠가 빛을 뿌옇게 하고, 길게 늘어뜨린 동선이 건물의 길을 다이내믹하게 한다. 언뜻 보기에는 재료와 볼륨이 건물의 주제인 것 같지만, 실은 빛과 길이다.

보통 학교 건축에서 건물의 공용공간은 수직적이다. 보스턴의 건축가 와이스 만프레디(Weiss Mafredi)는 이곳에서 공용공간을 계단형으로 구성했다. 만프레디는 공용공간을 위로 갈수록 북으로 밀었다. 그 결과 브로드웨이와 공용공간은 소통했다. 공용 공간 내부는 초록으로 칠했다. 뿌예지는 유리는 초록 또한 점진적으로 지워갔다. 저녁에 조명이 켜지면, 새로운 사실을 밝힌다. 실험적인 외피는 실험적인 빛의 연출을 만들고, 혁신적인 건축은 새로운 가로 체험을 연다.

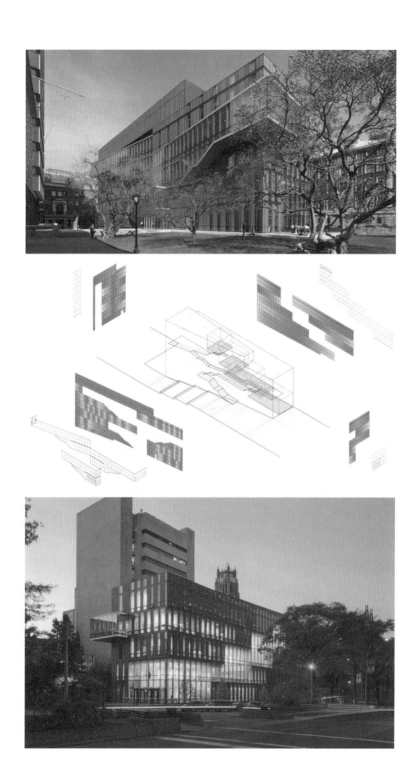

바너드 여자대학교의 다이애나 센터. 상단 사진은 서측에서 바라본 사진. 중앙 다이어그램에서 초록색으로 칠해진 부분이 아트리움이다. 주황색이 패널이고, 바둑판 문양이 유리이다. 아래 사진은 브로드웨이 쪽에서 저녁에 찍은 사진이다.(Image Courtesy: Weiss&Manfredi)

세인트 존 더 디바인 대성당

세인트 존 더 디바인 대성당은 모닝사이드하이츠의 첫 공공 건축이었다. 1892년 12월 27일 모닝사이드하이츠에 대성당의 착공을 알리는 첫 돌을 놓았다. 이후 25년간 모닝사이드하이츠는 맨해튼의 아크로폴리스라는 이름에 걸맞게 종교와 교육의 메카가 됐다.

1888년 맨해튼에 성공회 대성당 공모전이 개최되었고, 하인즈 앤 라팔지 (Heins&LaFarge) 건축사무소가 당선되었다. 조지 하인즈와 크리스토퍼 라팔지는 MIT 건축학과에서 함께 수학한 건축가들이었다. 하인즈는 현장 타입의 건축가였고, 라팔지는 디자인에 집중하는 건축가였다. 라팔지는 로마네스크 양식과 비잔틴 양식을 대성당 양식으로 택했다. 오늘날에도 대성당 안에 라팔지가 완공한 성가와 돔 부분이 남아 있다.

라팔지의 대성당은 미완의 상태로 1911년에 끝났다. 1907년 하인즈가 죽자, 교회 측은 1911년 건축가 랠프 크램을 새로 선임했다. 크램은 실력 있는 건축가이자 능동적인 신앙인이었다. 크램이 생각하는 이상 시대는 중세 시대였고, 그의 개혁 무기는 고딕 양식 건축이었다. 크램은 20세기 초 급속히 세속화하는 맨해튼을 13세기의 사상과 고딕 건축으로 구원하고자 했다.

크램과 사상적으로 닮은 사람은 헨리 아담스(Henry Adams)였다. 헨리 아담스가 글로 중세를 복원하고자 했다면, 크램은 돌로 중세를 복구하고자 했다. 그의 돌은 세상이 성경과 단절될 때, 도덕적으로 타락할 수밖에 없는 인과율을 설파했다.

크램은 MIT 건축대학에서 7년간 학장으로 일했다. 그는 각종 고딕 캠퍼스 건축으로 '대학 고딕'을 이끌었다. 1920년대에 그는 적극적으로 언론에도 소리를 냈다. 《뉴욕타임스》는 그를 '속인(layman)으로서는 가장 경건한 신앙인'이라 평가했다. 크램에게 건축학과 신학은 하나였다.

크램은 대성당 측을 설득하여 라팔지의 로마네스크 및 비잔틴 양식에서 고딕 양식으로 선회했다. 크램은 신학에 있어 중세보다 더 열심이었고, 중세 유럽의 고딕 대성당보다 더욱 큰 대성당을 맨해튼에 짓고자 했다. 크램은 축구장 2개 규모의 내부공간을 만들었고, 유럽의 어느 대성당과 견주어도 높이면에서 웅장한 내부를 완성했다. 크램의 의지로 대성당은 1911년~1941년까지 공사를 했으나, 2차 세계대전으로 공사를 중단했다. 안타깝게도 1942년에 크램은 세상을 떠났다. 대성당은 여전히 미완이었지만, 1941년에 이미 세계에서 가장 큰 고딕 대성당이 되었다.

세인트 존 더 디바인 대성당에 새로운 리더가 부임했다. 1972년 새로 부임한 제임스 몰턴 목사는 하버드대 건축학과를 나와 목회자가 된 신앙인으로 교회의 사회 참여를 믿었다. 1979년~1994년까지 그는 할렘의 젊은이들에게 고딕 건축술을 가르쳐서 대성당의 일부를 짓게 했다. 돌 공사는 중세식 공사 방법으로 진행되어 주로 수작업에 의존했다.

몰턴의 신학적인 관점은 과거에 머물러 있는 정통 원리주의적 관점을 지양했다. 그는 사회에 참여하는 신앙, 변하고 자라는 교회를 지향했다. 몰턴은 1991년에 미완의 대성당을 완성할 수 있는 국제공모전도 개최했고, 건축가 안도 다다오, 안톤

왼쪽 상단 사진은 세인트 존 더 디바인 대성당의 오늘날 모습이다. 오르다 만 지붕과 타워는 미완의 모습으로 서 있다. 오른쪽 상단 사진은 건축가 랠프 크램의 고딕양식 계획안이고, 아래 사진은 1991년 칼라트라바의 공모전 당선안이다. 칼라트라바의 계획안이 지어지지 않은 점은 아쉬운 점이다.

위 사진은 대성당 내부에서 스테인드글라스의 빛이 기둥에 떨어지는 모습. 아래 사진은 모닝사이드하이츠 112번 스트리트에서 세인트 존 더 디바인 대성당을 바라본 모습이다.

프래독, 산티아고 칼라트라바가 이에 참여해 칼라트라바가 최종 우승을 했다. 칼라트라바의 우승안은 경기 불황으로 완공되지는 못했지만, 그의 계획안은 여전히 건축가들의 기억 속에 남아 있다.

오늘날에 세인트 존 더 디바인 대성당은 크램의 건축관과 몰턴의 목회관을 만나러 가는 곳이지만, 동시에 내부의 스테인드글라스를 만나러 가는 곳이기도 하다. 대성당의 아름다운 스테인드글라스는 초기 대성당의 건축가였던 라팔지의 아버지가 완성했다.

스테인드글라스는 어두운 돌 표면을 일곱 빛깔로 밝힌다. 굴속처럼 어두운 내부가 스테인드글라스를 통해 들어오는 빛으로 언약의 색으로 밝아진다. 빛에 반응하여 스테인드글라스가 수놓는 다채로운 색깔의 모자이크는 집합체로서의 교회 모습이고, 각각의 빛깔은 신앙인이 된 독립체로서 개인의 모습이다. 어두운 속세에서 빛과 관계 맺은 교회가 세상을 밝히듯, 어두운 성당 내부를 스테인드글라스가 햇빛과 손잡고 성당 내부를 밝힌다. 형형색색의 스테인드글라스 빛은 다채로우나 속되지 아니하다.

나는 모닝사이드하이츠 112번 스트리트에서 세인트 존 더 디바인 대성당을 아침마다 바라볼 수 있는 값진 시간을 가진 적이 있다. 컬럼비아 대학에 다니던 친구가 잠시 서울에 간다고 자신의 집을 빌려주어 가능한 기회였다. 도로의 한끝을 가득 메우는 대성당의 정면은 크램이 도시에 전하고자 한 말을 집약했다. 미완의 대성당 모습은 미완의 스토리를 상징했고, 아직도 진행 중인 교회의 구속사를 상징했다.

맨해튼 모닝사이드하이츠는 맨해튼 아크로폴리스답게 지식과 신앙의 길을 형성한다. 교육과 종교기관은 도시에서 가장 보수적인 곳으로, 현재 그 사회의 가치체계를 다음 세대로 전수한다. 하지만 맨해튼 아크로폴리스의 이야기에서 보았듯이 가장 보수적인 대학과 교리에서도 진취적인 리더와 사람들은 필요하다. 이런 지식인들은 낡은 기관들을 새롭게 하고, 사회를 젊게 하고, 길을 생기 있게 한다. 그랜트 장군이 그랬고, 로우 총장이 그러했으며, 몰턴 목사도 그랬다. 그들의 생각은 건축가들을 움직였고, 공동체를 움직였으며, 도시와 길을 바꾸어 놓았다. 그 과정에서 잊지 못할 수많은 이야기가 피어났다.

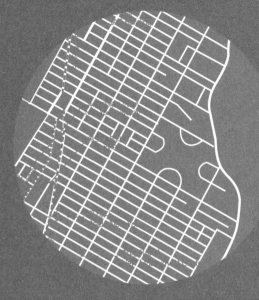

7

소호

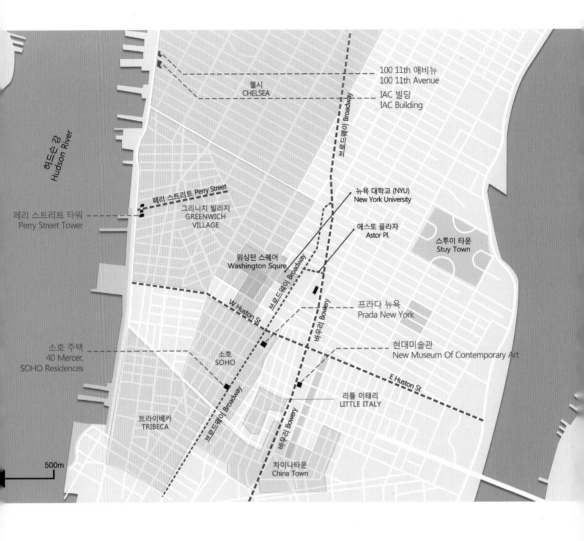

100 11th 애비뉴
100 11th Avenue

첼시
CHELSEA

IAC 빌딩
IAC Building

뉴욕 대학교 (NYU)
New York University

애스토 플라자
Astor Pl.

스투이 타운
Stuy Town

페리 스트리트 Perry Street

그리니치 빌리지
GREENWICH
VILLAGE

페리 스트리트 타워
Perry Street Tower

워싱턴 스퀘어
Washington Squre

프라다 뉴욕
Prada New York

현대미술관
New Museum Of Contemporary Art

소호 주택
40 Mercer,
SOHO Residences

소호
SOHO

W. Huston St

E Huston St

리틀 이태리
LITTLE ITALY

트라이베카
TRIBECA

차이나타운
China Town

허드슨 강
Hudson River

브로드웨이 Broadway

바우리 Bowery

브로드웨이 Broadway

바우리 Bowery

브로드웨이 Broadway

500m

소호 들어가기

소호는 맨해튼의 인사동 같은 곳으로 길과 매장이 밀도있게 묶여 있다.

하지만 소호에는 인사동과 다른 점이 있다. 바로 울워스 빌딩의 첨탑과 크라이슬러 빌딩의 첨탑이다. 소호의 척추인 브로드웨이에 서서 남쪽을 바라보면 울워스의 첨탑이 있고, 북쪽을 바라보면 크라이슬러의 첨탑이 보인다. 울워스의 고딕 첨탑과 크라이슬러의 아르데코 첨탑 사이에 소호 중심 거리가 매달려 있는 셈이다. 낭만주의 성향이 강한 두 개의 첨탑은 소호의 낭만성을 부추긴다.

두 첨탑은 소호의 큰 바탕이 되고, 브로드웨이를 따라 있는 19세기 주철 외장 건물들은 소호의 작은 바탕이 된다. 19세기 소호 상인들은 5번 애비뉴 귀족들과 달리 주철의 실용성과 전시성에 매료되었다.

맨해튼 귀족들에게 주철 외장은 마치 임시세트장같이 보여서 부담스러웠지만, 소호 상인들에게 주철 외장은 저렴하고 빠른 시간에 건물을 지을 수 있어 매력적인 자재였다. 무엇보다 큰 창을 낼 수 있는 장점과 부드러운 철물을 부어 자유자재로 상업적인 장식을 뽑아낼 수 있는 점이 끌렸다.

주말이 되면 소호는 낭만성을 넘어 초현실성으로 치닫는다. 지하철 입구에서 사람들이 끝없이 쏟아져 나온다. 해가 떨어지고 쇼윈도의 불들이 하나둘씩 켜지는 시간이 되면 거리에서 어깨를 부딪히는 빈도는 잦아지고, 심장의 박동소리는 커지고, 흥분지수는 높아진다. 바로 이때, 울워스와 크라이슬러 빌딩의 첨탑 조명이 켜지면서 소호 공간은 그 절정을 찍는다.

저녁에 소호 지역에서 브로드웨이를 따라 남쪽을 향해 걸어가면 울워스의 고딕양식 첨탑 조명이 마음을 흔들고, 북쪽을 향해 걸어가면 크라이슬러 아르데코 첨탑 조명이 가슴을 부추긴다. 소호에서 우리는 왜 마천루에 마음을 흔드는 첨탑이 필요한지, 더 나아가 왜 거리의 양끝은 마천루 첨탑이 붙들고 있어야 하는지를 알게 된다.

소호는 맨해튼의 축소판으로 지역 전체가 일종의 연극(theatrics)이다. 거기에는 시각적 즐거움을 추구하는 가면들이 범람한다. 건축의 구조적 진실성(시카고)보다 건축의 표면적 꾸밈(맨해튼)과 장식성이 도드라진다. 각본을 바탕으로 건물들은 표

길은 시작점과 끝점에 길을 붙잡아 줄 수 있는 랜드마크형 건축이 필요하다는 주장은 계속했다. 그리고 스타 건축가가 설계한 랜드마크형 건축물들 사이에는 무명의 건축가들이 정성을 다해 디자인한 건물들이 들어서야 한다. 오직 그러할 때만, 그 거리는 전 세계 사람들을 부르는 길이 되고, 그 길은 함부로 지울 수 없는 길이 된다. 소호 브로드웨이 북쪽 끝에는 크라이슬러 빌딩 첨탑이 있고(위 사진), 남쪽 끝에는 울워스 빌딩 첨탑이 있어(아래 사진) 소호 거리의 질감과 시간성을 두껍게 한다.

정과 의상과 조명과 분장으로 모습을 바꿔가며 하나의 소호 거리라는 연극 작품을 완성한다. 소호 거리는 빨랫줄에 걸린 빨래마냥 울워스와 크라이슬러 첨탑 사이에서 둥실둥실 떠있다.

거리가 연극이 될 때, 사람들은 거리에 모인다. 연극의 배우이자 관객이 되고자 거리로 나온다. 연극의 판타지와 재미에 접속하고자 집합한다. 붉은 입술과 같은 입구와 짙은 눈썹과 같은 창틀로 거리는 부푼다. 이에 비례하여 사람들도 부푼다. 서울의 강남에도 소호와 같은 연극으로서의 길이 필요하다. 표면적 꾸밈과 장식이 도드라지는 무대장치로서의 거리가 필요하고, 그 길을 붙잡아 주는 연출로서의 초고층 마천루 첨탑이 필요하다. 많을 필요는 없지만, 집중할 필요는 있다.

소호의 중심축: 브로드웨이

소호는 휴스턴 스트리트(Houston Street)의 남쪽 지역이라는 의미에서 'South of Houston'를 줄여 부르는 말이다. 뉴요커들은 휴스턴을 '하우스턴'이라고 발음하는데, 이를 '휴스턴'이라고 발음하면 그가 외지인임을 바로 눈치챈다.

소호 지역의 지리적 계통을 잡고 싶다면(사실 맨해튼의 어느 지역에서나 계통을 잡고 싶다면), 브로드웨이를 먼저 찾아 남북 축으로 설정하고, 소호 지역 지하철역이 있는 프린스 스트리트를 동서 축으로 설정한다. 두 축의 교차점이 바로 소호의 중심이다. 소호지역의 북쪽 한계선은 휴스턴 스트리트이고, 남쪽 한계선은 그랜드 스트리트이다. 브로드웨이는 소호의 줄기이고, 여기서부터 동네 골목길들이 가지를 친다. 소호가 실제 면적보다 넓게 느껴지는 이유가 바로 촘촘히 가지를 치고 있는 골목길 때문이고, 소호가 풍성한 이유는 골목길에 주렁주렁 달려 있는 예쁜 가게들 때문이다.

소호는 군이 타임머신을 타지 않아도 곧장 19세기로 시간 여행을 떠날 수 있는 곳이다. 군이 박물관에 가지 않아도 소호에서는 예술 여행을 떠날 수 있다. 소호에서 브로드웨이를 따라 내려가면, 건축가 렘 콜하스의 프라다 매장을 만날 수 있다. 여기서 조금 더 내려가면, 로어맨해튼에서 초기 마천루 빌딩으로 이름을 날린 건축가 어니스트 플래그의 리틀 싱거 빌딩을 만날 수 있다. 이 건물은 소호 지역 건축의 백미이다. 바로 옆에 알도 로씨의 스콜라스틱 빌딩이 있고, 더 내려가면 장 누벨의 소호 호텔이 있다. 명작들 사이사이에는 근사한 19세기 주철 건물들이 즐비하다.

맨해튼에는 이런 웃지 못할 이야기가 있다. "아주 낙후된 지역에는 싼 월세 탓에 먼저 예술가들이 들어가고, 다음에 갤러리가 들어가고, 그 다음 젊은이들이 들어가고, 그 다음 재벌가가 들어가고, 그 다음 명품 매장들이 들어가고, 그러고 나면 월세가 치솟고, 월세가 치솟으면, 예술가들을 시작으로 들어간 순서대로 그 지역을 다시 빠져나온다." 이 이야기는 바로 소호에서 시작했다.

예술가들이 값싼 월세를 찾아 소호에 눈을 돌린 시기는 1960년대이다. 천장고가 높고 임대료가 저렴한 건물들은 예술가들을 끌었다. 이곳에 다양한 예술가들이 오자 맨해튼 큰손 사모님들이 빈번히 이 지역을 찾았다. 이곳 저곳에서 예술가들은 반딧불이처럼 어둡던 소호 지역을 하나둘씩 밝혀 나갔다.

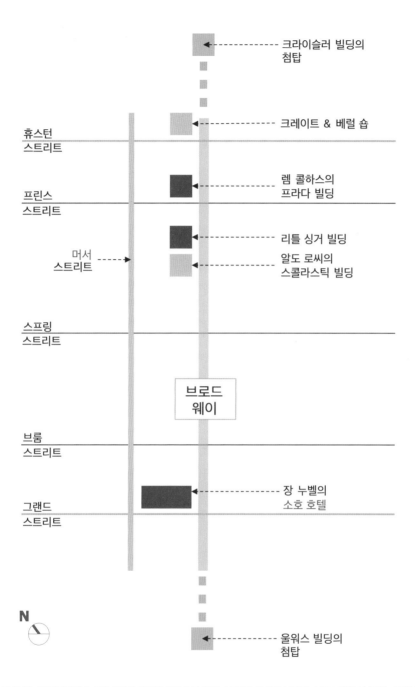

크라이슬러 빌딩의
첨탑

크레이트 & 베럴 숍

휴스턴
스트리트

렘 콜하스의
프라다 빌딩

프린스
스트리트

리틀 싱거 빌딩

알도 로씨의
스콜라스틱 빌딩

머서
스트리트

스프링
스트리트

브로드
웨이

브룸
스트리트

장 누벨의
소호 호텔

그랜드
스트리트

N

울워스 빌딩의
첨탑

소호의 척추는 브로드웨이다. 여기서부터 갈비뼈 모양으로 각종 스트리트로 뻗어 나간다. 브로드웨이 남북에는 울워스 빌
딩 첨탑과 크라이슬러 빌딩 첨탑이 있다. 19세기 주철 외장 건물이 많은 소호에서 멀리 보이는 두 첨탑은 소호의 낭만성을
부추긴다. 소호는 지하철역이 있는 프라다 건물에서 시작하여 리틀 싱거 빌딩과 장 누벨의 호텔을 본 후에 골목길로 들어
가 자세히 훑는 게 좋다. 소호는 남북으로는 휴스턴 스트리트부터 커낼 스트리트까지이고, 동서로는 6번 애비뉴부터 라파
엣 애비뉴에 해당하는 지역이다. 소호는 1820년까지는 조용한 주거지역이었고, 19세기 중반부터는 홍등가와 유흥업소 지
구였다. 이는 2차 세계대전이 끝나는 시점까지 계속됐다. 1960년대 말 소호는 창고와 공장 지역에서 세계에서 가장 급진
적인 예술 동네로 거듭났다.

소호의 위기: 1960년대 LOMEX

1960년대 소호는 하마터면 불도저에 쓸려 버릴 뻔 했다. 맨해튼 파워 브로커 모제스는 소호 지역을 쓸어 버리고, 도심 고속고가도로(Lower Manhattan Expressway, 일명 LO-MEX)를 건설하려 했다. 통행세로 돈을 번 모제스는 맨해튼 좌우로 있는 뉴저지와 롱아일랜드마저 고속도로로 맨해튼과 잇고자 했다. 그는 맨해튼 도심을 동서로 관통하는 고속도로가 필요했다. 모제스는 동쪽 이스트 강 윌리엄스버그(Williamsburg) 다리와 서쪽 허드슨 강 홀랜드(Holland) 터널을 고속도로로 잇고자 했다.

1940년대부터 모제스는 어떻게 해서든 LOMEX 사업을 관철시키기 위해 정치가와 세력가들을 숱하게 만났다. 문제는 자금과 주민 설득이었다. LOMEX는 수억 달러의 정부 예산이 필요했고, 2000개의 집과 800개의 사업장을 철거해야 건설이 가능했다. 종전 후 미국 국회는 고속도로 건설에 호의적이었으므로 예산은 풀 수 있었지만, 문제는 역시 주민 설득이었다.

모제스가 LOMEX 계획을 공식적으로 발표하자 반대 세력이 들고 일어났다. 그 선봉에 제인 제이콥스(Jane Jacobs)가 있었다. 제이콥스는 "모제스의 고속도로는 맨해튼을 LA(로스앤젤레스)화 할 것이다"라는 캐치프레이즈로 모제스 사업을 비꼬았다.

모제스와 제이콥스 모두 논리적이었다. 모제스의 논리는 거대했고, 제이콥스의 논리는 섬세했다. 모제스는 19세기 맨해튼이 20세기의 맨해튼이 되기 위해서는 차 중심의 고속도로를 건설해야 한다고 주장했고, 제이콥스는 새로운 도시는 쓸어버리는 것이 아니라 끌어안아야 하며 무엇보다 작은 단위의 골목길 중심이어야 한다고 맞섰다. 둘의 공방은 치열했다. 결국 뉴요커들은 제이콥스의 손을 들어줬고, 30년이 넘는 모제스의 LOMEX 건설 꿈은 수포로 돌아갔다. LOMEX는 1969년 8월 공식적인 부결로 막을 내렸다. 이때부터 쟁쟁했던 모제스의 권력은 급속한 누수현상을 보였고, 반대로 제이콥스의 관점은 각광받기 시작했다.

LOMEX 찬반 토론은 맨해튼에 몇 가지 중요한 사례를 남겼다. 첫째는 맨해튼 도시 사업에서 시민 세력의 새로운 대두였다. 이전에는 감히 중앙정부 주도 국책 사업에 시민 단체가 토를 다는 것은 엄두도 못 낼 분위기였는데, 이 사건 이후로는 가능해졌다.

우측의 인물이 20세기 초 맨해튼 도시계획을 쥐락펴락했던 당대 최고 파워 브로커 모제스이다. 모제스는 수많은 고속도로를 맨해튼을 비롯해 주변 지역에 세웠다. 하지만, 그의 진짜 꿈은 맨해튼을 관통하는 LOMEX였다. 1940년 모제스는 소호를 관통하는 LOMEX를 건설하고자 했다. 왼쪽 사진에 보면, 허드슨 강변에서 맨해튼을 관통하는 LOMEX가 보인다. 왼쪽 중앙 및 상단 사진에서 A가 이스트 강에 있는 윌리엄스버그 다리이고, B가 허드슨 강에 있는 홀랜드 터널이고, C가 소호며, D가 맨해튼 다리이다. 모제스는 맨해튼을 중심으로 뉴저지, 롱아일랜드, 브루클린까지 하나로 묶고자 했다.

둘째 소호와 같이 역사적인 건축 동네에 대한 새로운 가치 평가를 내리는 계기가 되었다. 제이콥스가 보여준 치밀한 '오래된 골목길 동네'의 정치적 · 경제적 가치에 대한 새로운 관점은 오래된 지역을 철거 대상으로만 보았던 관점을 바꿔놓는 계기가 됐다. 맨해튼은 오래된 동네를 도시의 새로운 보석 상자로 보는 눈이 생겼다.

'공공'의 개념은 늘 변해왔다. 오늘날의 도시에서 공공이란 무엇인가? 제이콥스는 '걷고 싶은 도시'가 공공이라고 주장한다. 차와 사람 중에 사람이 차보다 중요하다고 주장한다. 도심에서는 고속도로보다 걷고 싶은 거리가 중요하고, 하나의 거대한 개발보다는 여러 개의 작은 동네의 보존과 개축이 길을 살리고 도시를 살린다고 주장한다. 제이콥스는 새로운 공공 개념을 맨해튼에 세웠다.

제이콥스의 '보행 도시' 개념은 21세기 친환경 도시 개념에도 지대한 영향을 미쳤다. 우리의 도시들은 제이콥스의 소리에 귀를 모아야 한다. 도시의 활력은 핏줄과 같이 정밀한 골목길과 오손도손 모여 있는 다양한 소규모 건축 집합체에서 비롯된다. 일상적인 생활이 10분 보행 거리에서 모두 해결될 때, 우리 도시는 보행 도시가

1960년대 소호에서 활약했던 미니멀 아티스트들은 예술계뿐만 아니라 건축계에도 지대한 영향을 미쳤다. 사진에 보이는 조각가 리처드 세라(좌측)와 조명 조각가 댄 플래빈(우측) 외에도 많은 작가들이 있었다. 특히, 세라는 건축가 스티븐 홀, 프랭크 게리, 피터 줌터, 헤르조그&드 뫼롱 등 숱한 건축가들에게 영향을 미쳤다. 세라는 철판으로 체험되는 조각을 만들었다. 플래빈도 많은 건축가들에게 영향을 끼쳤다. 그는 형광등으로 형형색색의 아우라를 만들었는가 하면, 긴 형광등 하나하나를 매달아 조각을 만들기도 했다.

되고, 친환경 도시가 된다.

LOMEX 개발이 좌절되자 소호는 대형 건설 호재를 잃은 동네가 되어 월세는 바닥을 쳤다. 따라서 돈 없는 예술가들이 소호에 더 모여들었고, 곧 갤러리들도 합류했다. 제이콥스 추종자들은 1973년부터 소호를 역사 보존 지구로 지정하여 건물을 함부로 철거할 수 없게 했다. 갤러리들은 대부분 오래된 건물을 리모델링했다.

당장은 부동산 시장에서 소호가 블루칩에서 깡통주로 변한 것 같았지만, 역사는 소호에서 제이콥스의 관점이 모제스의 것보다 옳았음을 입증했다(다른 지역에서는 모제스가 옳을 때도 있었다).

모제스형에서 제이콥스형 소호 개발로 가장 이득을 본 건축가는 리처드 글루크먼(Richard Gluckman)이었다. 글루크먼에게는 예술가 친구들이 많았다. 저명한 미니멀 조각가 리처드 세라(Richard Serra), 조명 아티스트 댄 플래빈(Dan Flavin) 등이 그의 친구였다. 글루크먼은 결과적으로 소호에서 가장 많은 갤러리 및 작업실 리모델링을 하는 건축가가 됐다. 뿐만 아니라, 글루크먼은 10년간 소호에서의 활약으로 훗날 소호 갤러리들이 첼시로 이주할 때도 주요 건축가로 부상했다.

소호의 세 번의 변화

낙후된 지역에 예술가들이 들어가면, 동네는 서서히 때를 벗고 한 편의 그림이 되어 간다. 어느덧 거리는 전시장이 되어가고, 마을은 점점 예뻐진다. 볼거리는 많아지고, 자연스럽게 거리의 발걸음은 느려진다.

소호가 뜨기 전에 돈 없는 예술가들은 브로드웨이 남쪽 지역(14번 스트리트 아래 지역)과 바워리 지역에 산발적으로 모여 살았다. 1950년 말부터 소호 지역에 예술가 들이 몰렸고, 이때부터 소호는 1990년대까지 세 번의 큰 변화를 겪었다.

첫 번째 변화는 1960년 중반에 일어났다. 부랑자처럼 보이는 예술가들이 소호 에 들어오기 시작하자, 지역 주민들은 집값 하락을 걱정하며 텃세를 부렸다. 와그너 당시 뉴욕 시장은 소호 지역의 공장 건물 꼭대기 두 개 층에 예술가들이 살 수 있도 록 허용해 주었다. 합법적인 체류가 가능해지자, 소호에 본격적인 갤러리 유입이 시 작되었다.

두 번째 변화는 1973년에 일어났다. 1973년 소호 지역이 '역사 보존 지구'로 지 정되자, 보헤미안 아우라를 즐기는 맨해튼 내 여피족(Young Urban Professional)이 소 호로 몰려오기 시작했다. 여피족은 고액 연봉자들로 소호의 월세를 끌어올렸다. 이 때부터 돈 없는 예술가들은 소호를 떠나기 시작했다.

세 번째 변화는 1980년대에 일어났다. 소호 갤러리 수는 점진적으로 매디슨 애 비뉴의 갤러리 수를 제쳤다. 1980년대 말로 갈수록 맨해튼 경기는 호황이었다. 소호 에 알부자들이 들어오기 시작하자, 명품 매장들이 부자들을 따라 소호로 들어왔다. 여피족들이 예술가들을 쫓아냈듯, 명품 매장들은 경제력이 약한 갤러리들을 쫓아냈 다. 이즈음 갤러리들은 소호를 벗어나기 시작했고, 첼시가 예술가와 갤러리들을 위 한 새로운 지역으로 부상했다.

소호에서 일어난 일은 전문 용어로 도시 젠트리피케이션(gentrification)이었다. 즉, 슬럼화된 주택가가 고급주택으로 변하는 현상이다. 문자 그대로 동네가 젊어지 고 새로워진다는 긍정적인 의미와 경제력이 없는 사람들은 마을을 떠나야 한다는 부정적인 의미를 동시에 가진다. 소호를 보석상자로 바꾼 예술가와 갤러리들은 경 제력에 밀려 소호를 떠나야 했다. 이러한 소호 탈출은 첼시 부흥을 열었다.

소호의 중심인 브로드웨이에서 남쪽을 바라보면 과거에 닿아 있고, 북쪽을 바라보면 미래에 닿아 있다. 사진의 우측에 보이는 초록색 장식이 있는 건물이 소호에서도 유명한 리틀 싱거 빌딩이다. 소호의 철과 소호의 테라코타가 건물 외장에 여전히 남아 있다. 그 옆 건물이 건축가 알도 로시가 설계한 스콜라스틱 빌딩이다.

서울에서 소호와 가장 유사한 지역이 아마 홍대 앞일 것이다. 나는 대학 시절 홍대 앞에 있던 작업실에서 3년을 보냈다. 당시 홍대 앞은 가난한 예술가들이 반지하와 차고를 빌려 작업실로 개조해 생활했다. 돈은 없지만 멋은 냈던 그들은 홍대 앞을 예술의 거리로 만들었다. 홍대 앞 먹자골목은 예술가들이 작업으로 고단한 몸과 마음을 푸는 장소였다.

오늘날 홍대 앞 예술가들은 치솟는 월세를 이기지 못해 쫓겨났고, 지금 그 자리는 대기업 매장들이 차지하고 있다. 거리의 예술은 상업주의로 대체되었고, 아기자기했던 먹자골목은 유흥대로가 되었다.

이제 홍대 앞 예술가들은 다른 곳에 옮겨가 새로운 둥지를 틀었다. 그들이 옮겨간 곳은 소호의 예술가들이 첼시로 옮겨가야 했던 것과 마찬가지로 또 다른 예술 동네를 만들 것이다. 도시는 경제인들이 잘 만들 것이라 생각하지만, 때론 예술인들이 더 잘 만든다. 경제인들은 장사가 잘되는 동네는 만들 수 있어도, 사람을 끄는 아름다운 동네를 만들줄은 모른다. 예술가들은 그 방법을 안다. 언젠가는 예술가들 손에 의해 만들어져가는 동네들의 새로운 아름다움을 화폐 가치로 치환하여 평가하고, 이에 상응하는 보답을 예술가들에게 돌려주는 제도가 수립되어야 한다.

소호의 중심지.
좌측에 보이는 벽돌 건물이 프라다 매장이다.
©이중원

소호의 대표 건축

오늘날 소호는 19세기와 21세기가 공존하는 동네로 첨단 패션과 다양한 상점, 레스토랑과 카페가 북적인다. 소호가 예술가들의 동네에서 쇼핑의 동네로 바뀐 시점은 근래의 일이다. 관점에 따라 다소 차이는 있지만, 미국 건축계가 보는 시점은 대략 1992~1994년이다.

전통적으로 소호의 주요 상품은 조명과 수공예품이었고, 20세기 중반부터 예술품들이 이 대열에 합류했다. 1994년 이후부터는 대기업 제품들이 대규모로 소호에 들어왔다. 뿐만 아니라, 고가 명품 제품들이 소호에 쏟아졌고 상권을 장악했다. 글로벌한 관광객들이 이때부터 폭발적으로 소호에 찾아왔다. 소호의 관광 수입은 짭짤했고, 소호의 세계화는 소호의 거대 자본화와 맞물렸다.

낙후한 공장 지역에서 세계적인 예술 거리로 변한 소호의 신화는 전 세계로 뻗어 나갔다. 도시마다 낙후지역으로 골치를 앓고 있었던 각국 도시의 시장들은 소호를 견학하러 왔다. 그들은 돌아가서 자기 도시를 소호화했다. 따라서 이제 소호는 '도시 재생'의 대명사가 됐다. 소호를 따라하기는 쉬워도, 소호를 따라잡기는 쉽지 않았다.

1990년대 말부터 소호 명품 매장들은 스타 건축가를 대거 고용했다. 켈빈 클라인은 건축가 존 파우슨(John Pawson)을 고용했고, 헬무트 랭은 건축가 리처드 글루크먼을 고용했다. 소호에 이전 매장들과는 격이 다른 매장들이 하나둘씩 문을 열었다. 파우슨과 글루크먼의 미니멀한 디자인은 1960년대 소호를 가득 채웠던 미니멀리즘 예술가들의 정신을 이었다.

프리츠커 상을 수상한 유명 건축가들도 소호에 들어오기 시작했다. 이탈리아 건축가 알도 로씨의 스콜라스틱 건물이 2001년 브로드웨이 557번지에 섰다. 이탈리아 거장이 맨해튼에 세운 처음이자 마지막 건물이었다. 2001년 건축가 장 누벨이 디자인 한 호텔이 들어섰다. 보존법을 존중하고 도시의 맥락을 풀어내려는 누벨의 노력은 대단했다. 소호에 들어선 스타 건축가들의 작품 중에서 가장 화제가 됐던 건축은 역시 2003년 렘 콜하스의 프라다 매장이었다. 콜하스는 새로운 쇼핑, 새로운 브랜드 메이킹으로 프라다 매장에 접근했다.

소호의 중앙 도로는 브로드웨이다(사진에서 밝게 표시된 도로). A가 건축가 렘 콜하스가 리모델링하여 설계한 프라다 매장
이고, B가 리틀 싱거 빌딩과 건축가 알도 로씨가 설계한 스콜라스틱 빌딩이다. C는 건축가 장 누벨이 설계한 호텔이다.

렘 콜하스의 프라다 뉴욕(2003)

명품 브랜드 프라다는 세계 거점 도시에 새로운 지각변동을 일으키고 싶어 하며 새로운 매장을 내기로 했다. 프라다는 진앙지로 4개의 도시(맨해튼, LA, 샌프란시스코, 도쿄)를 선택했다. 프라다는 건축계의 큰 별, 렘 콜하스와 자크 헤르조그를 만났다. 프라다는 맨해튼 매장을 콜하스에 맡기기로 했고, 도쿄 매장을 헤르조그에게 맡기기로 했다.

콜하스는 맨해튼 관련 책자 저술로 명성을 날린 건축가이자 작가였다. 원래 글을 쓰던 그는 자신이 쓴 영화 대본이 빛을 보지 못하자, 건축가로 돌아섰다. 그는 코넬대 건축학과에 들어갔다. 당시 세계적인 건축가 마티스 웅거스(Mathias Ungers)가 코넬대 건축학과를 이끌었다. 콜하스는 자신의 생각을 정리하여 졸업 논문을 준비했다. 논문 심사위원들은 콜하스에게 '이게 무슨 논문이야, 쓰레기지'라고 했다. 화가 난 콜하스는 학교를 떠나 맨해튼으로 갔다. 그곳에서 그는 심혈을 기울여 6년간 자신의 논문 초고를 다듬어 책으로 냈다. 책 제목은 『정신착란의 뉴욕』이었고, 이 책은 대박이 났다.

책은 논문보다는 신화에 가까웠다. 책의 언어는 현실과 비현실을 오고 갔다. 기존의 건축 책들이 학술적이고 우아했다면, 이 책은 도발적이고 웃겼다. 미국인들에게 그의 책은 잡지만큼 선정적이었고, 맨해튼의 도시 역사를 조금이라도 아는 건축가들에게는 배꼽이 빠져라 웃어야 하는 도시 건축 책이었다.

콜하스가 바라보는 맨해튼은 위대한 현대 메트로폴리스였다. 그가 보기에 맨해튼은 자본주의 체제가 작동하면서 스스로 만들어낸 초고층 현대 도시였다. 그는 맨해튼의 판타지를 노래했고, 맨해튼의 초고밀 문화를 노래했다. 고전주의 원리에 입각한 유럽의 그 어떤 도시들보다도 맨해튼은 매혹적이고 아찔했다.

콜하스의 건축은 그의 글같이 번뜩인다. 예상치 못한 사유체계와 독특한 관점으로 늘 새로운 디자인을 열어 나간다. 콜하스는 네덜란드에서 자랐고, 인도네시아에서 유년기를 보냈으며, 런던에서 수학했고, 뉴욕에서 책을 썼으며, 보스턴 하버드대에서 교편을 잡았고, 로테르담에서 건축 실무를 했다. 콜하스는 진정한 코스모폴리탄으로, 늘 움직였고, 늘 새로웠다.

왼쪽 상단 사진은 렘 콜하스이고, 왼쪽 하단은 헤르조그&드 뫼롱의 자크 헤르조그(전면 인물)와 피에르 드 뫼롱이다. 오른쪽 상단은 콜하스가 소호에 디자인한 프라다 뉴욕이고, 오른쪽 하단은 헤르조그&드 뫼롱이 도쿄 오모테산도 힐즈에 디자인한 프라다 도쿄이다. 프라다 소호는 혁신적인 리모델링 작품이고, 프라다 도쿄는 실험적인 신축 작품이다.

콜하스는 프라다를 만나기 전까지 쇼핑 매장을 지은 경험이 없었다. 콜하스는 프라다 매장을 통해 쇼핑을 새롭게 보고자 했다. 공급자 중심의 쇼핑이 아닌 수요자 중심의 쇼핑을 보고자 했고, 수동적인 쇼핑이 아닌 능동적인 쇼핑을 찾고자 했다.

콜하스는 건축계 내에서도 실험적인 다이어그램을 잘 조직하는 건축가로 유명하다. 하버드 대학 건축학과를 나온 내 친구 마리오 아반토는 콜하스의 수업과 설계 방식을 이렇게 설명했다. "콜하스는 학생들에게 숱한 다이어그램을 생산하게 한 후, 제작한 모든 다이어그램들을 벽에 붙이게 해. 그러고는 기가 막힌 속도로 몇몇 다이어그램들을 선별해 내지. 이를 지켜보는 것 자체가 큰 공부야."

콜하스 다이어그램들은 유심히 볼 필요가 있다. 이들은 세계적인 수재들이 생산한 몇백 장의 다이어그램들 중에서 살아남은 다이어그램들이다. 프라다 다이어그램은 세 가지로 압축된다. 콜하스는 프라다 매장을 통해 '퍼포먼스 매장', '매달려 있는 매장', '움직이는 매장'을 원했다.

프라다 매장 중앙에는 거대하게 파도치는 나무 바닥이 있다. 처음 이 매장을 방문했을 때의 충격이 아직도 생생하다. 예상치 못한 거대한 나무 파도 때문이었다. 모든 사물을 뿌옇게 하는 측면 폴리카보네이트 판넬 처리도 한몫했다. 나무 파도 광장바닥은 출렁였고, 폴리카보네이트 판넬 측벽은 일렁였다. 매장은 정지 상태를 지향

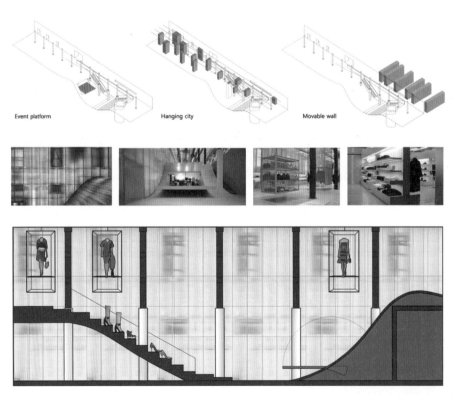

Event platform   Hanging city   Movable wall

콜하스가 세운 프라다 뉴욕은 크게 세 가지 주제로 구성된다. 첫째는 퍼포먼스 매장으로서 나무 바닥으로 된 건물 중심부의 포물선 광장이다. 광장의 양옆 벽은 뿌연 폴리카보네이트 보드로 마감했다. 그 뒤에 벽돌 실루엣이 보인다. 둘째는 매달려 있는 매장으로, 프라다 제품들이 철망으로 된 케이지 안에 매달려 전동 트랙을 따라 앞뒤로 이동하는 개념이다. 셋째는 이동 벽체로 신발과 핸드백 진열장이 움직일 수 있게 했다. 콜하스는 유연한 프로그램으로 프라다 뉴욕의 체험이 다이내믹하고 유동적이며 뿌연 실루엣으로 사물과 빛이 감싸지길 유도했다. ⓒ이세희

하지 않고, 운동 상태를 지향했다.

지하층은 흔치 않은 거울 천장과 폴리머 계열의 선반들이 있다. 피팅룸은 스위치에 손만 대면 유리가 불투명해진다. 재료의 상태와 성질이 만짐으로 변하니 매장이 한층 고객 참여적이 되었다. 혁신적인 재료성과 참여적인 조건성은 콜하스 건축의 진보성을 반영했다.

프라다의 주인 미우치아 프라다는 헤르조그의 프라다 도쿄 건물이 콜하스의 맨해튼 프라다 건물보다 건축적으로 낫다고 말했다. 하지만, 콜하스와 얘기할 때가 헤르조그와 얘기할 때보다 훨씬 재미있었다고 했다. 프라다 브랜드를 개발하는 데는 콜하스와의 대화가 훨씬 생산적이었다고 한다. 건축가는 장인이어야 함을 헤르조그를 통해 배우고, 건축가는 동시에 달변가여야 함을 콜하스를 통해 배운다.

리틀 싱거 빌딩

소호 길에는 19세기가 묻어 있고, 21세기도 섞여 있다. 소호 프라다 매장 리모델링을 보면 오늘의 내부를 담고 있는 어제의 외부가 있고, 프라다 매장 개념을 보면 내일의 생각을 담고 있는 오늘의 혁신이 있다. 사실 이는 좋은 건축이 지니는 보편적 특성이다. 좋은 건축은 건축의 현재성이 과거성과 교차하고, 건축의 미래성이 현재성을 가로지른다.

건축의 풍성한 시간성은 도시로 이어진다. 사람들이 소호를 찾는 이유는 어제와 내일이 오늘 안에 있기 때문이다. 소호는 지나간 시간과 다가올 시간을 지속적으로 떠오르게 한다. 바로 이러한 점이 소호의 매력이다. 그런가 하면, 소호는 건축과 골목길로 궁금증을 지속시켜 주는 시간이 쇼핑몰에 비해 훨씬 길다. 쇼핑몰 매장도 시간을 끌지만, 소호는 건축과 골목길의 재미로 시간을 끈다. 거리의 절대적 길이는 쇼핑몰에 비해 짧지만, 체험되는 상대적 길이는 거듭되는 기대와 재미로 훨씬 길다. 건축이 주는 시간의 밀도이다.

소호는 19세기 주철 건물이 마을의 바탕이다. 주철 건물은 철의 강도로 창문이 커질 수 있었고, 철물의 유연함으로 창틀 장식이 돋보다 쉬웠다. 철 장식은 나뭇가지처럼 생명력을 가지며 일어났다. 자연 예찬은 당대 미국 지식인 사이에서 큰 유행이었다. 에머슨은 글로 예찬했고, 옴스테드는 조경으로 예찬했고, 설리반은 건축으로 예찬했다. 소호 주철 건축의 백미는 브로드웨이 561번지에 있는 리틀 싱거 빌딩이다.

엄밀히 말하면, 이 건물은 주철 대신 연철(wrought iron)을 사용했다. 그래도 건축 방법은 주철 건축과 동일했다. 리틀 싱거 빌딩은 19세기 말과 20세기 초 소호 지역 주철 건축물들이 철의 새로운 가능성을 열어가며 미학의 세계를 어떻게 여는지 보여준다. 이 빌딩의 건축가는 어니스트 플래그였다.

플래그는 파리 에콜 드 보자르에서 수학했다. 철도왕 코넬리우스 밴더빌트는 플래그의 유학 자금을 후원했다. 플래그는 파리에서 당대 프랑스 최고의 구조 합리주의자이자 철 옹호론자인 건축가 비올레 르 뒥(Viollet le Duc)의 영향을 받았다.

플래그는 로어맨해튼에 재봉틀 회사로 유명했던 싱거(Singer)의 본사 마천루를 지었다. 싱거 빌딩은 초기 마천루로 울워스 빌딩과 어깨를 나란히 했다. 소호에 지은 플래그 빌딩이 '리틀 싱거'라는 별명이 붙게 된 계기였다.

소호를 걷다 보면, 리틀 싱거 빌딩 앞에서 반드시 발걸음이 멈춰진다. 건물의 외관이 전진하려는 발걸음을 저지한다. 철 외장은 망사처럼 우아하게 건물의 전면을 형성한다.

플래그는 철이 돌보다 강도가 높다는 사실에 매료되었다. 그는 돌이 도달할 수 없는 얇음의 세계를 철이 열어주길 원했다. 플래그는 철의 단단함을 철의 얇음으로 입증하려 했다. 그는 철을 종이처럼 접고 휘어 철의 유연함과 우아함마저 입증하려 했다. 플래그는 철의 얇음으로 거리를 빛냈다. 철이 얇아지자, 돌에 비해 재료의 사용량이 줄었다. 철이 유연해지자, 돌에 비해 재료 장식성이 자유로워졌다. 철이 우아해지자, 돌에 비해 재료의 무게감이 없어졌다. 이처럼 철로 초기 돌 마천루가 도달할 수 없는 경지에 도달했다.

플래그의 지도 교수인 르 뒥은 돌이 대세였던 시기에 철의 새로운 가능성에 주목했다. 그는 돌의 고전성에 파고들던 시기에 철의 현대성으로 맞섰고, 돌의 비례론에 파고들던 시기에 철의 구조론으로 맞섰다. 르 뒥의 제자들은 스승을 따랐다.

로어맨해튼의 브로드웨이에 있었던 싱거 빌딩 마천루이다. 싱거 빌딩은 20세기 초 울워스 빌딩과 함께 초기형(저층-기단부, 고층-타워부) 마천루였다. 브로드웨이에 위치하여 울워스 빌딩과 더불어 로어맨해튼의 중요한 스카이라인을 형성했다.

오늘날의 리틀 싱거 빌딩은 옆에 있는 석조 건물보다 훨씬 헐렁해 보인다. 철의 헐렁함은 철 뒤에 있는 유리의 반사 효과로 배가 된다. 건물의 창은 근대 건축의 연속 창을 예견하고 있고, 현대 건축의 커튼월(전면 유리 벽면)을 예견하고 있다.

건물 꼭대기에 있는 거대한 아치는 난간에서 시작한 기둥들을 왕관으로 끝냈다. 이곳에서 철은 더욱 첨예해졌다. 녹색 철의 기본 장식은 나무였고, 붉은색 테라코타의 기본 장식은 꽃이었다. 철과 테라코타가 장식으로 지향한 세계는 유기적인 세계였다.

건축가 로버트 스턴(Robert A. M. Stern)은 다음과 같이 리틀 싱거 빌딩을 평했다. "플래그는 스승의 가르침을 받들었다. 그는 건물의 정면을 고전적 질서로 완성하지 않고, 시적인 르 뒥의 정신으로 완성했다. 그 결과, 건물은 망사처럼 섬세하고 투명해졌다."

소호의 중심 도로인 브로드웨이에 있는 리틀 싱거 빌딩. 싱거 빌딩 왼쪽은 알도 로씨의 스콜라스틱 빌딩이고, 오른쪽은 고전주의 양식을 하고 있는 빌딩이다. 세 건물은 재미있는 대조를 일으킨다. 고전주의 건물은 고전 외장을 했고, 리틀 싱거 빌딩은 철 외장을 했고, 스콜라스틱은 철 외장으로 고전 외장을 닮고자 했다. 리틀 싱거는 진보적인 옛 건물이었고, 스콜라스틱 건물은 과거를 지향하는 복고풍의 새 건물이었다.

MANGO

스콜라스틱 빌딩(2001)

스콜라스틱(Scholastic)은 대형 출판사이자 미디어 회사다. 이 출판사의 최근 베스트 셀러로는 해리 포터 시리즈가 있다. 스콜라스틱은 1990년대 말 세계적으로 저명한 이탈리아 건축가 알도 로씨를 고용했다. 로씨는 건물보다 책으로 먼저 인기를 끌었는데, 그가 집필한 『도시의 건축』은 20세기 중반 건축계의 지축을 뒤흔들었다.

나는 MIT에서 공부할 때 로씨의 책을 처음 접했다. 책은 역시나 훌륭했다. 다루는 범위는 넓었고, 로씨의 생각은 깊었다. 책은 논리적으로 차가웠고, 필력으로 살아 있었으며 새로운 주장으로 신선했다. 사실 나는 학부생 때, 이탈리아 페루자에 있는 로씨의 건물을 실제로 보고 크게 실망한 적이 있었다. 중세 도시에 그가 세운 핑크빛 도는 건물은 이국적이다 못해 마치 짝퉁 테마파크 같았다. 하지만 로씨의 책은 건물과 달랐다.

책은 질문했다. "도시는 무엇인가? 건축은 무엇인가?" 책에서 시간 밖에 있는 시간적인 건축을 로씨는 노래했다. 끄덕임이 책 페이지를 넘기며 쌓여 갔다. 단순한 과거가 아닌, 그렇다고 단순한 미래도 아닌 영속적인 도시, 그런 건축이 떠올랐다. 목적의식이 있는 건축, 시원적이면서도 단순한 언어로서의 건축, 군더더기가 소멸한 도시를 생각했다.

스콜라스틱 빌딩에서 로씨는 단순한 건축을 세웠다. 벽은 지워졌고, 고대인을 상기시키는 기둥과 보만 남았다. 실질적인 원형 기둥이 아니었고, 실질적인 I자형 보가 아니었다. 이미지로서의 기둥이었고, 보였다. 실질 구조는 콘크리트였다. 로씨에게 외부는 내부의 구조 체계를 있는 그대로 반영한 결과가 아니라 생각을 담아내는 기호 체계였다.

로씨의 생각은 시간이라는 틀 자체를 소멸시킨 시간 밖의 개념이었지만, 로씨의 건축은 인접한 건축을 존중하는 맥락적인 건축이었다.

로씨는 좌우에 있는 건물들까지 인식했다. 스콜라스틱 우측에 리틀 싱거 빌딩이 있었고, 좌측에 라우스(Rouss) 빌딩이 있었다. 라우스는 건축가 알프레드 주커(Alfred Zucker)가 1890년에 완공했는데, 2개 층마다 강조된 수평띠로 유명했다. 스콜라스틱은 라우스 빌딩의 수평성을 따랐다. 스콜라스틱의 빨간색과 초록색은 리틀 싱

상단 오른쪽 사진에서 가운데 건물이 스콜라스틱 건물이고, 좌측 건물이 라우스 건물이고, 우측 건물이 리틀 싱거다. 건물 꼭대기 수평 장식을 앞으로 내민 점도 양옆 건물의 코니스 부분을 의식한 모습이다.

거를 따랐고, 백색은 라우스를 따랐다. 스콜라스틱은 양옆 건물의 깊이 있는 창을 쫓아 유리를 후퇴시켰다.

하지만, 로씨는 역시 로씨였다. 로씨는 양옆 건물의 많은 요소를 차용했지만, 장식은 철저히 배제했다. 로씨는 그야말로 단순했고, 기본에 충실했다. 반원형의 백색 기둥은 투박했다. 이는 내부 콘크리트 기둥을 숨기는 장치였고, 자신의 건축관을 드러내는 어휘였다. 로씨의 건축은 시원적이었고, 관계적이었다.

역사 보존 지구인 소호에서 새 건축을 짓는 일은 쉽지 않았다. 보존 위원회의 까다로운 기준을 충족해야만 세워질 수 있었기 때문이다. 특히 스콜라스틱의 땅은 쟁쟁한 소호 건축의 '베스트 2'라 할 수 있는 리틀 싱거와 라우스 건물 사이였기 때문에 더 만만치 않았다.

로씨는 자신의 개인적인 기억과 도시의 집단 기억으로 영속적인 도시를 열고자 했다. 그에게는 지금보다 영원이 더 중요했다. 그의 건축이 시장보다 묘지에서 위대한 이유였고, 그의 사고체계가 건물보다 책에서 위대한 이유였다. 스콜라스틱 빌딩은 분명 로씨의 최고 작품은 아니다. 하지만, 이를 바라보고 있던 나는 한 시대를 풍미했던 사상가로서의 로씨를 떠올리고 있었다. 로씨는 스콜라스틱의 준공을 보지 못하고 안타깝게도 교통사고로 세상을 떠났다.

스콜라스틱 빌딩 양옆으로
싱거 빌딩과
라우스 빌딩이 있다.

장 누벨의 소호 호텔

스콜라스틱 건물에서 브로드웨이를 따라 남쪽으로 조금 내려가면, 건축가 장 누벨이 디자인한 호텔이 있다. 이 호텔은 브로드웨이가 그랜드 스트리트와 교차하는 코너에 위치한다. 2001년 누벨의 디자인이 역사 보존 위원회 심의에 들어갔을 때, 맨해튼 건축계는 그 결과에 주목했다.

그때까지 누벨의 브랜드는 기술과 혁신이었다. 누벨은 프랑스를 대표하는 최첨단 건축가로서, 그의 건축은 진보적이었다. 누벨의 브랜드가 소호와 어떻게 만날지 모두들 궁금했다. 누벨의 디자인이 베일을 벗자, 심의위원들은 크게 반기며 바로 가결시켰다.

호텔의 모습은 소호의 역사성을 반영하는 건축이면서, 동시에 혁신적이고 진취적이었다. 누벨은 소호 지역의 건축적 특징을 두 가지로 압축했다. 하나는 '주철 건축'이었고, 다른 하나는 '깊이 있는 창'이었다. 누벨은 철로 건물의 틀을 짰다. 그리고 유리를 의도적으로 틀의 안쪽에 위치시켜 창에 깊이감을 줬다.

누벨은 소호 주철 건축 생산 방식에도 관심을 가졌다. 소호의 주철 건축이 유닛화하여 공장에서 대량생산하는 체제였음을 누벨은 상기했다. 누벨은 새로 짓는 호텔이 마치 대량생산된 유닛처럼 보이도록 디자인했다.

로씨가 누벨보다 책은 잘 썼지만, 누벨은 로씨보다 재료를 잘 다루었다. 누벨은 유리라는 재료와 유리에 입힐 수 있는 색깔을 가지고 놀았다. 빨간색과 파란색은 인접 건물의 색깔을 반영한 결과였지만, 색을 입히는 기술과 방법, 상태와 효과면에서는 매우 진취적이었다.

머서 스트리트의 붉은 벽돌 건물과 브로드웨이의 푸른 건물이 누벨이 디자인한 소호 호텔 유리의 서측 빨강과 동측 파랑을 규정했다. 색깔을 칠할 때는 그러데이션 기법을 적용했다. 색들은 일어났다 소멸했다. 거리에 비례해 건물은 나타났다 사라졌다.

젊어서 누벨은 프리츠커 상을 수상한 다른 많은 실험적인 건축가들과 마찬가지로 기성 건축가들과 어울리지 않고, 다른 예술 분야 사람들과 잘 어울렸다. 특히 문화 비평가 폴 비릴로(Paul Virilio)의 영향력이 컸다. 그를 통해 누벨은 영화처럼 흐르

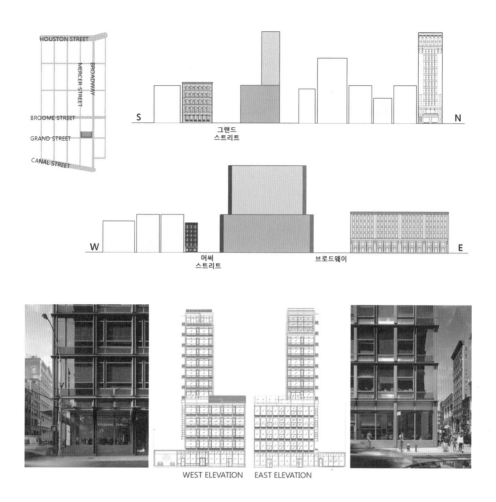

장 누벨의 소호 호텔은 삼면이 도로를 면하고 있다. 건물의 볼륨은 기단부와 타워부로 나뉘었는데, 이는 주변 건물 높이를 인식한 것이다. 유리의 빨간색과 파란색 처리도 주변 건물을 따라 유리 표면에 입혔다.

고, 스크린처럼 지나가는 건축을 지향했다. 그의 건축은 아날로그 영상에서 디지털 영상으로 진화했다.

《뉴욕타임스》 건축비평가 허버트 무샹(Muschamp)은 누벨의 소호 호텔을 이렇게 말했다. "영화의 스틸 컷같이 격정적이다." 물론 특정 건축가를 필요 이상으로 감싸는 무샹 특유의 부풀려진 문장이었지만, 누벨의 초창기를 생각해 보면 그리 틀린 말도 아니었다.

우리가 누벨 건축에 감동을 받는 이유는 얼핏 보기에는 앞서가는 영상 미학 같

장 누벨의 소호 호텔은 기단부와 타워부로 볼륨이 나뉜다. 소호 지역 주철 건축물의 모듈생산 방식을 차용하여 건물의 틀은 철로 하였다. 유리는 철틀의 안쪽에 위치시켜 소호 지역의 '깊이 있는 창'을 따랐다. 사진에서 저 멀리 붉은색 벽돌 건물이 보인다. 이에 대응하여 건물의 서측 유리는 붉은 색을 칠했고, 브로드웨이 측은 인접한 푸른 건물의 색을 따라 푸른 색을 칠했다. 외장을 보면, 유닛 시스템으로 기둥이 강조되어 있고, 옆 건물들의 수평띠도 따르도록 했다. ⓒ이중원

지만 사실은 재료와 디테일에 대한 그의 놀라운 장인성 때문이다. 앞서 언급한 유리도 있지만, 눈에 보이지 않는 곳곳에서 누벨의 꼼꼼함은 눈물겨울 정도다. 누벨은 이크지 않은 호텔에서 무려 10가지 이상의 방 유형을 개발했다. 생활 방식의 다양성을 자신의 관점 안에 가두지 않으려는 거장의 정성이었다.

　네오 모더니스트 장 누벨은 소호 지역에 놀라울 정도로 기존 질서를 존중하는 맥락적 건축을 선보이면서 미래로 전진했다. 누벨은 맥락적이었지만, 로씨처럼 역사적이진 않았다. 로씨가 시간 밖에 있으려고 했다면, 누벨은 미래에 있고자 했다.

　장 누벨은 서울 한남동에 있는 리움미술관으로 우리에게 특히 익숙하다. 리움에 있는 건축가 렘 콜하스의 박물관보다도, 나는 장 누벨의 짙은 철집이 좋다. 리움에서 누벨은 선큰가든의 옹벽을 거석들을 철망에 담아 쌓아 올리는 가비옹을 벽체로 지었고, 전시실인 육면체의 철집들은 옹벽 위에서 흩어지며 한 지붕 아래 모았다. 육면체 사이사이로 빛의 쐐기들이 박히며 건축가 장 누벨의 재료적 장인성은 새로운

경계미학의 가능성을 열어준다.

누벨은 동물적인 감각으로 서울의 지형과 서울의 빛을 읽었다. 누벨의 글은 콘셉트와 합리성을 추구하지만, 누벨의 건축은 가슴속 깊은 곳을 흔들리게 하는 감각과 경험을 추구한다. 그는 건축계의 후설이고 하이데거이며, 가다머이고 비코이다.

한강 노들섬 오페라하우스 공모전에서 누벨은 당당히 1등을 했다. 그의 오페라하우스는 금빛 육면체의 집합체였다. 정치적이고 경제적인 이유로 누벨 당선안은 표류했다. 누벨의 오페라하우스는 천문학적인 시공비를 요구했다. 하지만 만약 지어졌다면,

건물의 코너 디테일, 붉은색의 철판과 붉은색의 캐노피는 주변 붉은 건물의 흐름을 따랐다. 누벨은 유리면을 철제 틀보다 깊숙이 집어넣었다. 이 또한 소호지역 주철 건물의 깊게 들어간 창을 반영한 결과다. ⓒ이중원

누벨은 한강 위를 둥둥 떠다니는 금빛 상자를 선사했을 것이다. 아파트로 가득찬 서울 강가에 처음으로 예술적 경계의 가능성을 열었을 것이다. 누벨의 설계안이 쓰레기통으로 들어가면서, 우리나라의 국내 공모전의 국제적 신뢰도는 바닥으로 떨어졌으며, 세계적인 한강 예술화의 첫걸음은 헛딛게 되었다.

Bowery

_____

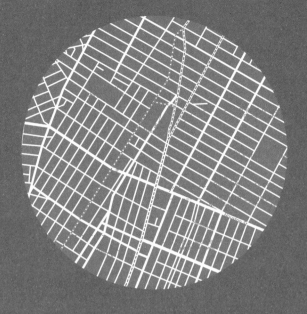

8

바워리

페리 스트리트
Perry St.

워싱턴 스퀘어
Washington Square

쿠퍼 유니언 대학 본동
The Cooper Union

애스토 플라자
Astor Pl.

7th St

톰킨 스퀘어
Tompkins Square

브로드웨이 Broadway

바워리 Bowery

스피론 갤러리
Sperone Westwater Gallery

바워리 현대 미술 박물관
New Museum of Contemporary Art

Houston St

Stanton St

바워리 은행
Bowery Bank

사라 D. 루즈벨트 공원
Sara D. Roosevelt Park

Grand St

100

바워리 들어가기

소호의 동쪽 지역이 바워리라면, 소호의 서쪽 지역이 첼시이다. 둘은 소호의 좌청룡 우백호다. 이들은 로어맨해튼과 미드 맨해튼을 연결해주는 동네이고, 최근에 급부상하고 있는 예술 동네이자 골목길 동네다. 바워리는 점차 소호화하는 중이다. 소호에서 시작하여 바워리까지 관통하는 프린스 스트리트는 주말에 사람 구경하기에 안성맞춤이다. 노상 카페와 거리를 메우는 주말 시장이 살아 있는 거리가 무엇인지 잘 보여준다. 이처럼 소호에서 바워리를 연결하는 골목길은 풍성하다.

소호에서 바워리에 가려면, 애스토 플라자를 지나야 하는데, 이곳에 건축과로 유명한 쿠퍼 유니언 대학이 있다. 이곳에서 링컨 대통령은 노예제 해방 연설을 통해 하루아침에 정치 스타가 됐다.

쿠퍼 유니언 대학에는 건축가 톰 메인이 최근에 디자인한 건물이 있다. 메인은 프리츠커 상을 수상한 건축가로 미국 서부 지역 건축계의 대부다. 그의 실험적인 건축은 프랭크 게리의 건축과 함께 캘리포니아 건축의 진보성을 보여준다.

바워리에는 갤러리가 많고 젊은이들이 넘쳐난다. 최근에 건축가 카주오 세이지마가 디자인한 현대 미술 박물관과 건축가 노먼 포스터가 디자인한 스피론 갤러리가 있다. 프리츠커 상을 수상한 건축가 3명의 작품이 한곳에 몰려 있어 소호에서 바워리로 가는 발걸음은 가볍다.

그리니치 빌리지는 워싱턴 스퀘어를 대문으로 펼쳐진다. 워싱턴 스퀘어는 뉴욕대의 중심이자, 그리니치 빌리지의 중심이다. 그리니치 빌리지가 건축가들에게 유명한 이유는 1960년대 당시 쟁쟁했던 파워 브로커 모제스의 거대 개발 논리에 싸웠던 제인 제이콥스가 살았던 마을이기 때문이다. 그녀의 도시 계획론은 그리니치 빌리지 골목길에서 비롯되었다. 그곳은 작고, 섬세했으며, 사람이 사는 맛이 넘쳤다. 그리니치 빌리지에 대한 이야기는 제인 제이콥스의 명저『미국 대도시의 죽음과 삶 (The death and life of Great American Cities, 1961)』을 참조하길 바란다.

소호와 바워리를 연결하는 프린스 스트리트.
주말마다 이 거리에 장이 선다.

쿠퍼 유니언 대학에 새로 지은 톰 페인의 건물이다.

쿠퍼 유니언 대학 본동.

워싱턴 스퀘어에 있는 뉴욕대 중앙 도서관으로 건축가는 필립 존슨이다.
워싱턴 스퀘어는 뉴욕대의 중심이면서,
동시에 그리니치 빌리지의 대문이기도 하다.
©이중원

바워리 현대 미술 박물관

바워리에 가면, 최근에 지어진 두 동의 범상치 않은 건물이 동네를 뒤흔든다. 하나는 건축가 카주오 세이지마와 류 니시자와가 디자인한 바워리 현대 미술 박물관이고, 다른 하나는 건축가 노먼 포스터가 디자인한 스피론(Sperone Westwater) 갤러리이다.

세이지마의 박물관은 은색 알루미늄 철망을 감싼 백색 건물로 마치 책상 위에 막 싸놓은 책같이 길 위에 서 있고, 포스터의 박물관은 붉은 기운이 도는 거대한 엘리베이터가 위아래로 움직이는 건물로 좁고 기다랗게 길 위에 서 있다.

포스터의 '움직이는 갤러리'라 불리는 붉은색 엘리베이터는 지어짐과 동시에 미디어 스포트라이트를 받았다. 승강기를 감싸는 재료는 스위스산 붉은 유리인데, 포스터는 이 유리를 휴스턴 오페라하우스에 처음 사용했고, 이곳에서 두 번째로 사용했다. 곧 밤에 움직이는 거대한 붉은 박스가 이목을 집중시켰다. 엘리베이터는 수직 이동 수단이었으며, 동시에 움직이는 갤러리였지만, 애석하게도 유지비 문제로 오픈한지 얼마 안 지나 운행을 중단했다. 뿐만 아니라, 공공에게는 2층까지밖에 공개하지 않아, 요란한 언론 노출에 비해 볼거리가 별로 없었다.

바워리 현대 미술 박물관의 두 건축가 세이지마와 니시자와의 관계는 남달랐다. 부부 관계는 아니면서 사업적 파트너였고, 공동 파트너로서 사무실을 3개 운영했다. 처음에 세이지마의 사무실에 그녀보다 10살 어린 니시자와가 들어왔다. 그는 그곳에서 7년의 인턴 과정을 마치고, 세이지마를 떠나 자기 이름의 사무실을 열고자 했다. 세이지마는 니시자와가 멀리 가는 것을 원치 않았다. 세이지마는 니시자와의 재능이 필요했고, 니시자와는 세이지마의 연륜이 필요했다. 세이지마는 니시자와에게 자신의 사무실을 나가서 독립하는 것은 좋은데, 대신 자기 사무실 근처에서 독립할 수는 없겠냐고 제안했다. 세이지마는 두 사람이 각각 개별의 사무실을 운영하면서 동시에 두 사람이 회사 대표로 있을 수 있는 제 3의 법인을 설립하자고 했다. 그리하여 세이지마의 독립 사무실, 니시자와의 독립 사무실, 그리고 둘이 함께 세운 사무실을 세웠다. 2인 3각 같은 사무실 체제였다.

이 제3의 사무실이 바로 그 유명한 SANAA(Sejima and Nishizawa and Associates)가 됐다. 이 회사는 1995년에 발족했고 SANAA는 두 사람이 대형 공모전에 함께 참

위 사진 왼쪽 건물이 포스터의 스피론 갤러리이고, 오른쪽 건물이 SANNA가 디자인한 바워리 현대 미술 박물관이다. 아래 사진은 현대 미술 박물관을 클로즈업한 사진이다. 바워리에서 서쪽으로 조금만 걸어나가면 소호다. 아래 사진 ⓒ이중원

여하기 위해 결속한 조직이었다. 일반 프로젝트가 예산 제한으로 실험성에 한계가 있는데 반해, 공모전의 경우는 당선만 되면 작품의 실험성을 보장할 수 있기 때문이었다.

바워리 현대 미술 박물관은 SANAA가 미국에 지은 두 번째 작품이었다. 첫 번째는 오하이오 톨레도에 있는 글래스 파빌리온이었다. 글래스 파빌리온은 완공과 함께 미국에서 선풍적인 인기를 끌었다. 작품은 단순했지만, 실험적이었다.

내가 처음 본 SANAA의 건물은 도쿄 오모테산도 힐스의 디올 매장이었다. 이 건물은 비닐 커튼으로 건물 경계가 보일 듯 말 듯, 잡힐 듯 말 듯했다. 건물 외장이 다가오면서 멀어지고, 멀어지면서 다가오는 신비한 착시를 주었다.

디올 매장을 기억하고 있던 나는 책에서 바워리 현대 미술 박물관의 사진과 도면을 보고는 비슷한 체험을 기대하며 경쾌한 발걸음으로 박물관에 다가갔다. 박물관 로비층은 가로를 향해 전면 유리였다.

SANAA가 디자인한 현대 미술 박물관 로비에 있는 사물들과 외장재 사진이다. 왼쪽 상단 사진은 얇은 철판으로 만든 흰색 테이블이다. 테이블 상판이 두께 대비 길이가 너무 길어 흰색 철판은 종이처럼 휘어질 것 같았고, 찢어질 것 같았다. 오른쪽 상단 사진은 쫄대 다발로 만들어진 의자 단면이다. 테두리 쫄대는 규칙적인 배열로 이뤄졌고, 테두리 안 쫄대는 변칙적인 배열이었다. 왼쪽 하단은 철제 와이어 메쉬로 제작한 책장이다. 오른쪽 하단의 사진은 건물의 외벽 디테일이다. 메쉬 안쪽으로는 플라스틱 폴리카보네이트 패널을 두어 빛이 메쉬 뒤에서 반짝이게 했다. ⓒ이중원 바닥은 반들반들한 콘크리트로 미끄러질듯 빛났고, 천장은 철망 너머 형광등이 폴리카보네이트 천장재 너머에서 뿌옇게 빛났다. 평소 습관대로 내 눈은 큰 것보다는 작은 것에 집착했다. 로비에 있는 백색 테이블이 가장 먼저 눈에 들어왔다. 엄지손가락 두께의 얇은 상판 철판이 무려 2.5미터나 뻗어 있었다. 상판 지지점은 양끝에만 경쾌하게 붙어 있었다. 테이블 중앙을 누르기라도 하면 휠 것 같은 착각이 심리적 불안감을 유발했고, 다른 한편으로는 시각적 경쾌감을 부추겼다. 철판의 두께 대비 길이가 무려 500배나 커서 테이블 상판은 철이면서 마치 종잇장처럼 보였다.

벤치는 원형의 의자였다. 의자 가장자리는 크기가 비슷한 쫄대가 규칙적인 배열을 이루고 있었고, 의자 중앙은 크기가 전혀 다른 쫄대가 변칙적인 배열을 이루고 있었다. 마구잡이로 모은 것 같은 나무 쫄대가 김밥같이 말려 단면이 잘리니 규칙과 변칙이 공존하는 단면이 나왔다. 나무의 몸통을 잘라 나이테가 보이는 일반적인 목재 의자와 여러모로 비교가 됐다. 각재들의 모임이므로 집합미가 있었고, 각재들의 크기가 제각각이므로 우연미가 있었다. 나무줄기 하나가 열 수 없는 단면의 세계를 나뭇가지 여럿이 열었다. 홀로 있다면 연약할 수밖에 없는 쫄대가 다발이 되어 튼튼한 의자가 됐다.

옆으로 돌아서니 로비 서점에 있는 책장이 눈에 들어왔다. 책장의 평면도는 하프처럼 휘고 있었고, 책장의 외장은 와이어 메쉬로 감싸 있었다. S자형 곡선의 와이어 메쉬로 서 있는 위치에 따라 책들이 보이기도 했고, 안 보이기도 했다. 메쉬는 빛의 입사각에 따라 투명한 막이 되기도 했고, 불투명한 막이 되기도 했다. 가시 영역에서 비가시 영역으로의 경계 지점은 책장 평면의 기하학적 특성과 와이어 메쉬의 재료적 속성이 합쳐져 빛 아래 반응하는 결과였다.

천장을 보니, 비슷한 원리가 조명과 천장재 사이에도 있었다. 천장재도 와이어 메쉬였다. 그 위에 얇은 형광등이 달려 있었다. 효과는 '보일 듯 말 듯, 잡힐 듯 말 듯'이었다. 세이지마는 메쉬의 거장이었다.

나는 밖으로 나가서 건물 외장을 다시 보았다. 외장재 또한 와이어 메쉬였다. 메쉬 뒤로는 폴리카보네이트 패널들이 부착되어 있었다. 은빛 반짝이는 메쉬는 구멍에서 빛을 투과했고, 메쉬를 투과한 빛은 메쉬 아래 있는 폴리카보네이트 패널에서 뿌옇게 소멸하는 반사를 보였다. 안개 낀 산수화처럼 와이어 메쉬 박물관은 경계를 번졌고, 사물을 스몄다.

　박물관 외관은 마치 두께가 다른 책을 아무렇게나 쌓아 올린 듯한 모습이다. 현대 미술의 다양한 크기를 반영한 다양한 높이의 전시실이었다. 천장고의 높낮이 변화는 박물관 공간을 단조롭지 않게 했다. 네모 평면도 층마다 크기가 달랐다. 큰 네모에서는 테라스가 생기는가 하면, 때에 따라서는 천창이 생겼다. 작은 네모에서는 좁은 전시실들이 나왔다. 아무렇게나 쌓아 올린 듯한 네모 전시실들이 사실은 높이 사선 제한인 조닝법을 교묘히 충족하면서 달성한 외관의 꿈틀거림이었다. 맨해튼의 천편일률적인 웨딩케이크형 건축이 세이지마의 손아귀에서는 춤추는 웨딩케이크가 되었다.

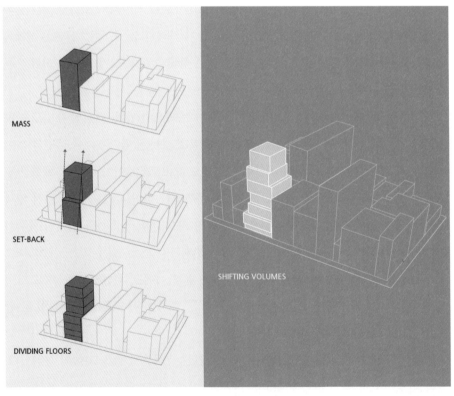

MASS

SET-BACK

DIVIDING FLOORS

SHIFTING VOLUMES

바워리 현대 미술 박물관은 맨해튼 마천루 유전자를 지닌 박물관으로서 작은 마천루이다. 건물은 맨해튼 조닝에 따라 사선제한(Set-Back)을 거리로부터 받았다. SANAA는 고층 박물관을 하면서 모든 층이 오피스와 같이 동일한 층고를 가지는 데 반대했다. 층간 높이를 다 다르게 했다. 그리고 이들은 사선 제한을 한계선으로 지정하고 각 층을 섞어 흔들었다. 그 결과, 박물관은 '아무렇게나 쌓아 올린 박스'가 되었고, 그렇게 해서 생겨진 베란다들은 천장이나 테라스 정원으로 썼다.

박물관은 도시적으로도 훌륭했다. 박물관은 시작점인 일층 로비와 끝점인 최상층 테라스에서 도시와 관계 맺었다. 로비는 전면 창으로 바워리 거리를 초대했고, 최상층인 테라스는 로어맨해튼의 스카이라인을 근사하게 감상하는 정자였다. 전시실은 피해 조심스럽게 낸 창들은 바워리 지역의 건축적 특성을 보여주는 도시적인 창들이었다.

카주오 세이지마는 의지의 건축가이면서 의지의 여성이다. 그녀는 10년 동안 건축가의 길을 포기하지 않고 건축가 토요 이토(Toyo Ito) 사무실에서 일했다. 그녀는 묵묵히 자리를 지켰다. 이토의 사무실은 실험적인 만큼 일하기에는 녹록지 않았다. 야근과 밤샘이 일상이었다. 세이지마는 세파에 흔들리지 않고, 자신의 젊음을 온전히 건축에 바쳤다. 결국 그녀는 스승보다 먼저 프리츠커 상을 수상했다.

그녀의 건축은 스승보다 쉽고 직관적이었다. 그녀의 평면은 초등학교 소녀가 그린 것같이 쉬웠고, 그녀의 다이어그램은 유치원생이 그린 것같이 단순했다. 이토는 세이지마가 '다이어그램 건축'을 찾았다고 평가했다. 세이지마의 다이어그램 건축은 니시자와와의 협업으로 세계적인 지위에 올랐다.

니시자와 증언에 따르면, SANAA처럼 국제적으로 쟁쟁한 사무실도 공모전 당선율은 10퍼센트 정도라고 한다. 미미한 당선율이지만, 한 번 당선된 작품들은 매번 건축계와 세계를 놀라게 했다. SANAA는 공모전으로 세계 무대에서 무섭게 일어섰다.

SANAA가 가나자와 박물관을 완성했을 때, 건축계는 적지 않게 흔들렸다. 박물관이라고 하면 보통 네모인데 이곳은 원형 쟁반 위에 올려놓은 네모였다. 세이지마는 "가나자와 박물관은 가나자와 도심 한가운데 있다. 우리는 모든 방향에서 열리는 박물관을 원했다"라고 말했다.

사각형의 평면이라면 한 면에 대해서만 정면을 가질 수 있지만, 원을 채택하여 모든 방향이 정면이 될 수 있도록 했다. 박물관의 전시 공간 경향은 널찍한 네모 방을 만들고 필요에 따라 가벽으로 구획하는 방식인데 반해, 이곳은 방의 크기와 높이가 다양한 방들의 집합으로 박물관을 만들었다.

크고 작은 네모 방들이 원형 쟁반 위에 가득 세워졌다. 전자 회로같이 배치된 네모 방들은 빼곡히 원형 쟁반을 채웠다. SANAA는 내부의 흐름이 지루하지 않게 몇몇 장소에서 네모를 뺐다. 네모가 빠진 곳은 마당이 됐다.

사진의 왼쪽 상단은 톨레도 글래스 파빌리온. 왼쪽 하단은 가나자와 박물관. 우측 상단은 롤렉스 러닝 센터. 우측 하단은 디올 매장이다. 가나자와 박물관에서 원은 바닥과 천장을 이뤘고, 네모는 방들을 구성했다. 네모를 빼곡히 채워 밀도를 높였으며, 네모와 네모는 서로 맞닿지 않게 하였다. 롤렉스 러닝 센터는 X-Y축에 머물러 있던 곡선을 Z축에 적용한 첫 사례였다. 건물의 바닥을 띄웠다. 디올은 미니멀리스트 조각가 도널드 쥬드의 작품과 같이 허공에 철의 띠들이 떠 있다. 세이지마 특유의 무거운 비닐 커튼과 조명이 어우러져 '보일 듯 말 듯, 잡힐 듯 말 듯'한 건축적 주제를 고층 건축에서 풀어낸 작품이다.

네모 방들 사이에는 벽들을 공유하지 않아 방들의 독립성을 획득했다. 벽과 벽 사이는 복도가 됐다. 복도를 구성할 수 있는 가지 수는 수천 가지였다. 그중에서 한 가지를 선택하기 위해서는 기준이 필요했다.

니시자와는 "복도의 원칙은 간단하다. 박물관 밖에서 봤을 때, 시야가 복도를 관통하여 원의 반대편까지 볼 수 있도록 하는 것이었다. 쟁반 위의 네모들이 자리를 잡기 시작했다"라고 말했다.

가나자와 박물관이 한창 공사 중일 즈음, 미국 중부 톨레도에 SANAA는 글래스 파빌리온을 디자인했다. 디자인 원리는 비슷했지만, 디테일에서 달랐다. 가나자와 박물관이 원형 쟁반과 그 위에 얹은 네모 방들의 조합으로 곡선과 직선의 관계를 설정하였다면, 톨레도에서는 쟁반도 네모였고, 방들도 네모였다. 다만, 방들의 모서리들을 부드럽게 처리했다.

사진은 톨레도에 있는 글래스 파빌리온이다. 아래 도면을 보면, 방 모서리에 필요한 특수 제작 유리의 반지름을 기록하고 있다. SANAA의 건물들이 다 지어지고 나면, 위의 두 사진과 같이 뿌연 초현실주의적인 효과들이 나지만, 이를 완수하기 위해서는 디테일에서 치열한 전쟁이 벌어지고 있다. 사진의 천장을 보면, 유리를 붙들고 있는 철틀이 모두 천장 위로 감추어져 있어 마치 천장이 유리를 가볍게 잡고 있는 듯이 보인다. 실제로 휘는 유리를 붙잡기 위해서는 유리 철틀도 휘어야 하고, 얇은 지붕을 만들기 위해서는 지붕틀과 유리를 붙잡고 있는 철틀은 일체화 되어야 한다.

톨레도에서는 방들이 물방울처럼 투명했다. 방들의 벽은 모두 유리였고, 유리가 방의 모서리를 돌면서는 휘기 시작했다. 방들의 모서리가 부드러워지자, 모서리들끼리 모이는 자리에서 건축은 가장 물방울다웠다. 유리 표면은 표면 장력으로 붙들려 있는 물방울처럼 터질 듯 부드러웠다. '현대성'이라는 어려울 수 있는 예술 철학적 개념이 볼 수 있고 만질 수 있는 유리로 세워지니 쉽게 다가왔다.

SANAA가 프리츠커 상을 수상한 데는 유리의 구조적 혁신성과 유리 표면 기술의 진보성 때문이었다. 일반인도 쉽게 느낄 수 있게 만들기까지는 건축가와 구조 엔지니어의 지독한 협업이 있어야 했다. SANAA가 사용하는 재료의 실험성도 놀랍지만, 세계적인 구조 엔지니어 무추로 사사키의 구조적 혁신성도 놀랍다.

SANAA 건물의 구조적 혁신성은 시간이 흐를수록 대담해졌다. 2차원적으로만 휘던 구조가 3차원적으로 휘기 시작했다. 가나자와 박물관과 톨레도는 벽만 휘었다. 스위스 로잔에 있는 롤렉스 러닝 센터는 바닥과 천장마저 휘었다. 롤렉스 러닝 센터의 바닥은 심하게 요동쳤다. 수평적으로 머물고 있던 파동이 입체적인 파동이 되었다.

사람들이 그곳 바닥 위를 걸을 때, 동선은 낙타 등처럼 오르락내리락했다. 바닥이 때로는 들리고 때로는 가라앉아 예측치 못한 시각적 프레임을 형성했다. 옆방 바닥이 들춰져 그 너머의 캠퍼스 전경이 바닥 아래로 보였다.

나는 타이베이 NTUST(대만 국립 과학기술 대학)에서 니시자와를 개인적으로 만날 기회가 있었다. 그가 말하길 SANAA는 작품 전체 시공비에서 구조에 돈을 가장 많이 쓴다고 했다. 그는 웃으면서, "그래서 돈이 모자라 내부는 대리석보다는 페인트를 쓰게 되는 경우가 많다"고 말했다.

나는 그 말을 들으면서 사사키를 떠올렸다. 건물이 날씬해지기 위해서는 얇아져야 하는데, 얇으면서 튼튼한 구조를 지을 능력은 모든 구조 엔지니어에게 있는 역량이 아니다. 건물은 사람의 청바지와 마찬가지로 몸에 딱 맞는 청바지를 입어야 맵시가 나는데, 사사키는 최고의 청바지를 만들 줄 알았다.

사사키는 세계적인 구조 엔지니어다. 천재적인 엔지니어들은 늘 건축가에게 영감을 준다. 얼마 전 SANAA에 이어 토요 이토와 시게루 반이 프리츠커 상을 수상하자 국내 언론은 들끓었다. 6명의 프리츠커 상 수상자를 배출한 일본을 조명하면서 아직 한 명도 배출하지 못한 우리의 현실을 대조했다. 우리 건축가들이 프리츠커 상을 수상하기 위해서는 무엇보다도 사사키와 같은 훌륭한 구조 엔지니어와의 협업이 필요하다.

왼쪽 하단 사진에 나와 있는 사람이 세계적인 구조 엔지니어인 무추로 사사키이다. 그는 도쿄포럼의 성공으로 세계적인 엔지니어가 되었다. 그는 토요 이토와 손잡고 이 시대를 대표하는 구조물을 다수 디자인했다. 위에 보이는 사진은 메이노 모리 화장장이다. 오른쪽 하단은 SANAA가 사사키의 도움을 받아 톨레도에 완공한 글래스 파빌리온이다.

Chel sea

_____

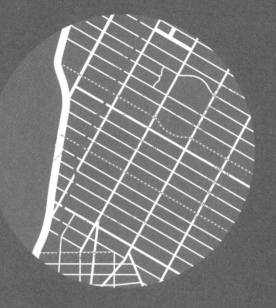

첼시

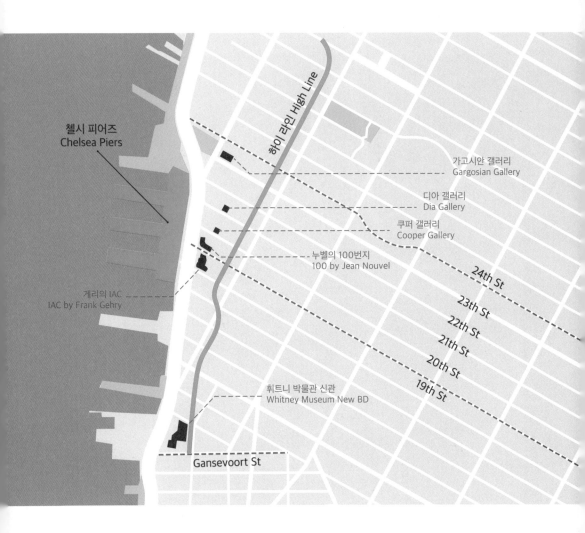

쳄시 피어즈
Chelsea Piers

하이 라인 High Line

가고시안 갤러리
Gargosian Gallery

디아 갤러리
Dia Gallery

쿠퍼 갤러리
Cooper Gallery

누벨의 100번지
100 by Jean Nouvel

게리의 IAC
IAC by Frank Gehry

24th St

23th St

22th St

21th St

20th St

19th St

휘트니 박물관 신관
Whitney Museum New BD

Gansevoort St

첼시 들어가기

맨해튼 지역의 건축물도 패션처럼 유행을 탔다. 소호의 주철 파사드가 그랬고, 웨스트사이드의 브라운 스톤 외장들이 그랬고, 그리니치 빌리지의 꼬불꼬불한 골목길들이 그랬다. 이들은 떴다가 졌고, 때로는 졌다가 다시 떴다. 맨해튼을 옷감으로 치자면, 첼시는 가장 혼합적이고 복합적인 직물이다. 첼시는 여러 유형의 양식이 혼재해 있고, 과거와 현재가 교차한다.

첼시는 맨해튼 남서쪽에 위치했다. 19세기 첼시는 선착장 동네였고, 공장 동네였고, 창고 동네였고, 고기 도축(미트 패킹) 동네였다. 로어맨해튼에도 미드 맨해튼에도 속하지 못했던 이곳은 '지저분함'이 정체성인 동네였다.

그러나 오늘날의 첼시는 예술과 문화, 스포츠와 레크리에이션이 넘치는 동네가 됐다. 첼시의 버려진 창고와 공장은 갤러리로 변신했고, 썩어가고 있던 선착장은 수변 공간 개발과 스포츠 레크리에이션 시설로 변했다. 2차 산업의 퇴진으로 죽었던 첼시가 되살아났다. 첼시가 부활한 또 다른 이유는 죽었던 여인들의 마일이 새로 들어선 상권으로 북적거리게 됐기 때문이다. 6번 애비뉴 14번 스트리트 북쪽으로 되살아난 여인들의 마일 상권이 첼시 지역 부흥에 톡톡한 역할을 했다.

첼시의 건축적인 유전자는 19세기 중반 낮은 벽돌 건물에서 19세기 후반 주철 구조물에 이르기까지 다양했다. 첼시 건물 외장은 선착장과 공장 지역답게 벽돌과 철이었고, 건물 규모는 아담했다. 이랬던 첼시에 2차 세계대전 후, 약 30년간 아담한 도시를 밀어버리고 대신에 거대한 아파트 단지들이 많이 들어섰다. 이런 흐름에 첫 반기를 든 작품이 있었다. 바로 1982년 조이스 극장 리모델링이었다. 건축가는 하디 홀즈만 파이퍼(Hardy Holzman Pfeiffer)였다. 불도저식 쓸어버리기에 익숙했던 1950~70년대에, 기존 건물을 유지하며 덧대는 리모델링은 익숙하지 않았다. 건축가 그룹은 섬세한 칼로 성형 수술을 하듯 세심히 19세기 구조물을 리모델링했다.

19세기 질감에 20세기 손길이 지나가니, 벽돌 상자였던 극장이 묘하게 시간적 무늬를 일으켰다. 유럽에서는 자주 보던 복원 수법이었지만, 건물을 지우는 데 익숙했던 뉴욕에서는 낯설었다. 사람들은 리모델링에 박수를 쳤지만, 조이스 극장은 한 번의 이벤트로 끝났다.

무명의 첼시가 유명해지게 된 시점은 1990년대였다. 소호에 위치한 갤러리들이 치솟는 월세를 감당치 못하고, 첼시 지역으로 하나둘씩 이전해 왔다. 이들은 소호에서 그랬던 거처럼 첼시의 낡은 공장과 창고들을 리모델링했다. 그중에서도 디아(Dia) 갤러리가 소호에서 첼시로 이사해 오자, 갤러리들의 소호 탈출은 한층 속도를 냈다. 디아는 첼시에 총 3개의 창고 건물을 개축하며 세력을 확장했다. 소호 갤러리의 터줏대감인 파울라 쿠퍼(Paula Cooper)는 디아가 첼시로 이전하자 크게 자극을 받았다. 쿠퍼는 소호를 뒤로하고 첼시로 둥지를 옮겼다. 디아에 이어 쿠퍼마저 첼시로 이사하자 8개의 소호 갤러리들이 줄지어 뒤를 따랐다. 이들은 대부분 첼시 24번 스트리트 북쪽에 자리 잡았다.

1970년대 소호에서 10년간 갤러리 리모델링으로 이름을 날린 건축가 리처드 글루크먼이 첼시에서도 활약했다. 그는 디아와 쿠퍼 등 여러 갤러리를 디자인했다.

창고와 공장을 개조하여 만든 글루크먼의 갤러리 리모델링 작품들은 싸지만 효과는 만점이었다. 글루크먼의 리모델링 전략은 첼시를 소호화하는 데 한몫했다. 첼

사진 왼쪽에 보이는 3개의 선착장이 첼시 피어즈(Chelsea Piers)이다. 그 옆에 보이는 강변 도로가 웨스트사이드 고속도로이다. 고속도로 우측으로 2동의 건물이 건축가 프랭크 게리의 IAC와 장 누벨의 100번지이다. 사진에 하이 라인도 보인다.

시에 사람들이 몰리기 시작했고, 길에는 젊은이들이 많아졌다.

1990년대 말, 첼시에는 무려 100개가 넘는 갤러리들이 생겼다. 창고의 길에서 예술의 길로 거듭났다. 첼시는 이제 맨해튼에서 소호에 이어 현대 미술을 선도하는 예술 메카로 자리매김했다. 첼시 지역의 갤러리 붐 시기는 소호 월세 상승 시기와 허드슨 강변 워터프론트 개발 시기와 맞물렸다. 갤러리들이 소호에서 첼시로 옮기자, 맨해튼은 1992년 허드슨 강변 워터프론트 특별 계획 지구로 첼시를 선정했다. 이로써 첼시 강변에 레크리에이션 시설이 들어섰다. 이곳에서 사람들은 스케이트를 탔고, 수영을 즐겼으며, 볼링을 쳤고, 해산물을 먹었다. 선박과 보트들이 물가를 채웠다.

예술과 놀이로 동네가 뜨자 벤처 기업들이 몰리기 시작했다. 1998년 닷-컴(.com) 붐이 일자, 첼시는 벤처 업체로 북적였고 젊은이들이 몰렸다. 그러자 맨해튼 큰손과 유명 인사들이 첼시로 오기 시작했다.

지난 15년을 돌아보면, 첼시가 겪은 많은 물리적인 변화 중 가장 큰 것은 역시 하이 라인이었다. 이는 예술기관 디아가 첼시에 들어와서 바꾼 일이라고 해도 과언이 아니다. 디아가 몰고 온 예술가들과 갤러리들은 소호에서 쌓은 실력을 첼시에서 행사했다. 이들은 신축보다는 개축의 중요성을 강조했다. 이들은 하이 라인의 보존이 철거보다 도시에 줄 수 있는 예술적 상상력의 폭이 넓다고 생각했다.

하이 라인은 첼시 지역을 뜨는 지역으로 만드는 데 가장 강력한 힘을 발휘했다. 이전 시대 관점에서 생각하면, 용도 폐기된 철로는 마땅히 철거해야 되지만, 디아의 예술가들은 버려진 철로 위에 태어난 야생화에 매료되었고, 그 위에 펼쳐지는 19세기 도시의 폐허와 황폐함에 걷잡을 수 없는 상상력에 휘말렸다. 그리하여 시작된 하이 라인 재생 작업은 맨해튼 서측 지역을 가로지르는 공중정원이 되었고, 최근에는 잇따라 스타 건축가들의 작품이 지어져 하이 라인의 볼거리는 늘어났다.

하이 라인으로 첼시는 맨해튼의 예술 거리가 될 것이고, 젊은이의 거리가 될 것이며, 무엇보다 공중정원 거리가 될 것이다. 그로 인해 맨해튼은 또 다른 차원에서 체험되고, 이해되고, 기억될 것이다.

위의 건물 사진들은 건축가 리처드 글루크먼이 첼시 지역에 있던 19세기 창고들을 개조하여 만든 5개의 갤러리들이다. 용도 폐기된 건물이 불도저에 밀려나가지 않고 예술의 그릇이 된 점은 의미가 크다. 아래 큰 사진은 첼시 피어즈이다. 전면에 보이는 19세기 선착장 말뚝들과 후면에 보이는 20세기 시설들이 공존한다.

첼시 지역에 있는 공장 건물을 개조하여 만든 상가다. 오늘날 첼시에는 이와 같이 오래된 공장을 고쳐 만든 상점이 다수 있고, 이를 둘러보는 일은 큰 재미이다.

딜러 스코피디오의 하이 라인

미국 대도시마다 도심 재생 사업이 한창이다. 보스턴에 빅-딕(Big Dig) 사업이 있다면, 뉴욕에는 하이 라인 사업이 있다. 보스턴이 기존 도심을 관통하는 고가도로를 철거하여 시민 공원으로 조성했다면, 뉴욕은 폐철로를 철거하지 않고 공원화하여 도심 한가운데에 '공중 그린웨이'를 만들었다. 건축가 딜러 스코피디오는 폐철로였던 하이 라인을 완전히 다른 얼굴로 바꿔서 큰 성공을 거두었다.

하이 라인은 19세기 고가 철로였다. 맨해튼 서측에 위치한 하이 라인은 길이 2.4킬로미터, 지면으로부터 높이 9미터에 위치한 폐철로였다. 하이 라인은 남쪽 겐스볼트(Gansevoort)에서 시작하여 북쪽 허드슨 야즈(Hudson Yards)에서 끝나는 철로였다. 하이 라인의 중심은 첼시 지역이었다.

첼시 지역에서 운송수단은 마차만으로는 부족했기 때문에 철도가 꼭 필요했다. 첫 철도는 지상 철로였지만, 잦은 안전사고로 고가 철로가 조성되었다. 1929년 고가 철로가 지어졌고, 이때 하이 라인(high line)이라는 명칭을 얻었다. 이 명칭은 50년간 사용되었다.

1990년대에 소호에서 첼시로 온 예술가들은 '하이 라인의 친구들(Friends of Highline)'이라는 모임을 결성했다. 사진 작가 조 스턴펠트는 하이 라인 위에 올라가 본격적으로 사진을 찍기 시작했고, 그의 사진은 예술계와 시민들에게 사랑을 받았다. 공화당 출신의 줄리아니 전 뉴욕 시장은 거대 개발을 위해 하이 라인 철거 명령을 내렸지만, 첼시의 예술가들은 이에 반대했다.

사람들은 사진을 통해 본 하이 라인의 녹슨 철로, 들꽃과 무엇보다 그 위에서 체험되는 연속된 맨해튼의 거리 풍경을 도무지 지울 수가 없었다. 사람들은 하이 라인의 공공성을 주장했다.

2002년 새로 부임한 뉴욕시 블룸버그 시장은 하이 라인 보존에 전폭적인 지지를 보냈다. 그의 오른팔인 뉴욕 도시계획국장인 아맨다 브랜던(Amanda Branden)은 건축가 딜러 스코피디오를 하이 라인 재생 건축가로 선임했다.

딜러 스코피디오의 분석한 바에 따르면, 2.4킬로미터에 달하는 하이 라인은 구역별로 자연 환경이 달랐다. 태양이 많이 비치는 곳이 있는가 하면, 바람이 많이 부는 곳이 있었고, 응달진 곳이 있었다.

환경 조건이 달랐기 때문에 철로 위로 구역마다 다른 야생초가 자랐다. 건축가 딜러 스코피디오는 이 점에 주목했다. 그녀는 야생초를 있는 그대로 두고자 했다. 스스로 자라난 거친 느낌도 좋았지만, 무엇보다 유지비용 같은 현실적인 고려도 있었다.

하이 라인 공원화 사업의 핵심은 그래서 '떠 있는(elevated)' 야생화 밭이다. 이밖에도 하이 라인은 여러 개의 맨해튼 스트리트들을 남북으로 관통한다. 하이 라인은 맨해튼 스트리트를 바라보는 좋은 전망대가 된다. 위에서 바라보는 것이 아래에서 바라보는 것보다 훨씬 즐거운 체험이다.

폭이 제한적인 고가 철로에서 야생화 밭과 산책로의 공존은 쉽지 않은 도전이다. 딜러 스코피디오는 새로운 포장(pavement) 시스템을 고안했다. 기다랗고 얇은 콘크리트 포석을 제작하여 포장을 깔았다. 폐허와 야생의 느낌을 살리기 위해 포석은 풀들과 교차하며 깔렸다. 녹슨 철과 싱싱한 풀을 때로는 덮고, 때로는 벗기도록, 포

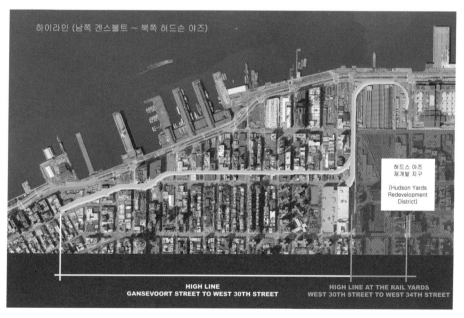

사진에서 보이는 강이 허드슨 강이고, 연두색으로 칠한 부분이 하이 라인이다. 붉은색으로 칠한 부분은 허드슨 야즈 재개발 지구로 앞으로 대대적인 복합 개발이 일어날 지역이다. 하이 라인은 일종의 떠 있는 맨해튼 '애비뷰'로 여러 스트리트들을 높은 자리에서 연속해서 내려다 보는 공원이 되었다.

석은 포크처럼 깔렸다. 풀과 물은 앞서거니 뒤서거니 하며 정밀한 계산에 의해 깔렸다. 원래 그랬던 것처럼 보이게 하기 위해, 딜러 스코피디오가 쏟은 공은 치열했다.

하이 라인은 남에서 북으로 걸어 올라가는 동안 동쪽으로는 첼시 지역의 19세기 벽돌 건축을 볼 수 있고, 서쪽으로는 허드슨 강가의 한때 맨해튼 서측 최고 선착장이었던(지금은 레크리에이션 시설) '그레이트 첼시 피어즈(Great Chelsea Piers)'를 볼 수 있다. 공중 가로에서 강바람을 맞으며 첼시의 종단면도를 자세히 내려다보는 재미가 쏠쏠하다.

하이 라인은 건물 위로도 관통하고, 아래로도 관통한다. 특히, 어떤 건물 아래에는 카페와 레스토랑이 있고, 일광욕 벤치가 있어서 산책로의 쉼터 역할을 한다.

철로 변곡점에는 야외극장처럼 계단형 목재 벤치들을 만들고, 무대 대신에 유리창 스크린을 두어 다이내믹한 맨해튼의 여러 애비뉴를 바라보게 했다. 사람과 차

A는 허드슨 강, B는 하이 라인의 초입부분으로 이곳에 건축가 렌조 피아노의 휘트니 박물관이 들어온다. C는 건축가 프랭크 게리의 IAC, D는 좌측 하단의 사진으로 건축가 제임스 폴섹의 스탠다드 빌딩, E 건물 아래에 노상 카페와 음식점이 있다(좌측 하단 2번째 사진), F 부분에서는 10번 애비뉴를 바라볼 수 있는 목재 바닥 벤치들이 있다(우측 하단 사진 참조).
ⓒ이중원

Chelsea / 첼시

하이 라인의 좌측은 허드슨 강변이고(아래 사진), 우측은 19세기 첼시 지역의 낮은 벽돌 건축물들이다(상단 사진). 맨해튼은 빛나는 마천루 도시이지만, 맨해튼의 기반시설은 첼시 같은 선착장 지역이었다. 하이 라인에서 펼쳐지는 상상력은 자연-관계적이고 동시에 시간-관계적이다. ©이중원들의 번잡한 움직임이 한순간도 같지 않은 동영상이 되어 흐른다.

하이 라인은 공중 거리인 만큼 건축을 개별적 단위가 아닌 집합적 단위로 생각하게 한다. 따라서 하이 라인 시작점과 끝점에 랜드마크형 건축을 배치시켰다. 띠 중간에도 랜드마크형 건축을 배치시켜 하이 라인의 동력을 잃지 않도록 했다. 하이 라인은 폐철로와 폐고가도로에 중요한 이정표가 됐다.

도시에는 뜨는 동네가 있고, 가라앉는 동네가 있다. 첼시는 한때 가라앉는 동네였다. 첼시는 맨해튼의 하부구조를 담당하는 동네였다. 하부구조 산업들이 인건비가 더 싼 지역으로 이동하자, 첼시는 경제력을 잃은 동네가 되었다. 그러나 첼시는 문화와 재생, 서비스 산업과 예술 산업으로 다시 일어섰고, 이제 뜨는 동네가 됐다.

하이 라인은 빛나는 마천루 도시의 단면을 열어 주었고, 하이 라인은 예측치 못한 거리의 단면과 야생의 단면을 열어주었다. 하이 라인은 폐철로의 새로운 가능성을 보여주었고, 무한한 상상력을 자극했다. 무엇보다 하이 라인은 시민들에게 휴식과 재미를 주었다.

나는 최근 화제가 되고 있는 서울역 고가도로 공원화 사업에 찬성한다. 서울역 공중 공원은 산업시대를 견인한 서울역의 모습과 서울역 광장 앞 거리를 가득 메운 차량과 대중버스를 타기 위해 빼곡히 모인 사람들을 위에서 바라볼 수 있다. 또한 서울역 앞 탁 트인 마천루와 남대문 시장 앞 빼곡한 마천루의 대비가 좋고, 석양 후 서울 스퀘어 미디어 파사드가 펼치는 조명예술을 보기에도 좋을 것 같다. 물론 몇 가지 고쳐야 할 점도 있다. 서울역 광장 주변은 아직도 너무 단단하다. 그래서 부드러움과 우아함이 사업의 미학적 주제여야 한다. 이곳에 한옥 지붕을 얹어 고가도로 전체를 한옥 정자형 고가 정원으로 만들면 어떨까? 한옥 지붕은 길수록 아름다워지고, 휠수록 다이내믹해진다. 청계천 다음으로 외국인 관광객이 많이 몰릴 이곳에 우리 고유의 건축술과 우리 고유의 야생화를 선보이자. 최신식 한옥 무지개다리에 야생화 공원이 어우러지길 기대한다.

휘트니 박물관의 하이 라인 관

휘트니 박물관은 1966년 매디슨 애비뉴에 새로운 박물관을 완공하여 동네 덕을 많이 봤다. 비록 건축가 마르셀 브로이어가 디자인한 건물의 성공 여부는 논쟁적이었지만, 매디슨 애비뉴라는 부자 동네의 힘은 개별 건물의 힘보다 컸다.

원래 휘트니 박물관은 54번 스트리트에 있었다. 그곳에 있을 때는 늘 모마의 그늘에 가렸으나 매디슨 애비뉴로 이사온 후에 급속도로 성장했다. 매디슨 애비뉴의 휘트니 박물관은 사람들 사이에 호불호가 확실했다. 비판자들은 전시공간의 탄력성 결여와 폐쇄적 외관을 지적했다.

1974년에 새로 부임한 박물관장 톰 암스트롱(Tom Armstrong)은 비판자들의 문제의식에 공감했다. 암스트롱의 기획력은 뛰어났다. 그가 주도한 1970~1980년대 후반까지 블록버스터급 전시회들은 일일 관객 수가 3000~5000명에 달했고, 그의 목소리는 점점 커 갔다.

암스트롱은 증축 필요성을 부각시켰고 특히 전시가 선풍적인 반응을 보일 때 암스트롱의 언론 플레이는 뛰어났다. 박물관 증축 논의는 1976년에 본격적으로 시작했다. 암스트롱은 스타 건축가들을 많이 만났다. 건축가 로버트 벤츄리와 노먼 포스터가 각각 안을 제출했다. 암스트롱은 건축가 마이클 그레이브스를 박물관 이사회에게 추천했다. 그레이브스는 1980년대 상종가를 친 복고풍 건축가였다. 하지만, 건축가 마이클 그레이브스의 1985년 증축안은 동네 주민들의 거센 반대에 부딪혔다. 주민들은 코끼리처럼 큰 건물을 나지막한 마을에 허용할 수 없다고 반대했다. 암스트롱에 대한 이사회의 전폭적인 신임도 차츰 여론에 영향을 받았다. 1989년 말 레이건 시대가 끝나고 금융시장은 폭락했다. 맨해튼 빌딩 붐은 가라앉았고, 휘트니의 증축 계획 또한 표류했다. 1989년 이사회는 암스트롱 관장을 해고했다.

1991년 데이비드 로스(David Ross)가 새로운 휘트니의 박물관장으로 부임했다. 그는 소호와 첼시 지역의 리모델링 스타 건축가 리처드 글루크먼과 친분이 높았다. 하지만, 휘트니 이사회는 글루크먼의 브랜드 파워를 탐탁지 않게 생각했다. 2002년 모건 박물관 측이 건축가 렌조 피아노를 건축가로 선임하자, 2004년 휘트니 이사회도 모건을 따라 피아노를 선임했다. 이때 이미 휘트니의 컬렉션은 2만 점을 넘어섰으나 기존 박물관은 고작 150점을 수용 및 전시할 수 있었다. 새로 짓는 휘트니의 예산 규모는 6억 8천만 달러에 달했다. 휘트니 박물관이 기존 매디슨 애비뉴에서의 증축을 포기하고 하이 라인 초입으로 옮기게 된 가장 큰 이유는 넓은 전시 공간 확보였다. 블룸버그 시장은 휘트니에 시가 소유한 첼시의 거대한 땅을 공시지가의 절반값에 줄테니 하이 라인 초입부에 새 박물관을 만들자고 제안했다.

휘트니 이사회는 두 견해로 팽팽했다. 박물관이 두 개이면 운영비가 문제라고 반대한 견해와 새로 뜨고 있는 첼시의 위상과 값싼 땅값 제안을 받아들이자는 견해였다. 결국, 후자가 이겼다.

건축가 렌조 피아노는 매디슨 애비뉴 증축안에서 하이 라인 신관으로 설계 방

증축되는 휘트니 박물관은 하이 라인의 근사한 시작점이 될 전망이다. 하이 라인의 교훈은 폐철로 공원화 사업도 있지만, 시작과 끝을 명품 공공 건축으로 세우는 일도 있다.

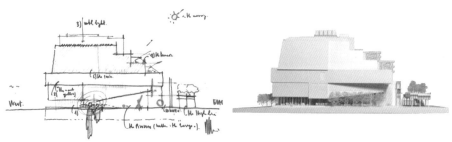

하이 라인 남쪽 초입에 지어질 렌조 피아노의 휘트니 박물관은 2015년 개장을 목표로 시공에 박차를 가하고 있다. 휘트니 측은 여러 차례 본관이 위치한 매디슨 애비뉴에 증축하고 싶어 했지만, 보존 지구로 묶인 그곳은 기존 벽돌 건물을 보수하거나 높이 올리는 길밖에 없었다. 현대 미국 미술이 대형화를 치닫고 있으므로 휘트니가 필요한 것은 기둥 없이 넓은 전시 공간이었다. 휘트니 하이 라인 관은 첼시 지역의 예술계와 연동하면서, 동시에 블룸버그 시장의 서측 지역 활성화에 부합하면서, 보유하고 있는 컬렉션의 더 많은 부분을 공공에게 열어 주고자 새 둥지를 텄다.

향을 돌렸다. 하이 라인 관은 첼시 지역의 도시성과 하이 라인의 잠재성을 박물관에 접속하고자 했다. 새로 세워질 휘트니 박물관의 위치는 첼시 갤러리 지구의 초입이면서, 공중정원의 대문이었다. 서측으로는 허드슨 강변이 열렸고, 동측으로는 맨해튼이 열렸다. 피아노는 특유의 투명성과 개방성으로 박물관에 접근했다. 몸통에 해당하는 전시 공간은 건물 중앙에 위치시켰고, 박물관은 수직적으로 삼등분했다. 거리와 접속하는 지점, 하이 라인과 접속하는 지점, 허드슨 강변을 바라볼 수 있는 스카이 가든 지점이었다. 세 지점에서 박물관의 공용 공간은 배치됐고, 외부와 소통했다. 저층부는 거리의 활력을 높이도록 레스토랑과 카페를 전면 배치하였고, 중층부는 하이 라인과 접속했고, 상층부는 외부 테라스 공간을 두었다.

투명하게 가로를 향해 열려 있는 유리 로비를 지나 중앙 계단실을 밟고 올라가면 널찍한 기획전시실이 열린다. 500평 규모의 전시실에 기둥이 하나도 없다. 그 다음 두 개 층에는 상설 전시실이 열린다. 700평 규모의 이곳에는 휘트니의 보석 같은 소장품인 근대 미국 화가와 조각가의 작품이 전시될 계획이다. 스카이가든 층에는 규모가 큰 작품들을 위해 천정고가 높은 전시실을 배치했다. 이곳에는 천창을 두었을 뿐만 아니라, 내외 카페를 두어 허드슨 강을 조망할 수 있도록 했다. 각층에는 테라스형 옥외 전시공간을 두어 조각품을 전시할 계획이다. 옥외 전시 공간 규모는 약 400평 정도로 4개 층에 걸쳐 위치한다. 휘트니의 위상은 하이 라인 관 개관으로 매디슨 애비뉴 시절보다 좋아질 전망이다. 첼시와 하이 라인 또한 휘트니의 합류로 새로운 동력을 맞이할 것이다.

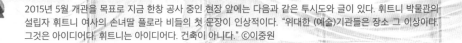

2015년 5월 개관을 목표로 지금 한창 공사 중인 현장 앞에는 다음과 같은 투시도와 글이 있다. 휘트니 박물관의 설립자 휘트니 여사의 손녀딸 플로라 비들의 첫 문장이 인상적이다. "위대한 (예술)기관들은 장소 그 이상이다. 그것은 아이디어다. 휘트니는 아이디어다. 건축이 아니다." ©이중원

WHITNEY

"The Whitney is an idea, not a building."

- Flora Miller Biddle
Granddaughter of founder Gertrude Vanderbilt Whitney

Great institutions are more than places; they are ideas. Since 1930, the Whitney Museum of American Art has provided new possibilities for artists and audiences. Now, on this remarkable site, the Whitney is constructing a new possibility—a new home that will provide the first comprehensive view of its unsurpassed collection of modern and contemporary American art—where the idea of the Whitney will flourish in a new setting and a wonderful new light.

Opens here in 2015

Experience the Whitney today: Madison Ave. and 75th St. Wed., Thurs., Sat. and Sun. 11 am–6 pm; Fri. 1–9 pm   whitney.org

Renzo Piano Building Workshop in collaboration with Cooper, Robertson & Partners

나오는 말

내가 아는 어떤 분은 서점에 가서 책을 들면, 저자 서문과 후기만 읽고서 책을 살까 말까 결정한다고 한다. 처음에 그 말을 듣고, 너무한다고 생각했는데, 곱씹어 볼수록 괜찮은 전략이다. 시작과 끝은 그만큼 중요하다.

책의 시작은 이야기의 방향과 목적일 테고, 책의 끝은 이야기가 내리고자 하는 결론일 테다. 나는 그녀를 생각하며 설득력 있는 후기를 쓰고 싶었다. 쉽지 않게 쓴 책이 후기가 별 볼 일 없어 서점 책장으로 다시 들어가게 하고 싶지는 않았다.

아마도 '후기'는 책 속에서 장별로 했던 이야기들을 요약해도 되지만, 나는 그보다는 꼭 하고 싶었던 이야기를 압축하고 싶다. 양보다는 밀도로 끝을 맺고 싶다. 이 책을 통해 무슨 이야기를 꼭 하고 싶었는지 고민해 봤다. 두 가지가 떠오른다. 하나는 길이고, 또 다른 하나는 이야기이다. 나는 우리의 도시가 길의 도시이길 원하고, 이야기의 도시이길 원한다. 나는 우리의 도시가 장소의 도시가 아니라, 길의 도시이길 원한다. 나는 우리의 도시가 머무름의 도시가 아니라, 흐름의 도시이길 원한다. 나는 우리의 도시가 정지의 도시가 아니라, 운동의 도시이길 원한다. 나는 우리 도시가 길의 도시이길 원한다. 바로 이러한 점에서 길로서 시작하여 길로서 진화하고 있는 길의 도시인 맨해튼은 우리 도시에 많은 점을 시사한다.

나는 우리 도시가 이야기의 도시이길 원한다. 길은 운동 개념이고, 이야기는 관계 개념이다. 이야기는 사람과 사람을 엮어주고, 이야기는 사건과 사건을 엮어준다. 그리하여 이야기는 공동체를 형성하고, 이야기는 과거와 미래를 현재에 닿게 해준다.

나는 맨해튼의 많은 이야기를 했다. 주로 도시와 건축을 둘러싼 사람 이야기였다. 인간의 열망과 갈망을 담아내고 인간과 인간 사이의 갈등과 다툼을 담아냈다. 나는 우리의 도시들이 위대한 이야기를 굉장한 건축물로 써내려가길 바란다. 지금까지 우리 도시는 '감쌈의 도시', '담장의 도시'였다. 숱한 외세의 침략을 받은 전력이 있는 우리에게 도시는 방어의 대상이었고, 그 다음이 생태계였다. 조선시대 한양의 청사진을 깔았던 사람들에게 중요한 도시 설계의 기준은 두 가지였다. 한양은 방어 도시여야 했고, 풍수 도시여야 했다. 그래서 한양은 겹겹이 둘러싸인 산들이 외적의 침입을 방어하면서, 동시에 배산임수여야 했다. 이러한 한양의 조직 기준은 우리나라 중소 도시 곳곳에 복제되었다.

이제 우리 도시는 새로운 도약을 해야 할 때다. 우리의 도시는 길의 도시가 되어, 사방팔방으로 열린 도시가 되어야 한다. 겹겹이 싸인 산들로 돌아가야만 했던 길들을 이제는 뚫어야 하고, 더 근본적으로는 우리 도시의 과거 입지 조건이 현재에도 유효한 조건인지 반문해야 한다.

우리의 도시는 이야기의 도시가 되어 새로운 목적의식을 세워야 한다. 맨해튼 이야기는 늘 꿈과 희망으로 미래를 빚어 나갔다. 그리고 기술의 번영과 산업의 부흥으로 이야기의 내용을 담아냈다. 그 이야기는 미미했을 때 위대함을 생각했고, 절망의 굴레에 빠져 있을 적에도 희망의 가능성을 보았다. 우리 도시 이야기는 앞으로 다가올 시간들의 목적의식이자 방향을 보여준다.

건축은 늘 몇 개의 축을 가지고 도시를 조직한다. 첫째는 길이라는 운동축이고, 둘째는 이야기 관계축이다. 운동을 상징하는 길은 이제 더 이상 경계가 닫혀 있지 않다. 길의 또 다른 이름은 세계화이다. 길은 더 이상 도시라는 경계에 갇힐 이유가 없고, 국가라는 경계에 닫혀 있을 이유가 없다. 길은 뻗어야 하고, 길은 멀리 가야 한다. 관계를 의미하는 이야기는 이제 더 이상 한 개인의 이기적인 욕망을 서술하는 이야기 또는 패배로 점철한 과거의 이야기일 필요가 없다. 우리의 이야기는 미래를 노래해야 하고, 공공을 서술해야 한다. 그 이야기는 도전의 이야기이자, 승리의 이야기, 우리의 자긍심을 고취시키는 공공의 이야기여야 한다.

2012년 『건축으로 본 보스턴 이야기』를 출간하고 얼마 지나지 않아, 출판사에서 후속작도 계약하고 싶다고 제안하셨다. 누구보다 전작의 부족함을 잘 알고 있었는데, 선뜻 다음 책 계약을 제의해서 감사했다. 2012년 여름 방학과 겨울 방학, 2013년 여름 방학과 겨울 방학은 그야말로 책과의 씨름이었다. 보스턴에 비해 확실히 뉴욕에서 산 기간이 짧아서 그런지 말문이 쉽게 트이질 않았다. 첫 탈고는 2014년 2월 20일에 했다. 출판사에서 일주일간 꼼꼼히 검토해 주시고, 수정 및 제안 사항을 빼곡히 담아 보내 주셨다. 첫 번째 교정 작업은 주로 간지와 사진 수정이었고, 글은 일반 독자가 읽기에 이해가 안 되는 부분의 문체 조정 및 글의 전체적인 흐름에 방해가 되는 부분의 삭제였다.

두 번째 교정 작업은 내 스스로 단행한 것인데, 가독성을 높이기 위한 본문 및 사진 캡션 문체 조절이었다. 이때 띄어쓰기와 맞춤법도 꼼꼼히 검토했다. 요즘 세상이 좋아져서 네이버에 500자씩 교정을 손보아 주는 프로그램이 있다. 긴요한 도움을 받은 것도 사실이지만, 내 띄어쓰기 실력에 경악했다. 이 작업은 내가 책을 A4 용지에 인쇄하여 빨간 펜으로 표기하고, 컴퓨터로 수정하는 형식이었다. 3주의 시간이 걸렸다. 지난 책의 출판으로 건축 책이 출판 시장에서 얼마나 미미하게 팔리는지 이미 알고 있었기 때문에, 잘 쓰고 싶은 동기 부여는 책의 사회적인 반응보다는 개인적인 의욕이었다.

세 번째 교정 작업을 보기 전에 출판사에서 연락이 왔다. 책의 분량이 500쪽을 넘어서 한 권에 다 담기는 힘들다는 이야기였다. 각종 건축가들(스탠포드 화이트, 프랭크 로이드 라이트) 스캔들 이야기와 맨해튼 근교의 작품 이야기를 모두 생략했는데도 불구하고 책은 너무 두꺼웠다. 결국 마천루에 대한 이야기만 모아서 별도의 책으로 묶게 되었다. 한 권의 책을 두 권의 책으로 나누는 일은 생각처럼 쉽지 않았다. 특히 5번 애비뉴, 6번 애비뉴, 파크 애비뉴에 대한 부분들이 마천루에 대한 내용을 빼자 다소 힘을 잃은 것처럼 됐다. 부디 독자들이 다음 마천루에 대한 책도 읽고, 이 책에서 못다 한 이야기를 덧붙이길 바란다.

책이 나오기까지 맨해튼에 사는 많은 분들에게 신세를 졌다. 특히 오랜 시간 우리 가족에게 잠자리를 제공해준 처제에게 감사하고, 그리고 최원석 씨에게 감사하다. 잠자리를 여러 차례 제공해준 성균관대 동기 김지엽과 김나훈에게도 감사하다. 성균관대 제자들에게도 감사하다. 특히 이세희 학생에게 감사하다. 책 쓴다고 바쁜 척했는데 인내로 이해해 주신 부모님, 단우와 솔, 그리고 이경아 소장에게 감사를 전한다.